남자들을 위한 부부생활 참고서

남자들을 위한
부부생활 참고서

ⓒ 박기련, 2022

초판 1쇄 발행 2022년 1월 27일

지은이   박기련
펴낸이   이기봉
편집   좋은땅 편집팀
펴낸곳   도서출판 좋은땅
주소   서울특별시 마포구 양화로12길 26 지월드빌딩 (서교동 395-7)
전화   02)374-8616~7
팩스   02)374-8614
이메일   gworldbook@naver.com
홈페이지   www.g-world.co.kr

ISBN   979-11-388-0602-2 (03190)

생활밀착형

남자들을 위한 부부생활 참고서

대한민국 남자들이 결혼 전후 알아야 할 꿀팁

박기련 지음

좋은땅

5부 | 남편을 위한 처세술

8부	집에서 와이프와 같이 해 보면 좋을 것들

9부	에필로그

부록

2021년, 올해로 내 나이 마흔 다섯.

스물여섯 나이에 동갑내기인 와이프를 만나 둘 사이에 자식은 없이 19년간 같이 잘 살고 있고, 외벌이로 IT계열 직장에서 부장으로 일하고 있는 평범한 직장인이자 한 여자의 남편이다.

딱히 잘난 것 없는 내가 이 글을 쓰고 있는 이유는 이제 결혼을 앞두고 있거나 신혼 초반의 남자들을 위해 가르치기 위함이 아닌 혹시라도 그들이 모르고 있음직한 일들을 공유하고 나의 이야기를 통해 결혼 전후 몰라서 실수하기 전, 알아두면 좋을 만한 것들에 대해 들려주고 싶은 마음으로 글을 쓴다.

또한 부부생활과 관련된 좋은 책들은 이미 많이 있겠지만 우리나라 정서에 맞으며 오로지 대한민국 남자들만을 위한 부부생활 밀착형 도서는 아직 잘 보이지 않기 때문이기도 하다.

커플마다 각자의 나이, 성격, 성향, 취미, 가치관, 말투, 기질 등 모든 조건이 다르기 때문에 모든 부부생활에 딱 들어맞는 교과서는 어디에도 존재할 수 없을 것이다.

나의 이야기 또한 누구에게나 어떤 상황에서나 딱 들어맞을 수는 없을 테지만 그래도 사람 사는 일에는 어느 정도 비슷한 부분들이 공존하고 또 일부분은 통용될 수 있는 것들도 있으리라 생각하는 바이다.

'처음'이라는 것은 누구에게나 다 서투르고 잘 모르기 때문에 우리 모두가 '실수'의 과정을 통해 연마하고 배우면서 살아갈 수밖에 없다.

그래도 두 번 실수할 일을 한 번으로라도 줄일 수 있다면 그것도 하나의 작은 성공을 거둔 것이라고 생각하며, 이 글을 통해 조금이라도 더 행복한 부부생활을 해 나갈 수만 있다면 나는 더 바랄 것이 없으리라 여긴다.

최근 우리나라 이혼율은 혼인건수 대비 50%에 가깝다고 한다. 2020년 기준 통계만 보더라도 연간 혼인건수는 21만 3,502건, 연간 이혼건수는 10만 6,500건으로 매년 두 쌍이 결혼을 하고 한 쌍은 이혼을 하고 있으니 결혼생활을 유지하고 사는 남자는 매년 '2명(증가)-1명(감소)'의 개념이다. 이것이 이 시대를 살고 있는 대한민국 남자들의 '현실'인 것이다.

우리 남자들은 군대를 갔을 때에도, 첫 직장에 취직을 했을 때에도, 결혼을 할 때에도 매번 아무런 학습도 없이 처음 겪어보는 낯선 환경 속에서 수많은 시행착오를 겪으면서 살아가고 있다.

나는 와이프와 함께 처음 스노우 보드를 타러 가기 전 유튜브에서 30편에 달하는 강의를 보고 갔다.

그로 인해 다행히 몇 번 넘어지지 않을 수 있었는데 생전 처음으로 스노우 보드를 타야 하는 나로서는 남자라는 알량한 자존심 때문에 스키를 잘 타는 와이프 앞에서 넘어지지 않고 제법 잘 타는 모습을 보여 주고 싶었던 것이다.

이렇듯 한낱 스노우 보드를 타는 데에도 사전에 학습을 하게 되면 실수를 줄일 수 있으니 꼭 필요한 일일 것인데 자신의 인생에 가장 큰 일인 결혼을 하고 부부생활을 함에 있어서 우리 남자들은 대개 아무런 학습을 하지 못한 채 곧바로 현실로, 실전으로 뛰어들다보니 시행착오가 왜 없겠는가?

현재 결혼 풍습도 예전과는 많이 달라진 시기이고 코로나19로 인해 모든 것이 예전과는 다른 상황에 처했지만 지금껏 그래왔듯이 이러한 변화와 팬데믹 상황 또한 우리는 슬기롭게 잘 헤쳐 나갈 수 있으리라 굳게 믿고 있다.

혹시 이러한 시기에 다소 부합되지 않을 만한 내용이 있더라도 넓은 아량으로 이해를 해 주기를 바란다.

1부

결혼 및 결혼문화에
대한 고찰

나는 지금 왜
결혼을 하려고 하고 있는가?

둘이 죽을 만큼 사랑을 하고 결혼을 해도 잘 살 수 있을까, 말까 한 것이 결혼의 현실인 만큼 남은 평생의 동반자를 구하는 일이야말로 서로에게 인생의 그 어떤 문제들보다 '최고' 중의 '최고'로 신중을 기해야 할 일이 '결혼'일 것이다.

지금도 나는 주위에서 가끔 섣부르게 결혼을 하는 철없는 남편이나 철없는 아내를 보게 될 때면 둘이서 어떻게 결혼까지 오게 되었는지, 그리고 앞으로 둘이서 행복한 결혼생활을 잘 해 나갈 수 있겠는지 종종 궁금해질 때가 있다.

둘 사이에 사랑도 없이, 뜻하지 않게 아이가 생겨서, 부모님께 등을 떠밀려서 결혼을 한 부부들을 보게 될 때면 '이렇게 서로 간에 사랑도 없이 원치 않았던 결혼생활이 과연 행복할 수 있을까?'라는 의문이 생기곤 하는 것이다.

물론 모든 일에는 예외도 있는 것이니 그중에서도 행복하게 잘 살고 있는 부부들도 있을지 모르겠으나 사랑도 없는 결혼생활이 순탄치 않으리란 것은 대개의 경우 불 보듯 자명한 일일 것이라 생각한다.

한번은 주위에서 이런 이야기를 들은 적이 있다.

남자들을 위한 부부생활 참고서

"이렇게 힘든 것이 결혼이라면 왜 자신이 결혼한다고 했을 때 말리지 않았느냐?"라고 말이다.

냉정한 이야기처럼 들릴지도 모르겠지만 사실 내가 그 둘을 이어준 것도, 그 둘에게 결혼을 하라고 강요를 한 것도 아닌 마당에 둘이서 만나 둘이서 결정한 결혼에 대해 제3자인 내가 '감 놔라~ 배 놔라~' 할 수는 없는 노릇인 것이다.

인터넷에서 '결혼과 갈등'에 대한 정도만 찾아보고 이런 부분들만큼이라도 내 스스로가 극복해 나갈 수 있는지 심도 있게 생각해 본 후 결혼을 했었더라면 지금보다 조금은 더 나았지 않았을까?

'결혼을 했더니 이럴 줄은 몰랐다.', '이렇게 달라질 줄 몰랐다.'라고 하소연을 하는 것은 늦어도 한참이나 늦은 이야기이며, 결혼을 하게 되면 반품이나 AS는 받을 수 없는 일임을 명심하도록 하자.

서로에 대해 하나라도 더 알고 결혼을 해도 부족할 판국에 하나라도 덜 알고 결혼을 했다면 그만큼의 핸디캡은 내가 감당해야 할 몫이 아니겠는가?

결혼을 하는 순간부터 내게도 '책임'이라는 꼬리표가 따라 붙는다. 내가 애초에 없었더라면 내가 결혼을 해서 만든 내 가정도 없었으리라.

와이프의 입장에서 보면 나 하나만을 믿고 내 울타리에 들어온 여자이고 자식이 생긴다면 나로 인해 태어난 자식이다. 나로 인해 만들어진 가정이라면 내 가정에 무슨 일이 생기든 내가 책임을 져야 하는 것은 당연한 일일 것이다.

나의 운전 실수로 인해 교통사고를 발생시켰을 때 나만 죽는 것이 아니라 상대방도 죽일 수가 있는 것이듯 나의 잘못된 결혼 선택은 상대방인 배우자의 인생도, 자식(들)의 인생마저도 망가트릴 수 있는 것임을 명심하자.

이 시대의 많은 젊은 남자들이 한 순간의 잘못된 결정으로 서로가 한평생을 후회 속에서 살지 않도록 결혼을 선택하기 전 '신중'에 '신중'을 기하여 부디 행복한 결혼생활을 영위할 수 있기를 진심으로 소망한다.

내가 결혼 전에 만났었던 여자들과 연애 당시에 가장 중요하게 생각하고 내 자신에게도 끊임없이 자문을 해 보았던 것은 '과연 내가, 이 한 여자와, 평생을 함께, 서로 사랑하며, 잘 살 수 있겠는가?'라는 질문이었다.

스물여섯 나이에 내가 지금의 와이프를 처음 사귄 순간부터 연애시절 동안 나의 와이프에게도 똑같은 질문을 내 자신에게 수없이 물어본 끝에 나는 'OK!'라는 답과 함께 자신감을 얻었고 수많은 우여곡절을 겪은 끝에 결혼을 하여 대략 20년간 같이 잘 살아오고 있는 중이다.

이 책의 마지막에서는 부록 겸으로 결혼 관련 명언들을 정리해 보았다.

이러한 명언들을 남긴 남자들은 각자 살아왔던 시대와 나라가 다르고 저마다 천차만별로 다른 여자와 기타 여러 가지 다른 환경들 속에서 결혼생활을 했던 남자들이었지만 신기할 만큼 비슷한 맥락의 메시지를 우리에게 전달해 주고 있다.

이는 남자가 어떤 시대, 어떤 국가에서 태어나 어떤 환경에서 어떤 여자와 결혼을 하게 되더라도 행복한 결혼생활을 위한 필요충분조건이 무엇인지를 후손들에게 들려주는 위대한 유산이라고 생각한다.

'왕이 되려는 자 왕관의 무게를 견뎌라.'라는 말처럼 한 여자의 '남편', 한 아이의 '아버지'가 되려는 자 또한 그 이름에 해당하는 만큼의 무게를 견뎌내야 할 것이다.

지금 또는 앞으로 곧 결혼을 하려고 마음을 먹고 있다면 단순히 둘이서 현재의 '사랑'이란 감정만으로 결혼을 하려고 하는 것은 아닌지, 앞으로 결혼하고 살면서 죽을 때까지 결혼생활을 통한 모든 '삶의 무게'들을 감당해 낼 마음의 준비와 자세가 되어 있는지를 한번 심각하게 생각해 보면 좋겠다.

결혼 관련 명언들 중 하나를 미리 들려주고 싶다.

결혼 그 자체는 '좋다, 나쁘다.'라고 할 수 없다. 결혼의 성공과
실패는 우리 자신에게 달려 있기 때문이다.

- 모루아

100세 시대에서 바라본
결혼에 대한 고찰

앞서 이야기와 비슷한 내용이지만 조금은 무서울 법한 이야기를 하나 더 들려주려 한다. 요즘 흔히들 '100세 시대'라고 하는데 나이 '서른'에 결혼을 한다고 가정하면 좋든 싫든 둘이서 앞으로 '70년'을

함께 살아갈 수도 있다는 것이다.

지금 내 나이가 서른이라면 태어나서 지금까지 내가 살아온 30년이란 세월이 얼마나 길었던 세월인지를 회상해 보고 나서 살아온 삶의 두 배가 넘는 '앞으로의 70년은 또 얼마나 긴 세월이겠는가?' 한번 진지하게 생각해 보자.

나와 결혼을 앞두고 있는 이 여자가 지금은 아무리 젊고, 늘씬하고, 아름다울지라도 몇십 년 후에까지 그 젊음과, 체형과, 아름다움이 유지되기는 어려운 일일 것이다.

그러면 지금 나의 결혼 배우자의 조건으로는 젊고, 늘씬하고, 아름다운 것이 중요한 것이 아니라 나이가 들어 같이 늙어 가는 모습을 서로 바라만 보더라도 좋을 만한 여자와 결혼을 해야 할 것이 아니겠는가?

「쉰들러 리스트」라는 영화 속 대사 중 나의 와이프가 좋아하는 대사가 있는데 '그녀와 함께 늙어 가고 싶다.'라는 대사이다. 개인적인 차이가 있겠지만 나의 와이프의 이야기로는 여자가 사랑하는 남자에게 가장 바라고 듣고 싶어 하는 최고의 말이라고 한다.

과거에서부터 결혼식 서약 중에 항상 나오는 단골 멘트가 있다.

"검은 머리가 파뿌리가 되도록 서로를 아끼고 사랑하겠는가?"

이 물음에 우리는 모두가 "네!"라고 씩씩하게 답을 하며 결혼을 한다. 단지 지금만 좋고 사랑해서 결혼을 하는 것이 아니라 죽을 때까지 내 남은 평생을 내가 이 여자와 함께 꾸린 가정을 위해 살아가야 하는 것이 결혼이다.

남자들을 위한 부부생활 참고서

자, 아직 결혼식을 치르지 않았다면 지금 결혼을 하려는 내 여자를 떠올리면서 스스로 한번 더 자문을 해 보자.

'과연 내가, 이 한 여자와, (70년이 될지도 모르는) 평생을 함께, 서로 사랑하며, 잘 살 수 있겠는가?'

연애는 왜
어렵고 힘든 것일까?

 모든 일들이 그러하듯 '처음'은 다 어려운 것이다. 연애도 몇 번을 해 봐도 '그 여자와의 연애는 처음'이기에 어려운 건 마찬가지이다. 연애는 '사람 대 사람'이기 때문에 바둑이나 당구처럼 정석이 따로 있는 것도 아니고 누구에게 배울 수 있는 것도 아니다.

간혹 주위에 외모의 기준을 떠나서 연애를 잘 하는 남자들도 있기는 하지만 이들은 그냥 우리와 DNA가 다르다고 생각하는 것이 편하다. 게임에서처럼 경험치를 쌓고 레벨을 올려 나가듯이 수많은 시행착오를 겪으면서 나의 '연애력'도 성장하는 것이다.

기본적으로 남자는 여자를 잘 모른다. 그런데 대부분의 여자는 남자가 자기 마음을 다 알아주고 모든 것을 남자가 다 알아서 해 주기를 바란다.

올해 나이 마흔 다섯인 나도 아직 여자를 잘 모른다. 다만 내가 20~30대 시절에 비해 여자에 대해 몰랐던 것들을 그나마 조금 더 많이 알게 되었을 뿐이다.

여자들마다 개인적인 성향도, 취향도 다 제각각 다르겠지만 공통적으로 여자들이 뭘 좋아하고, 뭘 싫어하는지 알아가는 것이 나의 '연애력'을 올리는 첫 시작일 것이다.

"난 숫기가 없어서…", "가진 것이 없어서…" 연애를 못하겠다는 사람이라면 냉정한 말이지만 답은 이미 정해져 있다. 계속 연애나 결혼을 하지 않으면 그만이다.

DJ. DOC의 노래가사처럼 "난 키도 작고 잘생긴 얼굴도 아냐, 돈이 많은 것도 아냐, 좋은 차가 있는 것도 아냐, 하지만 난 사랑을 할 줄 알아. 네가 얼마나 내게 소중한지 난 알아~♪"

이 노래 속 남자를 상상해 보면 왠지 자신감 있어 보이지 않은가?

이런 남자를 만약 현실로 만났더라면 남자인 내가 봐도 아마 외모를 떠나 멋있는 남자였을 것이란 생각도 든다. 마냥 "모른다.", "못한다."만을 외치고 있을 일이 아니라 알 수 있도록, 할 수 있도록 내 자신을 바꿔야만 하는 것이다.

물론 여자들도 남자들과 마찬가지로 키와 외모도 볼 것이지만 간혹 개그맨들이 미인과 사귀거나 결혼을 하는 것을 보면 외모가 전부는 아니라는 반증도 될 수 있는 것이다. 그렇다고 외모 비하를 하자는 이야기가 아니다.

그들은 뛰어난 '말빨'을 가지고 있겠지만 그렇다고 여자를 '말빨'로만 꼬셨다고 보기에도 무리가 있다. 여자가 봤을 때 그 사람이 남자로 보이는 무언가 그 남자만의 매력이 있었을 것이다.

멘탈, 눈빛, 목소리, 말투, 행동 등 내가 여자에게 어필할 수 있는 무언가를 찾아서 발전시켜 나가야 한다. 지금 내가 가진 '남자로서의 매력'이 없거나 적다면 어떻게든 만들어내야만 한다.

남자가 어떤 여자를 봤을 때 여자로서의 매력을 못 느꼈다면 두 사람이 연인으로의 발전 가능성은 희박할 것이다. 여자들도 마찬가지로 나를 봤을 때 남자로써의 매력이 느껴지지 않는다면 말 그대로 나는 그 여자에게 연애상대로 '꽝'인 것이다.

내가 좋아하는 여자에게 지금은 비록 내가 남자로 보이지 않지만 나만의 섹시어필을 개발하여 매력을 발산한다면 문득문득 내가 남자로 보이는 효과를 주게 될 수도 있을 것이다. 이왕 남자로 태어났으니 제대로 된 남자로 살면서 여자에게 매력도 '뿜뿜' 해 보자.

게임에서도 어느 정도 레벨을 갖춰야지만 비로소 그 레벨에 맞는 스킬을 제대로 사용할 수가 있다. 지금의 내 모습이 레벨도 낮고 스킬도 없는데 '나는 왜 스킬이 없을까?'라고 고민만 하고 있는 것은 무의미한 일이다.
무슨 이벤트도 없이 없던 레벨과 스킬이 자고 일어났는데 하루아침에 갑자기 샘솟을 수는 없는 노릇이니 말이다. 여자한테만 '오늘부터 1일'이라고 할 것이 아니라 내 스스로에게 '오늘부터 1일'이라고 다짐한 순간부터 내 '연애력'은 오늘부터 눈부신 발전을 해 나갈 수 있는 첫날이 될지도 모른다.

자신감이 부족하다고 여겨진다면 지금보다 더욱 자신감을 가질 수 있도록 노력을 해 보도록 하자. 지금은 비록 '스킬'이 없는 남자일지라도 강력한 의지를 갖고 피 나는 노력을 한다면 당신은 분명히 그 '스킬'을 가질 수 있게 될 것이라고 굳게 믿는다.

결혼은 왜
어렵고 힘든 것일까?

 결혼도 연애와 마찬가지로 '처음' 해 보는 일이기에 힘든 일이다. 아니, 두 번, 세 번 결혼을 해 봐도 '그 여자와의 결혼은 처음'이기에 힘든 것은 또한 마찬가지일 것이라고 생각한다.

결혼을 간단한 공식으로 따져 보자면 '연애+공동생활+집안간의 결합+(육아)+a'로 연애보다 더욱 고난이도의 영역이다. 쉽게 이야기해서 연애를 '산수'라고 한다면 결혼은 '공대 수학' 수준으로 생각해야 할 수도 있을 것이다.

어쩌다 한 번씩 다른 집에 가서 그 집의 아기를 보면 볼 때마다 예뻐 보일 수 있겠지만 내 집에서 내가 아기를 키우는 것은 전혀 다른 이야기가 된다.

지금 부부 사이에 자식이 있다면 더더욱 힘든 환경일 테지만 '육아'와 관련된 이야기는 자식이 없는 나로서는 전공 분야가 아니기 때문에 가급적 배제하고자 한다.

보통의 연애 시 일주일 또는 한 달에 몇 번 만나서 함께 즐거운 데이트를 하고 각자의 집으로 돌아가면 그만이었지만 결혼 후에는 보통의 경우 매일 같은 공간에서 와이프와 부딪히며, 항상 함께 생활을 해야만 한다.

남자가 느끼는 결혼생활에 관련되어 크게 공감되는 인터넷상의 글이 있어서 여기서 잠깐 공유해 본다.

"형, 결혼하면 어떤 느낌이에요?"
"그건 말이야, 여친이 집에 놀러와서 밥도 같이 해먹고 너무 즐거운데, 집에 안 가... 집에 보내고 나 이제 게임도 하고 할 거 해야 하는데 말이지..."
"뭔가 한방에 와닿음...ㅋ"

*출처 미상

이렇듯 같은 공간 안에서 매일매일을 함께 보내야 하기 때문에 생활 속 아주 작은 사소한 일들로 부딪히는 경우가 많다.

우리 부부의 경우에도 처음에는 이 물건을 어디에다 둬야 하는지, 치약을 어디서부터 짜야 하는지, 화장지는 어떤 방향으로 걸어 둬야 하는지, 수건을 몇 번이나 쓰고 빨래를 해야 하는지, 빨래 후 어떻게 개켜야 하는지, 비누나 수건, 손톱깎이로 어디까지 사용이 가능한지, 방문과 창문은 열어 둬야 하는지/닫아 둬야 하는지, 변기 뚜껑은 올려 둬야 하는지/내려 둬야 하는지 등 평소에는 생각해 보지도 못했을 수많은 일들 속에서도 부부간에 사소한 다툼이 발생하곤 했다.

이렇게 서로가 몰랐던 생활 습관들 때문에 발생하는 사소한 문제들에 대해 때로는 다투며, 때로는 이야기를 나누며 하나하나 잘 극복하고 정리해 나가면서 마치 게임에서 경험치를 쌓고 레벨을 올리듯이 나의 '결혼력' 또한 발전시켜 나아가는 것 외에는 방법이 없을 것이다.

우리 부부는 8년 동안 거의 같이 살다시피 함께 보내며 결혼을 하게 되었는데 동거도 결혼생활과 마찬가지이다. 결혼을 하게 되면 남자 하나 믿고 내 집으로 들어온 여자인 만큼 '잡은 물고기는 밥 주는 것이 아니다.' 하지 말고 남편이 집안의 가장으로서 내 울타리 안은 내가 책임을 져야 한다는 자세를 갖추도록 하자.

이 글을 보고 있는 당신의 결혼생활과 행복한 앞날을 위해 건배를~

남자들을 위한 부부생활 참고서

좋은 남편감?
and 좋은 아내감?

 인터넷으로 '좋은 남편감' 혹은 '좋은 아내감'으로 검색해 보면 다양한 많은 글들이 나오는데 검색을 통해 과연 지금 나는 내 여자에게 '좋은 남편감'에 얼마만큼 부합되는지, 또한 내가 결혼을 하려고 하는 내 여자는 과연 '좋은 아내감'에 얼마만큼 부합되는지를 한번 점검해 보자.

그렇다고 지금 '좋은 남편감/아내감이 아니니 헤어져라.'라는 이야기를 하고 싶은 것이 아니라 지금보다 더 좋은 남편감/아내감이 되기 위해 서로가 함께 노력해야 할 부분은 더 없는지 한번 체크를 해 보자는 차원에서의 이야기이다.

주변에서 들었었던, 모두가 한번쯤 생각해 볼 만한 이야기가 있어 공유해 보고자 한다.

'션(지누션의 션)'과 같은 남자와 만나서 결혼을 하고 싶다는 여자에게 다른 사람이 말을 했다.
"그러면 너는 '정혜영(션의 와이프)'처럼 남편에게 해 줄 수 있겠니?"

이 이야기는 거꾸로 말하자면 내가 어떤 좋은 아내감을 바라기 전에 내가 먼저 좋은 남편감이 되어야겠다고 생각하는 자세가 더욱 바람직하고 중요한 일이라는 것을 반증하는 이야기라고 생각한다.

내가 좋은 아내감에 부합되는 여자와 결혼을 하고 싶어 하듯이 내 여자도 좋은 남편감에 부합되는 남자와 결혼을 하고 싶어 할 테니 말이다.

물론 이렇게 모두가 바라고 원하는 기준에 모두 다 맞는 사람이 어디 있겠느냐만은 둘이서 함께 각자가 상대방에게 원하는 부분에 대해 이야기를 나눠 보고 각자의 장점과 단점은 무엇인지, 노력하면 좋아질 수 있을 만한 항목을 집중해서 노력하다 보면 시간이 지나 먼 훗날에는 서로가 서로에게 바라는 모습에 가까워져 있게 되지 않을까 싶다.

결혼하고 같이 살아가면서도 나태해지지 않기 위해 가끔은 서로에게 지금 나한테 조금이라도 문제라고 생각하는 것들이 있는지 체크를 해 보고 내가 생각해 봐도 내 자신이 문제라고 생각하는 부분이 있다면 조금씩이라도 고쳐 보도록 노력을 해 보는 것은 분명 발전적이고 좋은 일일 것이다.

서로가 지금처럼만 계속 살고자 한다면 앞으로도 계속 지금처럼 만큼만 살아갈 수밖에 없을 것이고 서로가 지금보다 조금씩 더 노력을 하고 살고자 한다면 앞으로는 지금보다 더 나은 삶을 살아갈 수 있게 될 테니 말이다.

지금 스스로 '좋은 남편감'이 되기 위해 어떠한 노력을 얼마나 하고 있는지 생각해 보면 좋겠다.

남자들을 위한 부부생활 참고서

빠른 결혼?
or 늦은 결혼?

 결혼이란 '해도 후회, 안 해도 후회'라는 말도 있고 '빠른 결혼'이든 '늦은 결혼'이든 다 장단점이 있게 마련이다.

보통 결혼을 일찍 하고 자녀를 일찍 낳으면 젊은 시절을 즐기지 못하지만 중년은 편하게 보낼 수 있는 반면 결혼을 늦게 하고 자녀를 늦게 낳으면 젊은 시절은 즐길 수 있지만 중년의 삶이 피곤해질 수 있다는 것이 중론인 듯 보인다.

그렇기 때문에 나는 개인적으로 '결혼은 빨리 하는 것이 좋다.', '결혼은 늦게 하는 것이 좋다.'라는 식의 이야기는 하고 싶지 않다.

결혼을 준비하는 모든 이들에게 굳이 내가 이야기를 해 줘야 한다면 '결혼 전에는 적지 않은 연애경험을 통하여 많은 것을 배우며 자아성찰을 해 나가고, 결혼을 해야 한다면 자신에게 잘 맞는 좋은 배우자를 만나기를 바라며, 자기 자신도 배우자에게 잘 맞는 사람이 되어 주려 노력을 하는 것이 좋다.'라는 정도의 이야기를 들려주고 싶을 뿐이다.

저마다 '몇 살쯤, 언제쯤 결혼해야지…'라고 생각들은 하고 있겠지만 결혼이라는 것이 참 본인 생각대로 되기가 힘든 일이다.

나의 경우도 어릴 적부터 '26살에 결혼하면 좋겠다.'라고 막연히 생각을 해왔었지만 26살 이전에는 이 여자, 저 여자 사이를 떠돌다가 내가 26살이 되던 해에 지금의 와이프를 만나서 8년을 거의 같이 살다시피 했었고 34살이 되어서야 결혼식을 올리게 되었다.

다들 그런지는 잘 모르겠지만 나와 와이프는 3년쯤 함께 지내고 같이 29살이 되었던 해에 서로가 '지금쯤 결혼하면 좋겠다.'라고 생각이 드는 시점이 있었는데 우리의 결혼이 늦어졌던 것은 다른 문제가 있었던 것이 아니라 매년 결혼을 하려고 할 때마다 집안에 큰일들이 발생하게 되어 어쩔 수 없이 늦어졌을 뿐이었다.

내 주위에서 가장 친한 친구 중에 한명은 20살에 결혼과 동시에 자식을 낳은 케이스도 있고 또 다른 나의 친구들과 지인들 중에는 40, 50대가 되어서도 아직 결혼을 못하고 있는 사람들도 있으며, 이 밖에도 다양한 케이스를 숱하게 봐왔지만 역시 결혼을 하게 되는 케이스를 볼 때면 '저마다 다 각자의 때가 있는 것이구나.'라는 생각이 들곤 한다.

어떻게 해서든 결혼을 했다면 다행이겠지만 거의 10여 년의 연애를 하다가 결혼할 때를 놓치고 헤어진 사람들을 볼 때면 '결혼도 적절한 때를 놓치게 되면 힘들어질 수도 있겠구나.'라는 생각도 든다.

서로 결혼을 하기로 결정을 하였고 지금이 서로 결혼을 해야 할 시기라는 생각이 든다면 가급적이면 그 시기를 놓치지 않고 결혼을 준비하는 것이 좋을 듯하다. 결혼식장에 둘이서 같이 들어가기 전까지는 모르는 일이고 그 전까지는 절대로 방심해서는 안 될 일일 테니 말이다.

남자들을 위한 부부생활 참고서

결혼을 했다면 이제는 어떻게 바꿀 수도 물릴 수도 없는 일이니 빨리 했다, 늦게 했다 후회 말고 앞으로 둘이서 잘 살면 그만인 일일 것이다.

자, 결혼을 했다면 아쉽지만 이제 작별을 고하자.
Goob-bye, Solo~

자식이 있는 것이 더 행복할까?
없는 것이 더 행복할까?

 네이버 지식백과를 보면 최근에는 자식을 중요하게 생각해온 부모 세대와는 다른 가치관을 지닌 동양의 젊은이들 중에서도 '딩크족(Double Income No Kids)'이 나타나고 있다고 한다. '정상적인 부부생활을 영위하면서 의도적으로 자녀를 두지 않는 맞벌이 부부'를 일컫는 용어라고 한다.

우리 부부야 둘 다 아이를 가지고 싶었으나 서로가 아무리 노력을 해도 뜻대로 되지 않아 포기를 했고, 또한 나 혼자서 외벌이를 하고 있으니 딩크족은 아닐 것이지만 지금 우리 부부에게는 서로 자식 없이 둘이서 알콩달콩 살아가는 것에 대해 나쁘지만은 않은 일이라 생각하고 또한 주위에 자식 있는 부부들을 부러워하지도 않는다고 생각하며 잘 살고 있다.

하지만 결혼 전에 나든지, 와이프든지 어느 한쪽에서 일방적으로 '딩크족'을 요구해왔다면 어땠을까? 그러한 상황 속에서 '우리 부부가 지금처럼 결혼을 할 수 있었을까?'라고 생각해 본다면 옛날 어르신들 사고방식과 비슷한 나로서는 '이 또한 장담할 수 없는 일이겠다.'라는 생각도 들게 된다.

예전에는 주변에 자식 키우는 부부들이 우리 부부에게 자식이 없다는 것을 처음 알게 되었을 때 동정의 눈빛을 보내왔지만 최근에는 오히려 부러워하는 눈빛을 보내오는 이들이 많아졌다.
그만큼 자식들 키우기가 힘들다는 반증일 것이다.

인터넷으로 자식이 있는 쪽과 없는 쪽 중 어느 쪽이 더 행복한지에 대해 검색을 해 보던 중 '오렌지를 좋아하는 사람이 있고 사과를 좋아하는 사람이 있듯이, 아이들을 갖는 것은 아이들을 갖지 않는 것과 다르기 때문에 본질적으로 어느 것이 더 낫다고 할 수 없다.'라는 스톤 스토니브룩대 교수(정신과학·심리학)의 글에 전적으로 공감을 한다.

내가 생각했을 때 이번 주제에 대한 가장 명확한 답변이 아닐까 싶다. 부부간에 둘 다 자식을 원한다면 자식을 낳아 기르면서 행복하면 좋은 일이고, 둘 다 자식을 원치 않거나 도저히 생기지 않는다면 자식을 낳지 않고 둘이서 행복하면 그 또한 좋은 일일 것이다.

가장 어려운 것은 한쪽은 자식을 원하지만 다른 한쪽에서는 원하지 않을 때가 문제일 텐데 아무리 생각을 해 보고 인터넷 검색을 해 봐도 당사자들인 둘이서 원만히 합일점을 찾아내지 못하는 이상 이 문제에 대해서는 명쾌한 답을 아직 찾아내지 못하고 있다.

결과적으로 자식을 낳고 낳지 않고의 문제는 전적으로 부부, 즉 두 사람만의 문제인 것이며, 어느 쪽을 택하였던 나는 행복한 가정만 잘 꾸려나가기를 바랄 뿐이다.

자식을 낳고 키우기를 원한다면 몇 명을 낳을 것인지, 자식이 커가는 나이에 맞춰서 미리 부부간의 나이도 함께 고려해 보고 아기를 가질 적절한 시점에 대해서도 서로 충분히 논의를 해 보면 좋을 듯하다.

세상의 모든 아버지들이여, 힘들더라도 부디 'Fighting' 하기를 바란다.

부부간 종교의 차이

결혼을 앞두고 있는 부부 사이에 서로 종교가 같다면 참으로 다행스런 일이겠지만 종교가 다르다면 종교 문제 또한 결혼 전에 반드시 짚고 넘어가야 할 문제일 것 같다.

가령 예를 들자면 남자는 불교 신자, 여자는 기독교 신자라면 결혼 후 각자 따로 종교 생활을 유지할 것인지, 둘 다 종교 생활을 포기할 것인지, 어느 한쪽으로 종교를 통일시킬 수 있을 것인지, 결혼 후 그 둘 사이에 태어난 자식은 과연 어떤 쪽으로 종교에 대한 교육을 시킬 것인지, 제사 문제는 또 어떻게 해야 하는지, 양가 집안 어른들의 종교 차이도 어떻게 극복해야 하는지 등 이렇게 종교 문제 하나만 놓고도 분명 '교통정리'를 해야 할 부분들이 만만치 않을 것이다.

연인간, 부부간의 종교 갈등과 관련된 설문 사례들을 찾아보면 종교 갈등의 주체가 '본인-애인'이 가장 많지만 이밖에도 '본인-애인의 부모', '본인의 부모-애인', '본인의 부모-애인의 부모' 사이의 갈등 또한 만만치 않음을 보여 준다.

또한 이미 종교 갈등을 경험했던 미혼남녀 중 대다수가 '새로운 이성과의 교제 시 종교를 고려하여 결정하고 또다시 종교 문제로 갈등을 겪고 싶지 않다.'라고 하는 것을 보면 종교 갈등의 심각성을 잘 알 수 있는 대목이기도 하다.

우리 부부의 경우 와이프는 모태신앙의 기독교 신자였고 나는 철저하게 나 자신 하나만 열심히 믿고 사는 무교인 사람이었다. 우리가 연애시절 처음 서로의 종교가 다름을 알게 되었을 때 나는 와이프에게 강력하게 선을 그었다.

"당신이 혼자서 교회 나가는 것을 절대로 뭐라고 하지 않겠지만 나는 죽을 때까지 교회에 나가지 않을 것이니 당신도 그렇게 알고 절대로 나를 터치하지 말아 달라!"라고 말이다.

1남 2녀를 둔 장모님께서는 두 딸들에게 사위될 사람으로 같은 종교에 장남만 아니었으면 좋겠다고 말씀을 하셨다는데 어떻게 모두 다른 종교를 가진 장남을 두 사위로 두게 되었으니 안타까운 입장이 아닐 수가 없겠다.

　그 후로 와이프는 내게 "제발 같이 교회에 나가 주기만 해 달라."라고 내게 오랫동안 끈질기게 간절히 회유를 했었고 결론적으로 지금 나는 와이프를 따라 함께 교회를 다니고 있으니 세상일이란 것은 참으로 알 수 없는 일이라는 생각이 든다.

　또한 이렇게 된 것에는 '차라리 내가 무교였기에 이만큼이라도 가능한 일이 아니었을까?'라는 생각이 들 때도 있는데 만약 내가 무교가 아닌 불교나 타종교 신자였다면 어땠을까? 나로서도 이 문제를 한방에 해결할 수 있는 비책이 있을 리가 만무하고 그냥 함께 부딪히면서 하나씩 정리해 나가는 수밖에 다른 뾰족한 방도는 없었으리라.

　만약 서로 종교가 다른 둘이 만났다면 서로의 입장들만 내세워 다투지 말고 앞서 서두에 나열했던 문제들과 그 밖에 문제들에 대해 하나하나 차분히 잘 정리해 나갈 수 있기를 바랄 뿐이다.

　종교가 다르다고 서로의 종교를 무시하거나 비방할 수도 없는 노릇이고 또 이로 인해 좋은 결혼 배우자를 놓치는 일도 너무나 안타까운 일이 아니겠는가?

　쉬운 일은 아니겠지만 먼저 서로가 다름을 인정하고 상호 존중해 주면서 받아들이는 자세를 갖춘다면 뒤에 발생되는 종교간 문제들에 대해 하나하나씩 둘만의 원만한 기준점을 만들어나갈 수도 있을 것이라고 희망하는 바이다.

또한 종교가 같더라도 믿음의 차이, 종교를 바라보는 관점 등의 차이로도 다툼이 발생될 수 있다고 하니 종교가 같든, 다르든 결혼 전에 서로가 종교에 대해 정리를 해 두는 것이 바람직한 일이라 여긴다.

결혼 인턴제

'결혼 인턴제'는 KBS 드라마 「아버지가 이상해」에서 처음 나온 용어라고 한다. '결혼 인턴제'에 대해 찬반론 등 의견들이 분분한데 단점도 물론 있겠지만 나는 개인적으로 둘이서 그렇게 하기로 합의를 했다면 그 또한 나쁘지만은 않은 것이라고 생각한다.

나와 내 와이프도 최소한 3~6개월은 같이 살아 보고 결혼을 하자고 했던 것이 결혼식이 자꾸만 미뤄지게 되어 거의 8년을 함께 보낸 후 결혼을 하게 되었고 여태까지 잘 살고 있으니 말이다.

서로가 결혼을 하여 잘 살면 다행이겠지만 지금도 우리 주변에는 자식 때문에 원치 않는 결혼생활을 이어나가고 있는 사람들이 많이 있고 자식을 어느 정도 키운 후에 이혼하는 사례들도 많이 발생되는 것을 보게 되면 안타까울 따름이다.

이렇듯 끝까지 원만하게 부부생활을 이어나가지 못하고 갈라서게 될 것이라면 평생 결혼이라는 틀 안에 갇혀 고생하면서 후회하며 사는 것보다 차라리 자식이 없을 때 빨리 갈라서서 각자의 길을 가는 것도 하나의 현명한 처사이지 않을까 싶기도 하다.

또 한편으로는 요즘 젊은이들이 "이럴 줄 알았으면 결혼 안 했다."라고 하는 이야기들을 가끔 듣게 되는데 그들이 만약 정상적인 결혼생활이 아닌 '결혼 인턴제'를 하기로 하였다면 '보다 쉽게 많은 이들이 갈라서게 되지 않았을까?' 하는 우려감이 들기도 한다.

실제로 결혼 후 처음 1년간 크고 작은 수많은 다툼들이 발생할 수 있을 것인데 나부터도 정상적으로 결혼 및 혼인신고를 했다면 참고 넘어갈 수 있는 일을 '결혼 인턴제'를 했을 경우에는 다툴 때마다 "이럴 바에는 헤어지자."라는 이야기가 전자의 경우에서보다 훨씬 더 쉽게 나올 듯하여 걱정이 되는 부분도 있다.

결국 '결혼 인턴제'를 하게 되더라도 주머니 속에 사직서와 같이 여기고 여차하면 갈라설 것이라는 안일한 생각보다는 어떻게든 실패하지 않고 서로가 합심하여 원만한 결혼생활을 이어나갈 수 있도록 맞춰 나가려는 의지와 노력이 가장 중요할 것이다.

둘이서 같이 노력해야지, 다른 한쪽의 노력 없이 어느 한쪽에서만 일방적으로 이렇게 생각하고 행한다고 해결될 수 있는 일도 아니다. 손뼉도 마주쳐야 소리가 나지 않겠는가?

사기가 아닌 정상적인 결혼을 했더라면 누구나 행복한 결혼을 꿈꾸는 것이 당연한 일이며, 이혼을 하려고 결혼을 하는 사람은 아무도 없겠지만 한 번도 이혼을 하지 않고 평생을 함께 잘 살 수 있는 것은 누구나 쉽게 할 수 있는 일이 아니라고 생각한다. 모든 것은 각자의 판단과 선택에 달려 있는 문제일 것이니 어떤 선택을 하든지 신중히 고민해 보길 바란다.

참고로 '결혼 인턴제'를 할 경우라도 사실혼 관계를 인정받게 되는데 이러한 사실혼이 법적으로 어디까지 보호를 받을 수 있고 어디부터는 보호를 받을 수 없게 되는지 등 세부적인 일들은 각자가 잘 알아보고 결정해야 할 부분인 것 같다.

최근 결혼 문화에 대한 고찰

결혼식은 사랑하는 남녀 둘이서 친인척과 지인들을 모시고 그들 앞에서 두 사람이 평생의 배우자가 되겠다고 서약을 하는 성스러운 자리인 만큼 잘 상의를 하여 최근 결혼문화가 어떻든 둘 사이에 맞는 적절한 결혼식을 올렸으면 하는 바람이다.

내가 그동안 참석했던 결혼식장 풍경을 돌이켜 생각해 보면 성스럽고 조용한 결혼식장도 있었지만 속된 말로 '도떼기 시장' 같다는 생각이 들

때도 있고 너무 보여 주기 식의 과소비와 허례허식만으로 가득 찬 결혼식도 있었다.

최근 스몰웨딩 등을 통해 결혼식은 작게, 혼수는 크게 한다든지, 주례 없이 결혼식을 진행하는 등 많은 변화들이 있지만 나는 차라리 허례허식처럼 치르는 결혼식보다는 오히려 '결혼식'이라는 기본 의미에 더 충실한 변화라고 생각하며 좋은 쪽으로 바라보며 관망을 하고 있다.

앞으로도 어떠한 결혼문화가 더 나오고 어떻게 더 달라질지는 모르겠으나 당사자들끼리 뜻이 맞는 결혼문화라면 다행스런 일이겠으나 앞서 이야기한 '딩크족', '결혼 인턴제' 등 어느 한쪽에서만 일방적으로 색다른 결혼을 요구한다면 본인과 뜻이 맞는 결혼 상대를 찾는 일은 점점 더 어려워질 수도 있겠다는 걱정도 함께 들게 된다.

최근 코로나19가 심해지면서 예식장 이용 인원이 제한되며 스몰웨딩이 더욱 더 자리를 잡게 되었고 혼인신고만 하고 결혼식은 하지 않는 부부들도 많아지고 있다고 한다.

하루속히 현 시국의 코로나19가 종식되어 행복한 결혼식에 많은 사람들의 축하를 받으며 부부의 연을 맺을 수 있는 날이 올 수 있기를 간절히 희망해 보면서 본론으로 들어가기 전 '결혼 및 결혼문화에 대한 고찰'을 마치도록 하겠다.

2부

결혼식 전편

결혼 전
상호간 체크사항

 '과연 내가, 이 한 여자와, (70년이 될지도 모르는) 평생을 함께, 서로 사랑하며, 잘 살 수 있겠는가?'라는 질문에 대한 확신을 갖게 되었고 결혼을 결심하게 되었다면 이제 '결혼식 전편' 과정으로 들어가면서 결혼 전 체크해 봐야 할 항목들에 대해 서로가 진지하게 이야기를 나누어보며 결혼 후 문제가 되지 않도록 미리 정리해야 할 것들을 찾아서 사전에 정리를 해 두는 것이 필요하다.

상세한 부분들은 인터넷 검색만 해 보더라도 자세히 알아볼 수 있는 일인 만큼 가장 기본이 되는 몇 가지만 아래에 열거해 보겠다.

- 가정 경제를 어떻게 계획하고 운영해 나갈 것인가? 서로에게 채무 문제는 없는지와 맞벌이/외벌이, 기타 서로의 형편 등 각자의 상황에 맞게 생각을 해 봐야겠다.
- 수입에 비해 지출이 과도한 부분은 없는가? 각자의 지출 유형과 소비 패턴을 파악하고 서로 타협과 조정이 필요한 부분이 없는지 확인해 보자.
- 서로의 건강에는 문제가 없는가? 요즘은 결혼 전 상호간에 건강진단서를 주고받으며 서로의 건강상태를 확인하는 사람들도 많다고 하는데 2세까지 생각한다면 이 또한 중요한 일이 되겠다.

- 성생활도 중요한 문제 중 하나인 만큼 서로의 성적 취향에 대해서도 공유하며 서로가 어떻게 노력해 나갈 것인지도 의견을 나눠 보도록 하자.
- 아이를 낳을 것인가? 낳는다면 몇 명의 자녀를 낳을 것인가? 그에 따라 함께 2세 계획을 세워 보자.
- 집안일을 어떻게 분담할 것인가? 출산 후 양육에 있어서 누가 어떤 역할을 맡을지도 미리 상의해 놓으면 좋겠다.
- 서로의 집안, 부모형제, 친인척, 친구나 지인들에 대해서도 잘 알아보고 결혼하게 되었을 때 우리 부부 사이에 지나친 참견이나 간섭할 우려가 없겠는지 미리 확인해 보는 일도 중요하다.
- 결혼으로 인해 다른 것들은 포기해도 이것만큼은 포기할 수 없는 것이 있다면 미리 양해를 구하고 합의를 하도록 하자.
- 서로가 지금까지 어떻게 살아왔는지, 앞으로 어떻게 살아가고자 하는지, 미래의 꿈은 무엇인지, 함께 그 꿈을 이루기 위해 어떻게 노력을 해 나갈 것인지에 대해서도 서로가 깊이 있게 이야기를 나눠 보자.

이밖에도 결혼식/신혼집/혼수 문제, 합가/분가 문제, 종교 문제, 고부/장서 문제, 회사/육아휴직/사업 문제, 성격/취향/취미 문제, 모임 문제 등 개인마다 다양한 수많은 변수들이 존재할 수 있으니 결혼 후 발생될 수 있는 문제의 소지가 있는지 하나하나 꼼꼼하게 살펴보도록 하자.

상호간에 하나라도 덜 알고 결혼을 해서 후회하지 말고 서로가 하나라도 사전에 먼저 알아두고 정리를 해 두어 행복한 결혼생활을 잘 해 나갈 수 있도록 최선을 다하여 노력해 보길 바란다.

결혼 전 공약

"평생 손에 물 한 방울 묻히지 않게 해 줄게~"
이 이야기는 이전 세대에서 사랑하는 여자와
결혼을 하기 위해 남자들이 줄곧 해 왔던 이야기
이다. 그러나 결혼 후 와이프에게 이 약속을 지
켜 줄 수 있는 남자가 세상에 과연 몇 명이나 있을까?

나와 결혼을 하면 와이프를 위해 평생 본인이 직접 집안일들을 모두 도
맡아 해 주겠다는 것인지, 평생 집에 가사도우미를 두겠다는 이야기인지
나는 잘 모르겠다.

사랑하는 남자와 결혼을 하기 위해 여자가 남자에게 "평생 돈 벌어오란
말 안 하고 잔소리하지 않을게~"라고 말하는 것과 무엇이 다른 이야기인
가?

공약이라는 것은 지키지 못하면 차라리 안 하느니만 못한 결과를 가져
올 수도 있는 것이다.

죽을 때까지 부부간에 잘 살다가 내가 세상을 떠나는 날 처음 해 주었던
결혼 전 공약을 다 지켜 주지는 못하였더라도 최소한 와이프에게 "그동안
당신이 나를 위해 정말 고생 많이 했고 공약을 지켜 주기 위해 노력해 줘

서 고맙다."라는 말 정도는 듣고 떠나야 할 것이 아니겠는가?

차라리 작더라도 내가 지켜낼 수 있는 공약을 해 보는 것은 어떨까?

참고로 나의 결혼 전 공약은 아래의 두 가지였다.

첫 번째 공약은 "평생 나를 믿어달라는 소리 안 하고 행동으로 보여 줄 게."였고, 두 번째 공약은 "평생 손에 물 묻히게 해 줄게."였다. 이 말에 나의 와이프는 웃음으로 화답하였지만 이것만큼은 내가 자신 있게(?) 지켜 줄 수 있을 것이라는 생각과 함께 내 나름대로는 재치 있게 건네줬던 말이었다.

눈앞의 결혼만을 위해 '과대포장'이나 '과장광고'는 하지 않도록 하자. 같이 살다 보면 거짓이었음이 뻔히 드러날 일일 테니 지키지 못할 약속이라면 하는 것이 아니라고 생각한다.

과거로부터 나랏님들도 공약을 제대로 지키지 못하면 백성들에게 원성을 듣게 마련이었다. 하물며 내가 욕을 하고 있는 사람과 같은 행동을 내 자신이 하고 있다면 나 또한 똑같이 욕을 먹는 사람이 될 수도 있을 것이다.

어떤 공약이든 각자에게 맞는 현명한 공약을 찾아내서 지금 결혼하려는 여자에게 '구매 확정'을 받아내고 덤으로 '높은 평점'까지 받아낼 수 있는 '멋진 남자'가 될 수 있기를 바란다.

You can do it!

결혼 전 프로포즈

 　　사랑하는 남자에게 프로포즈를 받는 일은 거의 모든 여자들의 로망이 아닐까 싶다. 하지만 여자들마다 각자 받고 싶은 프로포즈는 저마다 다를 것이다.

　　그렇다면 남자는 내 여자가 평소에 꿈꿔왔던 프로포즈를 해 줘야 하는 것인데 여자가 센스 있게 그동안 자신이 바라고 꿈꿔왔던 프로포즈에 대해 귀띔을 해 줬다면 좀 더 편하겠지만 그렇지 않았다면 고민이 많을 것이다. 귀띔을 해 주지 않았을지언정 사전에 미리 조금씩 물어만 봤었더라도 프로포즈를 준비하기가 좀 더 편할 수 있을 것이다.

　　혹시라도 내 여자가 "난 프로포즈 같은 것은 유치하니 안 해 줘도 돼~"라고 했다고 안 해 줄 생각을 하고 있다면 안 해 줘도 된다. 대신 여자는 평생 잊지 못하는 세 가지가 있다는 것만큼은 기억을 해 두자.
　　여자가 임신했을 때 남자가 못 해 준 것과 애 낳을 때 곁에 남자가 없었을 때, 마지막으로 결혼 전에 남자가 프로포즈를 안 해 줬을 때이다.
　　이와 같은 평생의 꼬리표를 달고 살아갈 자신이 있다면 안 해 줘도 된다는 이야기이다.

　　요즘은 코로나로 인해 라디오 이벤트(라디오에 사연이 소개된 것처럼 음원을 준비하는 것)나 호캉스('호텔+바캉스'의 합성어로 호텔에서 즐기는 바캉스를 의미함)를 통해서 프로포즈들을 각자 다양하게 준비하고 있는 듯하다.

이것저것 검색도 해 보고, 내가 해 주고 싶은 프로포즈 리스트를 만들어 두고 내 여자를 잘 알고 있는 주위 여자들에게 어떤 것이 괜찮고 어떤 것이 별로인지 사전에 물어보는 것도 좋다.

이런 문제를 남자들끼리만 모여 있는 술자리에서 백날 상의를 해 봐야 그날의 술안주 정도가 될 뿐 원하는 답은 찾을 수가 없을 것이다.

케이크 속에 반지를 넣어 두는 등의 무모한 도전은 하지 말자. 여자가 반지를 씹기라도 했다면 치아가 상해서 결혼 대신 소송에 휩싸일 수 있을지도 모르는 일이다.

많은 사람들 앞에서의 프로포즈, 레스토랑 같은 곳에서 피아노를 치면서 노래를 불러 주는 프로포즈는 자신의 여자가 바라던 프로포즈가 아니라 남자 자신만이 바라왔던 프로포즈일 수도 있다.

'누구를 위한 프로포즈인가?'를 먼저 생각해야 한다. 가끔 어설프게 생각과 계획을 하고 '분명 와이프가 좋아하겠지?'라며 착각을 하는 남자를 보게 되는데 '내 자신만을 위한 프로포즈'가 되어서는 절대로 안 된다.

간혹 돈을 밝히는 여자들에겐 돈이 최고일지 몰라도 꼭 비싼 돈을 들여 해 주는 프로포즈가 최고의 프로포즈는 아니라고 생각한다. 프로포즈는 당신과 결혼하기를 원하는 내 마음을 전해 주는 이벤트이지 내가 돈이 많음을 자랑하는 쇼가 아니기 때문이다.

돈을 밝히지 않고 단지 사랑하는 남자에게 소소한 프로포즈를 꿈꾸는 여자들이라면 비록 5캐럿짜리 다이아몬드 반지가 아니더라도 자신의 생일에 맞는 별자리나 탄생석으로 디자인 된 반지나 목걸이 선물만으로도 충분하진 않을 수 있겠지만 어느 정도의 감동과 사랑하는 마음은 전달이 될 수 있을 것이다.

참고로 내가 와이프에게 해 주었던 프로포즈는 자취 시절 방바닥에 크게 하트 모양으로 촛불을 둘러 밝혀 두고 그 안에서 둘만의 결혼식을 거행한 것이었다.

아주 전형적인 방식이긴 하지만 와이프가 알지 못하는 사이에 결혼 서약서와 축가(사랑의 노래 - 소리엘) 등 나름 결혼식에서 갖춰야 할 양식들에 맞춰 거의 다 해 주었다.

방 천장에 가득 풍선만 띄워 놓아도 분위기는 꽤 근사해질 수 있다(풍선을 준비한다면 입으로 부는 등 무모한 도전은 하지 말고 반드시 헬륨가스를 이용하도록 하자).

가끔 이런 프로포즈를 야외, 그것도 바닷가에서 촛불과 케이크로 준비해 보려는 남자가 있는데 바람이 불면 촛불에 불을 붙이기도 힘들 뿐더러 바닷가 모래 바닥에 케이크를 놔 두면 모래가 바람에 날려 들어가 먹지도 못하게 되니 주의하길 바란다.

결혼 전 프로포즈의 의미에 대해 다시 생각해 보자.

남자들을 위한 부부생활 참고서

'프로포즈란 결혼을 향한 마지막 관문이며 청혼, 즉 배우자에게 우리의 사랑과 결혼을 제안하는 자리인 동시에 배우자에게 선물하는 일생에 단 한 번뿐인 이벤트'라는 의미도 있는 것이다.

지금 나의 여자는 내게 어떤 프로포즈를 원하고 있을지 한번 생각해 보자. Good luck to you~

결혼 전
양가 집안에 미리 서로의 점수 따 주기

 처음 양가 부모님을 뵙기 전에 서로가 미리 준비를 해 둬야 할 일이 있다. 나의 집에서는 여자의 점수를 미리 따 줘야 하고, 처가댁에서의 내 점수는 여자가 미리 따 줘야 하는 일이다.

　나의 집의 경우 부모님끼리 친구이신 집안의 딸이 나와도 친구였는데 어린 나이에도 하도 영리하고 사리분별을 잘 했던 친구라서 그 친구가 하는 이야기라면 나의 부모님께서는 거의 맹신할 정도였다.
　이 친구에게 처음 나의 와이프를 소개시켜 주는 자리에서 다행히도 둘이서 죽이 잘 맞아 나의 부모님께 좋게 이야기를 잘 해 주어 나의 와이프가 후한 점수를 받을 수 있게 해 주었다.

처가댁에서 나의 점수를 따줘야 하는 경우가 상당히 더 조심스럽고 어려운 일인데 연애 시절에도 와이프는 나와 연애 초기에 데이트를 하면서도 늦어도 밤 10~11시 전에, 늦어도 막차가 끊기기 전에는 어떻게든 집에 들어가고자 노력을 하였고 항상 집에 전화를 드려서 부모님을 안심시켜 드렸다.

이러한 노력이 있었기에 나중에는 와이프의 부모님이나 오빠가 "오늘은 왜 만나러 나가지 않느냐, 혼자서 굶고 있는 것이 아니냐. 데려다줄 테니 얼른 나갈 준비를 해라."라는 말까지 나왔었다.

내가 처가댁에서 점수를 가장 많이 따게 된 일은 와이프의 부모님을 뵙기 전에 와이프의 친언니와 처가댁 근처에서 와이프도 없이 단둘이서만 먼저 저녁식사 자리를 가졌던 일이었는데 다행히 나와는 죽이 잘 맞아서 처가댁 부모님께 후한 점수를 받게 해 주었다.

와이프의 친언니보다 오히려 어려울 수 있는 것이 와이프의 친오빠와 가까워지는 일이었다. 물론 사람 나름이겠지만 나의 경우에는 와이프의 친언니보다 친오빠와 가까워지는 데 시간이 조금 더 많이 걸렸던 것 같다.

좀 더 엄밀히 말하자면 와이프의 친오빠가 나를 계속 지켜보며 판단하고 나에 대한 최종 평가를 내리는 데까지 걸리는 시간이 와이프의 친언니가 내게 했던 시간보다 조금 더 길었다고 하는 것이 더욱 맞는 이야기일 듯하다.

평소 결혼 전에 바른생활을 할 수 있도록 노력하는 것과 함께 처가 형제가 되었든 처가 지인이 되었든 처가댁 부모님을 만나 뵙기 전에 미리 나의 이야기를 좋게 전달해 줄 수 있는 누군가를 통해 점수를 딸 수 있는 좋은 계기를 만들 수만 있다면 이후 처음 만나 뵙게 되는 자리가 훨씬 더 부드러워질 수 있을 것이다.

결혼 전
처음으로 처가댁 부모님께 인사드리는 자리

우리의 경우 조금 특별하게도 처가댁 지인의 플롯 연주회 자리에서 처음 처가댁 부모님을 뵙게 되었다.

그 전날 나는 잠을 거의 잘 수가 없었는데 양가 집안간의 격차도 심했을 뿐더러 당시 스물여섯 나이의 내가 뭐 하나 잘난 것이 없다고 생각했었기 때문이었다. 자려고 누워도 계속 머릿속에서는 '내일 처가댁 부모님께서 내게 이렇게 물어보시면 이렇게 답을 해 드려야지…' 하는 생각들만이 온통 한 가득이었다.

다음날 연주회가 시작되기 전, 홀에서 처음 처가댁 부모님과 마주하게 되었을 때에는 막상 크게 긴장하지 않고 "안녕하십니까! ○.○.○.입니다!"라며 큰 목소리로 또박또박하게 인사를 드렸는데 장인어른께서 나를 바라보고 계실 때 흘렸던 1, 2초간의 정적 속에서 와이프는 마치 영화에나 나올 듯이 모든 것이 정지된 화면처럼 느껴지고 오직 아버님만이 보였었다고 했다.

이윽고 아버님께서는 "자넨가, 자네 이야기 많이 들었네."라고 하시며 편안하게 이야기를 잘 이끌어나가 주셨다. 다행히 전날에 내가 미리 준비해 둔 문답들은 아무런 쓸모가 없는 자리였다.

이후 다시 날을 잡아 처음으로 처가댁에서 저녁식사를 같이 한 날에도 긴장을 안 할 수가 없었는데 다행히 걱정할 만한 일들은 없었지만 나에겐 힘들었던 일이 하나 있었다.

나는 평소 위가 작아서인지 음식을 많이 먹지 못하는 편인데 첫 식사자리에서만큼은 사위가 잘 먹는 모습을 보여드려야 한다는 강박관념이 있었기에 밥도 더 달라고 하며 무리하게 오버를 해서 더 이상은 그 무엇도 먹을 수 없을 정도로 잔뜩 먹어 뒀지만 아뿔싸, 단순히 저녁식사로만 끝나는 자리가 아니었다.

식사가 끝난 후 거실로 자리를 옮겨와서 장인어른께서는 양주를 꺼내오셨고 주방에서는 다시 안주를 내오셨다.

이렇게 2차전을 치룬 이후에도 계속 다과가 나왔고 또 한 차례 티타임이 시작되었다. 평소 우리 집 같았으면 식사 후 커피 한잔 정도 마시면 끝났을 자리였을 텐데 이렇게나 다양한 코스로 이어질 줄은 정말이지 그 당시 내 머릿속으로는 상상조차 할 수 없는 일이었고 모든 것이 혼란스러웠다.

'나는 더 먹을 수가 없는데… 더 먹어야만 한다…'라는 생각으로 끝까지 버텨낸 자리였다.

처음 부모님께 인사드리는 자리에서는 정말 어떠한 상황이 어떻게 펼쳐질지 모르는 일이다. 집으로 초대를 받고 함께 식사를 하게 되는 자리라면 그 집안의 식사 문화가 어떠한지 등 사전에 여러 가지 정보에 대해서 미리 알고 참석하면 많은 도움이 될 듯하다.

처음 부모님께 인사드리는 자리에서 어떻게든 많은 점수를 따내는 일은 물론 중요한 일이다.

하지만 나를 꾸미거나 거짓된 모습으로 점수를 따는 것은 무의미한 일일 테니 진솔한 말과 행동으로 점수를 따낼 수 있는 나만의 방법을 연구해 보도록 하자.

박마담 Tip

처음 부모님을 뵙고 인사를 드리게 된다면 아버님과 어머님은 어떠한 분이신지를 미리 확인해 두고 취향에 맞춰 작은 선물이라도 준비를 해 두면 좋을 것이다. 그리고 아버님께서 약주를 좋아하신다면 취향에 맞춰 술 한 병이라도 준비를 해 두면 더욱 좋겠다.

예를 들어 아버님께서 평소 골프를 즐기신다면 '1865'라는 유명한 칠레산 와인이 있는데 호불호가 거의 없을 만큼 맛과 향도 좋아서 추천해 드릴 만하며 이름처럼 '18홀에서 65타에 치시라는 뜻'으로 전해 드리면 좋을 것 같다. 다른 뜻으로는 '18세부터 65세까지 누구나 즐겨 마시는 와인'이라는 뜻도 가지고 있다고 하니 참고하길 바란다.

결혼 전
우리 부부의 상견례

 동갑내기인 우리 부부의 경우 다소 특이하게도 29살이 되던 해에 두 번의 상견례를, 실제 결혼을 하게 되었던 해인 34살에 세 번째 상견례를 치르게 되었다.

우리가 29살이 되던 해에 정식 상견례 전에 양가 어머님들만 먼저 모시고 한 번의 작은 상견례 자리를 가졌었는데 이렇게 하니 같은 해에 양가 부모님들을 다 모시고 치렀던 두 번째 상견례 자리가 훨씬 부드러워질 수가 있었다.

첫 번째 상견례는 양가 부모님들께서 우리 부부를 결혼시키기 위해 가졌던 상견례이기도 했지만 그 해에 장인어른께서 위암 판정을 받으시고 수술을 하시어 위를 절반이나 잘라낸 후인지라 백김치 외에는 자극적인 음식을 드시지 못하고 계실 때 처가댁에서 겨울 한철 드실 수 있도록 나의 어머니께서 손수 배추김치/백김치/총각김치를 만들어 보내 주심에 대한 감사의 인사를 전하기 위한 자리였기도 하다.

두 번째 상견례는 처가댁 부모님들께서 아시는 서울의 한정식 집에서 하게 되었는데 코스별로 하나씩 고급스러운 음식들이 나와서 음식 맛에 대한 평가를 주제로도 많은 말씀들을 나눌 수가 있어서 좋았던 것 같다.

양가 부모님들께서도 긴장이 되었던 자리였겠지만 나와 와이프가 느끼는 긴장감이 더욱 크지 않았을까 싶다. 상견례를 위해 경상남도 진주에서 오시느라 고생 많으셨다는 인사와 보내 주신 김치에 대한 감사, 상호간 양가 자식들에 대한 칭찬으로부터 시작하여 다행히 걱정할 만한 일들이 없이 무사히 잘 마칠 수 있었다.

재밌었던 것은 나의 부모님 두 분께서도, 처가댁 부모님 두 분께서도 서로 동갑내기에 월상(동갑이지만 아내가 남편보다 태어난 달이 빠름을 칭하는 말)이신데 우리 부부마저 동갑내기에 같은 11월생으로 내가 와이프보다 생일이 16일 빠르다는 주제만으로도 서로가 통하는 바도 있고 웃음거리가 될 수 있었다.

그리고 양가 어머님들께서는 사전에 이미 만나서 인사를 나눴었고 두 분 모두 말씀을 재밌게 하시는 분들이셔서 아버님들 간에 다소 어색한 분위기를 잘 풀어나갈 수 있었다.

서로의 집안에 대해 잘 모르고 계실 부모님들을 위해, 그리고 원만한 상견례 분위기를 위해 사전에 미리 부모님들께 소스를 드리는 것도 필수이다.

'알아서 잘들 하시겠지…' 하고 방관할 일만은 아닐 것이다.

34살 결혼하던 해에는 전체 가족들을 모두 모시고 다시 서울의 한정식 집에서 또 한 차례 상견례 자리가 이루어졌다. 상견례에 참석하기 위해 프랑스에서 살고 계신 와이프의 친언니가 8살 된 딸과 이제 겨우 2살이 된 갓난아이인 아들을 데리고 오셔서 애들 재롱도 보고 한결 밝은 분위기 속에서 진행할 수 있었다.

이 자리에서 잊지 못하는 일이 두 가지가 있었는데 하나는 2살 된 조카가 나의 남동생을 처음 보고 나로 착각을 하여 '헤벌레~' 하면서 싱글생글 웃고 있었는데 와이프의 친언니께서 애가 지금 내 남동생을 나로 착각을 하고 이러고 있는 것이라는 말에 모두가 한바탕 웃음바다가 되었던 일과 다른 하나는 와이프의 친오빠께서 나의 부모님께 남자로서 내가 당신보다 나은 남자라며 생각하지도 못했던 칭찬을 해 주셔서 민망했지만 감사했던 일이었다.

역시 자칫 어색해질 수 있는 자리에서 건네주는 칭찬 한 마디는 전체 분위기를 잘 살려 줄 수 있는 것 같다. 칭찬에 다소 인색한 나로서는 여러 가지로 참 배울 점이 많은 처남 형님이시다.

상견례는 무난하게만 넘어갈 수 있다면 그것만으로도 충분히 성공한 자리라고 생각한다. 각자의 집안 상황과 환경을 고려해서 적절한 자리를

남자들을 위한 부부생활 참고서

만들어 보자. 우리 부부의 경우처럼 양가 어머님들끼리 먼저 자리를 주선해 보는 것도 하나의 팁이 될 수 있을 것이다.

결혼 전
우리 부부의 결혼식 준비

 우리 부부는 결혼식 준비 과정에서 단 한 차례의 다툼도 없었다. 아니, 어쩌면 운이 좋아서 다툴 일이 없었다고 해야 맞을 것 같다.

　모든 결혼식 준비는 멀리 지방에 계신 나의 부모님을 대신하여 처가댁에서 통으로 도맡고 알아서 다 해 주셨다.
　결혼식장은 우리가 처가댁 부모님과 같이 다니고 있는 교회에서 치렀고, 작게는 '스/드/메(스튜디오/드레스/메이크업)', 크게는 신혼집으로 살게 될 빌라를 구해 주시는 것부터 신혼살림에 이르기까지 우리 부부는 그냥 장모님께서 이끌어 주시는 대로 따라가서 그 자리에 서 있기만 하면 다 되었다.
　모든 것들이 번갯불에 콩 구워먹듯이, 톱니바퀴가 맞물려 돌아가듯이 일사천리로 진행이 되었다. 지금도 우리의 결혼 준비 이야기가 나올 때마다 처가댁 부모님께 진심으로 감사한 마음이다.

나는 결혼식을 준비하면서 딱 세 가지만 내 마음대로 할 테니 나머지는 와이프더러 하고 싶은 대로 다 하라고 했다. 첫째는 중고로 구입한 내 인생의 첫 자동차이고, 둘째는 TV, 셋째는 컴퓨터였다. 이 세 가지 외에는 특별히 내가 관여할 필요가 별로 없다고 생각했다.

와이프는 신혼여행을 친언니 부부가 살고 있는 프랑스로 가기를 원했었는데 나는 꿈꿔왔던 다른 나라가 있었지만 쿨하게 포기해 주고 프랑스로 가고 싶다면 그렇게 하자고 했다.
결국 사정이 있어서 해외로 나가지도 못하고 1박2일로 병천에 가서 순대를 먹고 온 것이 전부였지만 말이다.

내가 한 일이라고는 청첩장을 만들어 돌리며 결혼 전 인사를 드리고 스튜디오나 결혼식장에 서 있는 것 외에는 딱히 할 일이 없었던 것 같다. 여기까지가 우리 부부의 결혼식 준비 과정이다. 다툼이 생길 여지가 없었다.

나는 어릴 적부터 '결혼은 이렇게 해야지…'라는 생각이 없었다. 단지 좋은 여자 만나서 잘 살면 그만이란 생각이었다. 대개의 남자들은 이와 비슷하지 않을까 싶기도 하지만 여자들은 남자들과는 다르다.
여자들에게 결혼식은 평생의 로망이며, 세상에 그 어떤 신부들보다 예쁘게 보이려고 다이어트를 하는 등 대단한 노력을 다한다. 결혼 후 함께 살게 될 집을 고르고 집 안을 꾸미는 일에도 여자들은 온갖 대단한 정성을 기울인다.

남자들을 위한 부부생활 참고서

내가 꼭 하고 싶은 몇 가지만 내 마음대로 하고 나머지는 다 와이프에게 맡긴다면 별 문제가 없을 것이다.

모든 준비를 둘이서 같이 해야 할 경우라면 각자의 역할을 나누는 것이 중요할 것이다. 무엇, 무엇을 준비해야 할지 잘 알아 두고 각자의 역할과 예산 분배만 잘 해 두면 그에 맞춰 하나씩 해 나가면 될 일이다.

'결혼을 하려면 결정해야 할 것이 1,000가지나 있다.'라는 말도 있다. 그만큼 결혼식을 준비하는 과정에서 다툼이 발생하는 일들이 일어나곤 하는데 다른 예비부부들의 사례를 통해 어떤 부분에서 어떻게 다툼이 발생할 수 있는지 등을 사전에 미리 파악해 둔다면 분명 본인의 결혼식 준비과정에서 분쟁을 하나라도 더 줄일 수 있을 것이라 생각한다.

결혼식 준비 체크리스트

결혼식을 준비하기 위해서는 알게 모르게 준비해야 할 것들이 참 많은데 본인들이 생각하고 있는 것보다 훨씬 더 많은 준비가 필요할 수도 있기 때문에 보다 더 꼼꼼하게 잘 알아보고 체계적으로 계획을 세우는 것이 중요하다.

웨딩 플래너나 이와 비슷한 서비스를 받으면서 진행한다면 한결 수월하게 그들이 알아서 결혼식 준비 과정을 도와주겠지만 본인들이 직접 준비를 해야 한다면 인터넷에서 '웨딩(결혼식 준비) 체크리스트'를 검색해 보자.

예단, 예물, 결혼식장, 혼수, 신혼집 구하기, 신혼여행, 결혼자금 대출 등 사전에 꼼꼼히 준비해야 할 것들에 대한 서식들도 제공하니 이를 다운받아서 하나하나 배우자와 함께 작성하고 공유해 나가면 좋을 듯하다.

결혼식 준비에서 혼수, 신혼집 구하기 또한 중요한 일이다. 요즘에는 '집은 남자가, 혼수는 여자가'라고 하는 고정관념은 점차 사라져 가고 있다고 생각한다. 아직까지도 이런 일로 양가 집안에서 문제를 발생시키는 부모님들도 있을 수 있겠지만 이미 젊은 세대들은 이런 고리타분한 사고방식에 반대하는 이들이 꼭 그렇게 해야만 한다고 생각한다는 이보다 훨씬 더 많아지는 것을 보게 되면 이도 곧 사라지게 될 문화일 것이라고 나는 생각한다.

혹시 이런 문제로 고통을 받고 있는 이들이 있다면 부디 슬기롭게 잘 헤쳐 나가길 바랄 뿐이다. 중요한 것은 함께 합심하여 서로의 형편에 맞춰 집을 구하고 결혼생활을 잘 꾸려 나가면 된다는 것이다.

집을 구할 때 발품을 많이 팔았던 만큼 좋은 집을 얻게 되는 것과 같이 결혼식 준비과정에서도 조금이라도 더 시간과 노력을 들이고 많이 알아본 만큼 보다 더 좋은 곳에서 저렴하게 준비를 잘 해 나갈 수 있을 것이다. 사전에 결혼/웨딩 박람회 등 결혼 관련 행사에 참석해 보는 것도 좋겠다.

결혼자금~주택자금 대출은 시기와 상황에 따라, 대출금액과 상환 방법에 따라 금리 및 조건들이 모두 다를 것이니 각자 스스로가 잘 알아보길 바란다. 아래에 인용한 인터넷 글은 하나의 예시이니 참고만 하길 바란다.

결혼에는 많은 목돈이 필요하기 마련인데 가급적이면 예비 신랑과 신부 양측에서 가용할 수 있는 예산 내에서 치를 수 있다면 좋겠지만 예산이 적어 경제적으로 어려운 상황이라면 아래의 제도 등을 이용해 보는 것도 도움이 될 것이다.

* 월평균소득이 266만원 이하인 일반근로자의 경우 근로복지공단에서는 근로자에게 혼례에 필요한 자금을 융자해 주고 있는데 1250만원 범위 내에서 이자율 연 1.5%로 상환기간을 3~4년으로 선택할 수 있다. (https://www.workdream.net/default/page.do?mCode=B010010010)
* 일정한 조건을 갖춘 근로자와 서민에게는 '근로복지기본법'에 따른 결혼비용지원, 주택도시기금 포털(http://nhuf.molit.go.kr)의 '신혼부부전용 전세자금'이나 '버팀목전세자금', '주거안정월세대출' 등을 통해 주택임차에 필요한 자금을 저렴한 금리로 대출받을 수 있다. (2021년 3월 기준)

결혼식장 예약
체크리스트

 우리 부부는 함께 다니고 있는 교회에서 결혼식을 진행하기로 하여 따로 웨딩홀을 자세하게 알아본 적이 없지만 결혼식을 치르기 위해서 결혼식장 예약은 빠질 수 없는 필수인 만큼 꼭 체크해 봐야 할 사항들만 간단히 나열하고자 한다.

우선 웨딩홀의 종류는 가장 일반적인 '컨벤션 웨딩', '채플 웨딩', '하우스 웨딩', '스몰 웨딩', '야외 웨딩' 등이 있고 기타 호텔, 강당 등 특수한 장소에서 진행하는 경우들도 있다.

먼저 신랑, 신부가 원하는 웨딩홀의 유형을 선택한 후 하객들이 고루고루 방문하기 좋은 위치를 선정하며, 마지막으로 하객의 수, 피로연 음식종류/비용, 식장 사용료/부대비용, 프로모션 진행여부 등 세부적인 사항들과 견적을 비교하여 웨딩홀을 선정하는 것이 좋다.

특히 결혼 성수기에는 원하는 날짜와 골든타임에 식을 올리고 싶다면 최소 6개월에서 1년 전에 미리 예약을 해야 한다고 하니 참고하기 바란다.

본인의 결혼식에 각 지역의 많은 하객 분들을 초대하는 자리인 만큼 예식장의 위치와 교통편, 주차장의 편의시설 등을 고려하여 하객들이 혼란을 겪지 않도록 하는 것도 중요하며, 결혼식 전세 버스대절 등 추가적으로 필요한 사항들이 더 없는지 잘 살펴봐야 하겠다.

결혼식 전 첫 관문인 웨딩드레스 고르기와 스튜디오 촬영

 여자가 웨딩드레스를 하나씩 바꿔 입으며 남자에게 묻는다.

"자기야, 이건 어때?", "이게 더 예뻐, 저게 더 예뻐?"

여기서 살아남아야 결혼식도 할 수 있는 것이다.

앵무새처럼 "이것도 예쁘다.", "저것도 예쁘다."라는 대답은 여자에게는 원하고 기대하는 답변이 아니라 오히려 무관심으로밖에 보이지 않는다. 차라리 아닌 것은 확실히 아니다, 예쁘면 어떤 점이 어떻게 예쁘게 보이는지를 구체적으로 말해 주는 것이 중요하다.

"세상에 그 어떤 옷이나 꽃보다 네가 더 예쁘니 걱정하지 말고 원하는 것으로 잘 골라봐." 정도의 멘트를 곁들여 준다면 질문 지옥(?)에서 조금은 벗어날 수 있지 않을까?

"너무 눈부셔서 앞이 보이지 않아!"라는 과도한 칭찬을 바라는 것도 아닐 것이다. 적당히 상황에 맞게 잘 맞춰서 이야기를 해 주면 된다.

'내가 무슨 코디네이터도 아니고 옷이 어떤지도 모르겠고 옷 칭찬을 어떻게 해 줘야 하는 것인지 잘 모르겠다.'라는 생각이 든다면 미리 인터넷 검색이라도 해서 찾아보고 공부를 해 두면 도움이 될 수 있을 것이다.

나는 다행히도 와이프가 입고 나온 첫 번째 웨딩드레스에 그대로 '빡!' 꽂혀버려서 무조건 이걸로 하자고 생떼를 쓰고 위기(?)를 벗어날 수 있었다.

결국 다른 드레스로 결정되어 아쉬웠지만 그때 내 눈에는 와이프가 아닌 하늘에서 내려온 성녀를 보는 듯한 느낌이었다. 물론 주관적인 나만의 감정이겠지만 말이다.

내 여자는 내가 예뻐해 줘야지, 누가 예뻐해 주겠는가? 참고로 여자들은 디테일한 표현과 디테일한 칭찬을 좋아하니 어쩌겠는가? 해 줘야지…
'칭찬은 고래도 춤추게 한다.'라고 하지 않는가?

또 한 가지 고비인 스튜디오 촬영에는 대략 3~4시간 정도 소요되는 것 같은데 평소에 셀카나 사진을 잘 찍지 않는 남자들은 이때 곤혹을 치를 수도 있다.

스튜디오 촬영 시 컨셉에 따라 옷과 포즈가 바뀌고 촬영장소를 돌아다니는 것까지는 문제가 없더라도 계속 촬영을 하면서 자꾸만 웃으라고 하는데 나에게는 이게 참 말처럼 쉬운 일이 아니었다.

나중에는 나처럼 안면근육에 마비가 올 수도 있으니 표정이나 자세 등 사전에 미리 연습을 해 놔야 조금이라도 어색함을 떨쳐낼 수 있을 것이다.

이러한 모든 일들이 당시에는 힘들고 어려운 일이었겠으나 지나고 나면 다 좋은 추억거리가 될 것들이니 힘들다고 내색하거나 싸우지 말고 결혼식 때 내 여자가 '최고의 여자'가 될 수 있도록 옆에서 잘 도와주도록 하자.

남자들은 어떻게 생각할지 몰라도 내 여자에게 평생에 한번 있을 결혼식과 결혼사진에서 얼마만큼 예쁘게 보이느냐는 '여자로서 평생의 자존심이 걸린 중차대한 일'일지도 모른다.

결혼준비로 짜증이 좀 나고, 화가 좀 나더라도 원만한 결혼준비를 위해 꼭 명심하도록 하자.

'참자, 이 또한 지나가리라.'

결혼식 전
청첩장은 어디까지?

흔히들 받으면 부담스럽고, 못 받으면 섭섭한 것이 '청첩장'이라고들 한다. 그러나 내가 청첩장을 받았을 때와는 달리 막상 내가 전해야 하는 입장이라면 또 이야기가 달라지게 된다.

청첩장을 정말 친한 사람들에게만 전달할 생각이라면 나중에 가서 청첩장을 받지 못한 친구들은 '나는 그 친구에게 정말 친한 사람은 아니었나

보구나.' 하는 오해를 불러일으킬 수 있으며, 이로 인해 서운한 감정이 생길 수도 있을 것이다.

본인의 입장에서 오랜만에 만난 친했던 친구가 사실 몇 년 전에 정말 가까운 사람들만 불러 모아 조촐하게 결혼을 했었는데 결혼 당시 부담스러워 할 것 같아서 내게 청첩장을 전해 주지 않았다고 생각을 해 보면 이해가 빠를 것이다.

어디까지 청첩장을 전해 줘야 좋은 것인지에 대한 기준이 명확하지 않다는 것이 문제의 핵심이다.

내가 생각했던 '어디까지'의 기준은 '내가 청첩장을 전해 줄 이 사람이 나보다 먼저 내게 청첩장을 전해 주었다고 생각했을 때 이 사람의 결혼식에 내가 부담 없이 꼭 참석하여 축하를 해 줄 수 있는 사람'이었다.

또한 내가 몇 년 만에 연락을 했더라도 반갑게 생각할 사람이 있고 부담스럽게 생각할 사람도 있을 것이다. 이들만 잘 가려낼 수 있다면 크게 욕먹을 일은 아마 없을 것이다.

내가 청첩장을 돌릴 당시에 들었던 생각들 중에 하나가 '이럴 줄 알았으면 평소 이 사람과 좀 더 연락을 나누며 지낼걸…' 하는 생각이었다. 후회할 때는 이미 늦은 일이니 명절 때라도 지인들과 가끔은 안부를 나누고 지내 두면 좋을 듯하다.

요즘은 모바일로 온라인 청첩장이 잘 되어 있어서 비대면으로 전해 주기가 용이한 세상이지만 어르신들께는 청첩장을 문자나 카카오톡으로만 전해 드리는 것은 실례가 될 수도 있는 일이니 인쇄용 청첩장도 필요한 일이다.

코로나19 시대처럼 결혼식 하객수가 제한적이지 않은 상황이라면 청첩장을 몇 장이나 준비해야 적당한지도 문제가 될 수 있는데 나의 경우에도 초기 수량을 적게 잡아서 추가 제작을 했던 경험이 있기에 가급적이면 생각했던 수량보다 최소 50~100장 정도는 추가로 넉넉하게 제작하는 것을 권한다.

우리 부부는 우리의 결혼식 청첩장을 결혼 기념물로 삼고 장식장에 고이 잘 간직해 두고 있다.

인터넷에서 검색해 보면 결혼식 예상 하객 인원수를 엑셀 파일로 손쉽게 관리할 수 있는 파일을 공유 받을 수 있는 방법도 있으니 참고하길 바란다.

* 사용 시 본 제작자와 상의가 필요할 수 있음.

결혼식 전
친구들을 조심하자

나는 결혼식을 목전에 두고 와이프와 함께 한 친구들과의 만남에서 크게 두 가지를 후회한다.

물론 케이스 바이 케이스로 누구에게나 통용되는 이야기는 아니겠지만 조심해서 나쁠 것은 없을 것이라는 생각으로 이야기를 하려고 한다.

첫째는 서울에서 예정된 결혼식 하루 전 경상남도 진주시에 살고 있던 친구들을 우리 집으로 초대한 일이다. 먼 곳에서 우리의 결혼식을 축하해 주기 위해 힘들게 올라왔는데 그 정도의 편의는 제공해 주어야 한다고 생각했다.

어린 나이였고 장난끼가 심한 친구들이었지만 설마 몇 시간 후 결혼을 치루는 마당에 '별일이야 있겠나~' 싶었다. 하지만 그 친구들은 우리를 밤새 재우지도 않고 술을 먹이고 오만가지 별일들은 예상외로 많았다.

그나마 나는 잠시라도 잤지만 결국 와이프는 밤새 한숨도 못 잔 채 이른 새벽부터 신부 화장 등 결혼식 준비에 착수했다. 여자가 잠을 제대로 못 자면 화장이 뜨게 되고 잘 먹지 않는다는 것도 그때서야 알게 되었다.

결혼식 시간이 다 되어도 그 친구들은 연락이 되지 않아 부랴부랴 우리 집으로 가 보니 문은 잠겨 있고 술과 잠에 취해 있어 겨우 깨워서 데리고 왔다. 이 일로 장인어른께 핀잔을 받은 것은 당연한 일이며, 이것은 아직까지도 내게 씻을 수 없는 과오로 남아 있다.

둘째는 와이프 만나기 전에 사귀었던 여자 이야기를 와이프가 듣게 만든 일이다. 그것도 결혼식을 코앞에 며칠 앞두고 또 다른 친구들을 우리 집으로 불렀을 때 말이다.

이 일은 겪어 보지 못한 사람들은 잘 알 수 없을 만큼 강력한 일로 훗날 엄청난 후폭풍과 정신적인 트라우마로 남을 수 있는 일이니 반드시 주의를 하도록 하자.

실제로 결혼식을 준비하는 과정에서 헤어지는 커플들이 많다고 한다.

비단 내가 겪었던 이 두 가지 일들만 조심하면 끝나는 일이 아니라 전혀 생각지도 못했던 다양한 상황 속에서 무언가 한 가지만 잘못 어긋나더라도 이것이 둘 사이에 커다란 문제가 될 수도 있음을 강조하고 싶은 것이다.

'돌다리도 두드리며 건너라.'라는 옛말처럼 지금 결혼을 앞두고 있다면 모든 상황에 주의를 기울여서 나쁠 것은 없다. 닥치는 모든 상황을 하나씩 슬기롭게 헤쳐 나갈 수 있어야 결혼도 할 수 있는 것이다.

이런 일을 겪은 나로서는 결혼식 전 친구들과의 만남을 가져야 한다면 집 밖에서 짧게 갖는 편이 좋을 것 같다는 생각이 든다. 요즘은 온라인 청첩장이 잘 되어 있으니 친구들과는 가급적이면 결혼식 전이 아닌 결혼식 후에 인사를 나누는 것도 좋은 방법일 수 있겠다.

결혼 전에 살까?
결혼 후에 살까?

주변 지인들에게서 가끔 들었던 이야기로, 결혼 전에 꼭 사고 싶었던 것이 있었는데 결혼 후 돈을 모아서 사자고 생각했던 자신이 어리석었음을 한탄하는 남자들이 더러 있다.

"이럴 줄 알았으면 결혼 전에 어떻게든 사뒀을 것!"이라며…

비싼 집이나 차를 이야기하는 것이 아니다. 낚싯대든, 당구 큐대든, 야구용품이든, 게임 아이템이든 각자들마다 원하는 아이템이 한두 가지 정도는 있었으리라.

물론 여유가 있어 이런 걱정이 불필요한 사람들도 있겠지만 돈 걱정을 하면서 살고 있는 이 시대의 많은 이들에게 하는 이야기이다.

결혼을 하면서부터는 '내 돈'이 이제는 '나만의 돈'이 아닌 것이다.

지금 결혼하여 살고 있는 많은 남자들이 결혼 후 돈 관리를 오롯이 와이프에게 맡기고 용돈을 받아 생활하는 이들이 많을 텐데 과연 생활비와 용돈이 넉넉해서 평소에 자신이 사고 싶은 것을 펑펑 살 수 있는 남자가 얼마나 될까?

거의 드물 것이다. 게다가 술, 담배를 즐기는 이들에게는 더더욱 힘든 이야기이다. 설령 맞벌이를 하여 각자 번 돈을 각자 쓴다 하더라도 개인적으로 뭔가를 사는 일에는 눈치가 보일 수도 있다. 남자가 돈 관리를 맡은 케이스도 같은 이치이다.

원하는 것이 무엇이든 결혼 전에 개인 사정에 따라서 50만원, 100만원, 이런 식으로 상한가를 정해 두고 구매해 보자. 그만큼의 돈이 부족하다고 결혼을 못하게 되거나 죽지는 않는다. 어차피 힘들게 사는 것은 마찬가지이다.

그 대신 원하는 '그것'을 구매한 것이 내 삶의 '활력소'가 되어 그 금액 이상의 '값어치'를 하게 된다면 나는 그것이 더 '값진 일'이라고 생각한다. 원하는 '그것'이 내게 있고, 없음의 차이는 크다.

만약 결혼 전에든 후에든 내가 사고 싶은 것이 있다면 남편과 와이프가 함께 한 가지씩 위시리스트에 담아두고 각각의 액수를 적어 보자. 상한가를 정하고 서로가 비슷한 금액으로 세팅이 되면 더욱 좋겠다.

그 합계금액을 모으기 위해 함께 노력하여 이루어낸다면 와이프에게 핀잔 받을 일도 없을 뿐더러 오히려 서로에게 삶의 활력소를 가져다 줄 수 있을 것이다.

어떤 남자들은 와이프 몰래 무언가를 사서 와이프가 모르도록 자신의 차 트렁크 속에 넣어 다닌다고 자랑을 한다. 또 어떤 남자들은 (평소에 자신이 아내와 자식들에게 너무 잘 해 주어서) 와이프가 선물로 자신이 평소에 원했던 것을 사 줬다고 자랑을 한다. 전자의 경우보다 후자의 경우가 좋아 보이지 않는가?

지금 내가 원하는 것은 무엇인지, 와이프가 원하는 것은 무엇인지도 함께 생각해 보자. 또한 원하는 것을 가지기 위해 지금 어떠한 노력을 얼마만큼 하고 있는지도 한번 생각해 보자.

'아무것도 하지 않으면 아무 일도 일어나지 않는다.'라는 말이 있다. 즉 '뭐라도 해야 무슨 일이든 일어난다.'는 것이다. 복권에 당첨되지 않는 이상 가만히 있다고 '그것'이 내 손에 떨어지는 일은 없을 것이다.

내가 원하는 것이 있다면 나만 생각하지 말고 상대방도 원하는 것도 있을 것이라 생각하고 같이 공유하여 하나씩 '내 것'으로 만들어 나간다면 둘이서 함께 더욱 더 행복한 가정을 이룰 수 있을 것이다. 이는 비단 무언가를 사는 일에만 국한된 이야기는 아닐 것이다.

*

자, 이 글을 마지막으로 이제 어느 정도 결혼식 준비과정에 대한 이야기를 마무리하고 결혼식과 함께 시작될 본격적인 결혼생활 이야기로 넘어가 보도록 하겠다.

나의 짧은 이야기가 결혼식 준비에 대한 모든 과정과 내용을 담아낼 수는 없을 것이니 추가로 필요한 것들에 대해서는 본인들 각자가 잘 알아보고 찾아내서 준비를 잘 해 나갈 것으로 믿는다.

남자들을 위한 부부생활 참고서

3부

결혼식 후편

우리 부부의 결혼식과
신혼여행 에피소드

 2010년 8월 21일. 우리 부부가 다니고 있는 ○
○교회 본관에서 우리 부부도 8년 연애의 종지부
를 찍고 우여곡절 끝에 결혼식을 거행하였다.

그해 8월 한 달간 연일 비가 내렸었는데 유독
우리 결혼식 당일만큼은 햇볕이 강하게 내리쬐는 무더운 여름 날씨였다.

많은 하객들이 모인 자리였고 특별히 긴장한 것도 아니었지만 "신랑 입
장!"이라는 말에 나는 '씩씩하고 당당하게 걸어 나가야지…' 하며 성큼성
큼 걸어 나갔는데 입장곡 템포와 맞지 않게 너무 빨리 걸어서 나아가게 되
었다.

'아, 신랑의 걸음걸이에도 입장 반주에 맞는 적당한 속도와 타이밍이라
는 것이 있구나.'라는 생각이 그제야 들었다.

이후 신부가 입장을 하여 내 옆에 기대어 섰는데 어색한 높은 굽의 구두
와 전날 밤샘의 영향인지 와이프의 무게중심이 온통 내게로 쏠렸고 목사
님께서 주례사를 하시는 동안 둘 다 바들바들 떨고 있는 것을 보시고 신부
가 긴장을 많이 한 것 같으니 신랑이 잠시 신부를 안아주고 자세도 추스리
라고 하셔서 우리는 다행히 전보다 나은 자세를 취할 수 있었다.

결혼식 중에는 둘이 붙어서 한참을 서 있어야 하는데 서로가 편안한 자

세를 유지하는 것도 중요한 일인 것 같다.

그렇게 결혼식 축가, 기념촬영, 폐백, 하객 인사, 식사까지 마치고 회사 동료들이 꾸며준 웨딩카를 운전하여 신혼여행지인 병천으로 가는 내내 전날 밤 잠을 제대로 못 잔 이유로 휴게소마다 들려서 쉬며 쉬엄쉬엄 갔다.

숙소에 도착해서는 짐을 정리하고 곧바로 오늘 결혼식에 참석해 주신 분들에게 한 번 더 문자메시지를 통해 고마운 마음을 전해 드렸다.

결혼식전에도, 피로연장에서도 돌아가며 인사를 나눴지만 무더운 여름 날씨에 먼 곳까지 힘들게 찾아주신 분들인데 축하해 주셔서 감사하고 잘 귀가하셨는지, 준비한 음식은 입에 맞으셨는지, 기타 불편한 점은 없었는지 등을 여쭙는 것은 형식적으로 보일지 몰라도 필수적으로 해야 할 일이라고 생각한다.

우리가 신혼여행을 병천으로 갔던 이유는 오직 하나였다. 그동안 우리는 '병천순대'를 너무 좋아해서 서울에 있는 수많은 병천순대 음식점들을 와이프와 함께 돌아다니며 먹어 봤었지만 이번 기회에 직접 병천에 가서 원조 병천순대를 같이 먹어보기 위함이었는데 우리에게는 기대 그 이상의 맛을 선사해 주었다.

병천순대를 좋아하는 사람들로서는 우리가 방문했던 '청○집' 또는 병천의 다른 맛집을 방문하여 한번 제대로 된 병천순대의 맛을 보게 된다면 다신 돌아갈 수 없는 강을 건넌 것이나 마찬가지가 될 것이다.

오래전에 서울의 한 병천순대 음식점에서 포장을 해 와서 지인에게 맛을 보여 주려 했지만 자기는 직접 병천에 가서 먹어본 적이 있다고 하며 한사코 먹기를 마다한 적이 있어서 의아해했었는데 그제야 그 말뜻을 이해할 수가 있게 되었다.

이후에 알았던 사실은 여름철을 제외하고는 택배 배송이 가능했었다는 것인데 작년에 다시 방문했을 때 물어보니 더 이상 택배 배송은 하지 않는다고 하여 아쉬운 마음이다.

우리의 신혼여행 중 또 한 가지 아쉬운 점이 있다면 병천에 가면 순대를 먹는 것 외에는 할 것이 별로 없다는 것이다. 그래도 우리는 마냥 즐거운 신혼여행을 다녀왔다고 생각한다. 어디에 가서 무엇을 하든 둘이서만 좋으면 그만이 아니겠는가?

p.s. 지금은 코로나19로 인해 해외로 신혼여행을 나가기 어려운 시국이 되었지만 조속히 종식될 수 있기를 바라며, 어디가 되었든 행복한 신혼여행을 즐기고 올 수 있기를 소망한다.

또한 나의 경우 아직까지 단 한 번도 해외로 나가 본 적이 없기 때문에 해외로 신혼여행을 가게 될 경우 어떻게 하는 것이 좋을지에 대해서는 잘 모르는 점 양해를 바란다.

신혼여행과
첫날밤에 대하여

 예로부터 남자든 여자든 누구나 어릴 적부터 첫날밤을 꿈꿔왔을 것이다. 하지만 요즘은 결혼 후 첫날밤이, 둘 사이에 첫날밤이 아닌 경우가 다반사일 것이라고 생각한다.

결혼을 하고 첫날밤을 치룰 정도의 사이라면 속된 말로 이미 알 거 다 아는 사이가 아닐까 싶다.

탓을 하고자 하는 이야기는 아니라 오히려 그럼에도 불구하고 둘이서 결혼까지 올 수 있었던 것에 대해 진심으로 대단하게 생각하는 바이며 박수를 보내 주고 싶은 마음이다.

이유야 어쨌든 여자들에게는 신혼 첫날밤에 대한 로망이 있는 것 같다.

남자는 신혼 첫 관문인, 첫날~첫밤을 무난히 넘겨야 훗날에 별 탈이 없을 것인데 그러면 남자는 둘 중에 하나를 택해야 한다. 여자의 로망을 채워 주든가, 또는 그렇게 해 주지 않든가 말이다.

후자를 택했다면 굳이 해 줄 말은 없고 스스로가 잘 알아서 헤쳐 나가길 바랄 뿐이다. 전자의 경우에도 여자마다 천차만별이다 보니 이 또한 내가 해 줄 말은 별로 없다.

하지만 한 가지 당부하고 싶은 것이 있다면 결혼식을 치르고 신혼여행을 왔다고 해서 게임이 끝난 것이 아니라 이제 막 베타 테스트를 마치고 그랜드 오프닝을 한 본 게임에 첫 로그인을 하고 있는 것임을 절대로 잊지 말기를 당부한다.

둘만의 결혼생활이 이제부터 시작된 것이니 만큼 절대로 방심은 해서는 안 된다는 것이고 신혼여행에서 자칫 자그마한 언쟁이나 술로 인해 커다란 파경을 맞이할 수도 있으니 조심을 해야 한다는 것이다.

미리 준비했던 신혼여행 계획과 좀 어긋나더라도 여자가 하고 싶어 하는 것이 있다면 그냥 같이 해 주고 내가 하고 싶은 것 중 여자가 하기 싫어 한다면 내 기분은 좀 언짢을 수 있겠지만 다음에는 꼭 같이 해 보기를 약속하고 '쿨~'하게 포기해 주자.

평생에 한번 있을 결혼 후 첫 신혼여행지에서 내 감정이 상한 것을 추스르는 것이 쉬운 일인지, 와이프의 감정을 상하게 해놓고 풀어 주는 것이 쉬운 일인지를 한번 생각해 보면 쉽게 이해를 할 수 있을 것이다.

신혼여행 때부터 여자의 기를 잡아야 한다는 둥 어리석은 일들은 제발 하지 않기를 당부한다.

그렇게 신혼여행의 첫날 일정을 마치고 숙소로 와서는 바로 잠자리를 갖기보다는 와인이나 티타임을 가지면서 오늘의 즐거웠던 순간들을 상기하며 당신과 함께라서 너무 행복하고 사랑한다는 말을 자주 해 주면 좋을 것이다. 그리고 둘이서 펼쳐나갈 앞으로의 행복한 미래에 대해서 이야기를 나눠 보는 것도 좋겠다.

남자들을 위한 부부생활 참고서

모든 부부가 행복한 신혼여행을 보내고 오길 진심으로 바라는 마음이지만 신혼여행 중에 다소 삐거덕거리는 부부가 있을지도 모르니 남편들에게 다음과 같은 이야기를 해 주고 싶다.

신혼여행을 4박 5일로 갔다면 5일만, 9박 10일로 갔다면 눈 딱 감고 열흘만 몸에 사리를 만들고 도를 닦겠다는 마음가짐으로 참고 봉사를 해 보자.

내가 그깟 5일, 10일을 못 참아서 평생 동안 와이프에게 똑같은 레퍼토리의 잔소리를 들어야 한다고 생각해 보면 이해가 빠를 것이다.

끝으로 술은 항상 화근을 만들 소지가 있기 때문에 신혼여행 시 둘 다 술을 너무 과도하게 마시지 않는 것도 마지막으로 주의해야 할 사항이 되겠다.

Have a nice time!

신혼집 장만하기
또는 이사하기

신혼생활을 함께 할 집을 구하는 일은 대단히 중요한 일이다.

집을 사서 들어가는 것이든, 전세든, 월세든 각자의 사정에 따라 다르겠지만 어떻게든 좋은 집을 구하기 위해서는 최대한 발품을 많이 파는 것과 운(運) 때가 맞아주는 것

외에 다른 방도가 없다.

　발품을 팔아 돌아다니다 보면 정말 너무나도 다양하고 때로는 희한한 집들도 많이 보게 된다.
　기껏 고르고 골라서 들어갔더니 윗집 층간소음이 너무 심하다거나 도배를 새로 해 놔서 몰랐는데 벽에 누수로 인해 곰팡이가 생기는 등 생각하지도 못한 많은 변수들이 생길 수도 있다.

　우리 부부는 과거 믿음이 좋은 주인집에 월세로 살 때 회사에서의 승진, 월급인상 등 좋은 일들이 많았던 곳에서도 살아 봤었고 와이프가 2년이 넘도록 다른 곳에 있을 땐 멀쩡한데 그 집에 있을 때에만 와이프가 매일같이 환청, 환각에 시달릴 정도로 정말이지 말로 표현하기도 힘든 이상한 집에서 살아 본 경험도 있었다.

　1층이 주차장인 빌라 2층에 살게 되면 겨울에 난방비가 많이 들 수 있고 꼭대기 층에 살게 되면 여름철에 무지 더울 수 있으며 오래된 아파트의 고층에서 살게 되면 수압이 약해서 물이 세게 나오지 않을 수도 있다.
　이렇듯 고르고 고른 좋은 집이라도 어느 곳에 어떠한 문제가 있을지 모르니 보다 세심하게 들여다보는 것이 좋겠다.

　집 계약이 처음일 경우 하자가 있는 집이 아닌지 구별하는 방법, 계약서 작성 방법, 복비는 얼마 정도 드는지, 특약사항으로 작성할 사항은 없는지 등 전반적으로 알아봐야 할 일들이 많다. 게다가 자식이 있다면 집 주위에 어린이집, 학교 유무를 따져봐야 하는 등 알아봐야 할 일들이 더 많이 있을 것이다.

우리 부부는 둘 다 아파트를 싫어하고 집으로 투기를 하는 것도 선호하지 않아서 지금은 엘리베이터가 있는 6층짜리 빌라 6층에서 살고 있는데 사방으로 산도 보이고 층간소음 걱정도 없으니 자식 없이 우리 두 부부가 평생을 살기에도 딱 알맞은 듯하다.

집을 구하기 전에 지인들이나 인터넷에서 체크 리스트를 꼼꼼히 알아보고 집을 보러 다닐 때도 어플 등을 활용해 집집마다의 체크 리스트를 작성해 두면 좋을 것이다. 그리고 할 수만 있다면 처음에 돈이 더 들어 힘들더라도 부부가 꼭 살기를 원하는 지역에서 첫 터를 잡는 것을 추천한다.

예를 들어 서울에 살고 싶었으나 형편이 모자라 경기도에서 첫 터를 잡고 살다가 나중에 돈을 더 모은 후 서울로 오고자 했던 사람들이 결국 서울로 오지 못하고 첫 터를 잡은 곳에서 거의 평생을 사는 케이스들을 많이 봐왔기 때문이다.

이사업체를 알아볼 때에도 이사업체 역경매 어플 등을 최대한 활용하여 보다 싸고 잘 해 주는 업체를 찾아봐야 할 것이다. 양가 부모님들께 여쭤보면 당신들께서 평생 이용을 해서 잘 아시는 이사업체나 부동산 사장님이 있을 수도 있다.

한번 좋은 인연을 맺은 이사업체에 이사 때마다 믿고 맡길 수 있다면 매번 더욱 저렴하게 이사를 할 수 있고 좋은 서비스도 더 많이 받을 수 있을 것이다.

집들이는 적당히,
갑자기 집으로 사람들을 데리고 오지 말자

 우리 부부는 한 해에만 집들이를 열두 번 이상
해 본 적이 있다. 이는 어릴 적부터 사람들을 집
으로 데리고 오기를 좋아하는 나의 성격 때문이
었다.

결혼식 후 처음 두 번의 이사를 하는 동안 내가 다니고 있는 회사의 사
장님 포함 직원들을 데리고 집들이만 두 번을 했다.

그 당시 주변에서 결혼을 했거나 이사를 하더라도 집들이를 잘 하지 않
는 분위기였고 설령 집들이를 하더라도 맞벌이 부부들이 많다 보니 직접
음식을 준비하는 일은 드물고 배달 음식들을 통해서 치르는 경우가 잦았
지만 나의 와이프의 성격상 매번 집들이를 할 때마다 배달 음식 하나 없이
이틀 전부터 직접 손수 음식들을 준비하고 만들어서 말 그대로 잔칫상을
내어 주었다.

집들이 음식을 준비할 때에는 1차용, 2차용, 그리고 디저트용으로 준비
하고 우리 집에서 자고 가는 손님이 있을 경우 다음날 해장을 위한 아침밥

남자들을 위한 부부생활 참고서

상까지 생각해서 준비를 해 주기에 내게는 참으로 고마운 와이프이다.

처음에 좀 과할 때에는 각기 다른 열여덟 가지 요리 상도 준비를 해 준적이 있었는데 이를 보고 몇몇 친구들은 내게 왕처럼 살고 있다고 하며 부러워했던 친구들도 있었다.

그렇게 한해에만 열두 번의 집들이를 하다 보니 결국 와이프가 병이 났다. 모든 무리하면 탈이 나게 마련인 모양이다. 이제는 거의 이사할 일도 없을뿐더러 와이프가 무리해서 힘들어한 이후로 지금까지 더 이상의 집들이는 하려 하지 않고 있다. 다만 가끔 친인척이나 와이프도 아는 나의 지인들 1~3명 정도 소규모로 초대를 하여 좋은 자리를 이어 나가고 있는 중이다.

TV에서 보다 보면 결혼한 남자가 밖에서 술을 마시다가 갑자기 자신의 집으로 가서 한잔 더 하자고 사람들을 데려오는 간 큰 남자가 있는 모양인데 여자들은 집에 사람들을 초대할 경우 본인의 상태, 집 안의 청결 상태, 내어줄 음식 준비(재료가 없을지도 모른다.) 등 신경을 써야 할 것들이 한두 가지가 아닐 것이다.

이러한 상황에서 와이프에게 한마디 말도 없이 갑자기 집으로 친구들과 함께 들이닥친다면 어떤 상황이 펼쳐지게 될지는 뻔한 이야기일 듯하다.

때가 되면 제꺽제꺽 집에 귀가를 하는 것이 옳은 일이지만 살면서 불가피하게 한잔 더 해야 한다면 집으로 데리고 들어갈 것이 아니라 차라리 와이프에게 양해를 구하고 근처 모텔에서 마시다 뻗어서 잠드는 것이 나을지도 모르겠다. 물론 다음날 와이프와의 일전을 피할 수는 없겠지만 말이다.

모든 일에는 적당한 것이 가장 좋은 법이고 지나치면 탈이 날 수 있으니 눈치껏 잘 하도록 하자.

박마담 Tip

불가피하게 집으로 사람들을 부르려거든 최소한 이삼 일, 아니 일주일이나 한 달 전부터 미리 와이프에게 허락을 구해 두는 것이 현명한 처사가 아닐까 싶다.

보험 가입하기

이 세상에는 정말 많고 다양한 보험들이 있다.

물론 돈이 많은 사람들이야 보험에 가입할 필요가 없을 수도 있고 보험에 가입할 돈으로 다른 재테크를 하여 부자를 꿈꾸는 이들도 있을 테지만 어려운 살림에 갑자기 예상치 못했던 일들로 목돈이 발생할 것에 대비하는 것이 보험이고 나 또한 매니저를 통해 우리 부부에게 맞는 보험들을 준비해 두고 있다.

나는 나의 매니저가 아닌 다른 지인들에게서 보험에 가입하라고 권유해도 절대로 가입하지 않는다. 권유를 받을 때마다 지금 나의 생활이 너무 힘들어서 지금 가입되어 있는 보험도 깨야 할 형국이라고 말을 한다. 뭐, 틀린 말은 아닐 테니까 말이다.

가끔 여기저기에서 보험 가입 권유 전화를 받게 될 때에도 업무 중에는 바빠서 그냥 거절하고 끊어 버리거나 통화 연결이 되더라도 '나의 보험료를 대신 내어 주실 것이 아니라면 돈이 없어서 가입을 할 수가 없다.'라고 딱 잘라서 말을 한다.

'그래봐야 1, 2만원인데 뭐…'라는 생각으로 정에 이끌려 쓸데없는 보험을 가입하는 일은 결국 나를 위한 일이 아니라 보험사와 권유자의 배만 불려 주는 일일 것이다.

모든 일에는 전문가가 따로 있고 내가 잘 모르는 분야는 해당 분야의 전문가들에게 맡기면 좋을 일이다. 나 역시 우리의 생활에 맞게 모든 보험을 설계하고 관리해 주는 매니저를 한 분 지정해 두고 과거에 가입되어 있던 보험들을 한번 모조리 다 정리한 이후에도 주위에서 보험에 대한 이야기를 듣고 궁금한 점이 생기면 그 즉시 매니저에게 연락해서 물어보고 답을 얻는다.

그렇다고 '매니저가 모든 것을 다 알아서 해 주겠지.'라고 생각하지만 말고 스스로도 찾아보며 내가 가입되어 있지 않거나 보장 내용이 적다고 판단되는 보험이 있을 경우 매니저와 상의해서 추가 또는 변경을 해 나가야 할 것이다.

나의 경우 사망보험과 화재보험에 가입되어 있지 않아서 오래전에 추가로 계약을 하였고 최근에는 뇌질환 및 유사암 발병 시 보장이 적다고 여겨져서 보장 확대를 해 두었으며, 더욱 좋은 조건으로 연금보험 계약을 변경하였다.

　우리 부부의 경우 자식이 없고 나중에 나이가 들면 우리를 챙겨 줄 사람이 없다는 생각으로 젊을 때부터 꼼꼼히 보험을 준비하고 있지만 자식이 있을 경우에는 없는 경우보다 챙겨야 할 보험들도 더 많을 것이다.

　끝으로 각종 보험들이 만 75세까지밖에 가입이 되지 않는데 여유가 된다면 치아보험 등 양가 부모님들의 보험도 미리 확인하여 챙겨드릴 수 있으면 더욱 좋겠다.

박마담 Tip

매월 자동이체되는 모든 보험료는 비슷한 날짜로 설정해 두고 미리미리 납부하는 것이 좋다. 보통의 보험들은 2개월 연속 연체 시 실효나 해지가 될 수 있으니 나중에 돈이 모자라서 연체되는 일이 없도록 해야 한다.

우리 집에 맞는 가계부를 찾고,
없으면 직접 만들어서라도 쓰자

어떤 부부는 맞벌이로 월수입이 높지만 매달 생활비도 모자란다고 말을 하는 부부도 있는 반면 어떤 부부는 외벌이로 적은 월수입이지만 매달 저축까지 해 나간다고 하는 부부들도 있다.

예로부터 돈은 버는 것보다 쓰는 것을 잘 해야 한다는 말이 있다. 물론 그 두 가지를 다 잘 할 수 있다면 가장 좋겠지만 말이다.

누구나 쓰려고 마음만 먹으면 매달 자신의 월급 이상의 돈을 못 쓰겠는가? 하지만 반대로 자신의 월급만 가지고 생활과 저축을 해 나가는 일은 누구나가 쉽게 할 수 없는 일일 것이라고 생각한다.

맞벌이든 외벌이든, 월수입이 높든 낮든 나는 어느 상황의 어떤 가정이든 반드시 '돈 관리'를 해야 한다고 생각하고 이 '돈 관리'를 잘 하기 위해서는 '가계부'가 반드시 필요하다고 생각한다.

매달 '(월 수입)-(월 지출)=0'이 제대로 된 '돈 관리'는 아닐테니 말이다.

결혼한 남편들에게 아래의 질문을 하나 해 보려고 한다. 당신 가정의 월평균 총수입은 얼마이며, 월평균 고정 지출(공과금+보험료+관리비+대출금+신용/체크카드+주유/교통비+각종 유료 서비스+평균 생활비/용돈+기타 비용의 합계 금액)은 얼마인가?

아직 결혼 전이더라도 자신의 월평균 총수입-월평균 고정 지출은 얼마인지 생각해 보자. 지금 현재의 고정 지출을 빼고 남는 돈의 액수가 얼마인지를 아는 것부터가 나는 '돈 관리'의 시작이라고 생각한다.

그 다음 불필요한 고정 지출 항목을 줄일 수 있는 방법은 없겠는지, 지금보다 수입을 어떻게 더 늘려 나갈 수 있겠는지, 남는 여유 자금을 어떻게 불려 나가야 하겠는지 등을 다음 단계로 생각해 봐야 할 일이겠다.

나는 우리 집의 모든 돈 관리를 내가 다 도맡고 있어서 직접 엑셀 파일로 만든 가계부를 매달 쓰고 있다.

아무리 찾아봐도 나에게 딱 맞는 가계부를 찾지 못해서 직접 엑셀 파일로 만들어봤는데 이 가계부가 나에게는 너무 딱 맞기도 하고 필요로 하는 사람들이 있을지 몰라서 어플로도 만들어 보려고 한다.

아직도 가계부를 안 쓰고 있는 많은 이들에게 손쉽게 가계부를 접하고 실생활에 이용할 수 있게 하기 위함에서이다.

내가 만든 가계부는 어렵고 복잡한 것이 아니고 소소한 지출 항목마다 그때그때 기재하거나 지출내역의 문자 메시지와 연동이 되는 것이 아니라 거의 아무것도 하지 않아도 되는 정말 간단한 가계부이다.

보험료나 공과금, 대출금, 주유/교통비, 관리비 등 고정 지출을 항목별로 언제 얼마씩 빠져나가는지를 최초 1회만 저장해 두고 매 달 월급 액수만 적어두면(월급과 인센티브 등은 매월 조금씩 달라질 수 있으므로) 자동으로 이번 달에 고정 지출 총액이 빠지고 얼마가 남는지를 보여줘서 남은 액수로 이번 달 생활을 어떻게 운용해야 하는지를 보여 주는 '초간단

가계부'이다.

가계부가 꼭 백원짜리 하나까지 다 맞춰야 할 필요는 없다고 생각한다. 대강만 맞더라도 숲을 보는 것처럼 큰 그림을 볼 수만 있으면 되는 것이다.

자신에게 딱 맞는 가계부를 직접 만들 수 있다면 가장 좋을 것이고 어플 등에서 가장 적합한 가계부를 찾아서 오늘부터라도 돈 관리를 시작해 보자. 1~2년만 써 봐도 그 차이를 느낄 수가 있을 것이다. 요즘 가계부 관련 좋은 서적들도 많이 나와 있으니 참고해 보길 바란다.

자, 지금 여러분의 가계는 안녕하신가요?

박마담 Tip

가계부를 쓰는 목적은 내가 이번 달에 돈을 이렇게나 많이 쓴 것에 대해 반성하기 위함이 아니라 앞으로 돈을 불려나가기 위함임을 잊지 말고 어떻게 하면 지금보다 더 자금을 불려서 노후대책을 마련해 나갈 수 있을 것인지를 잘 생각해 보면 좋겠다.

4,000원 통장을
개설해 보자

 주식이나 투자를 하지 않고 저축을 선호하는 가정이라면 '4,000원 통장'을 개설해 보는 것을 추천한다. 통장 쪼개기는 기본이겠지만 나는 월급 통장에서 근무일마다 4,000원씩 자동 이체를 걸어 둔 예금통장이 따로 있다.

4,000원은 담배 한 갑보다도 적은 액수로 웬만한 가정이라면 하루에 4,000원은 있어도 살 수 있고, 없어도 살 수 있는 돈일 것이다.

이것을 따로 빼서 쓰지 않고 가만히 모으다 보면 1년에 100만원씩 만들어지는 놀라운 구조다. 근무일수 기준으로 매달 평균적으로 한 달이 20일이라고 가정하면 한 달에 8만원씩, 일 년이면 96만원, 매년 금리가 다르겠지만 이자까지 +a를 더하면 일 년에 거의 100만원씩 만들어지게 되는 구조인 것이다.

나는 이제 저축보다 투자로 전향을 했지만 투자보다 저축을 선호하는 가정이라면 꼭 이러한 '4,000원 통장'이 아니더라도 잘 생각해 보면 각자 가정에 맞는 좋은 방법을 찾아낼 수가 있을 것이다.

남자들을 위한 부부생활 참고서

맞벌이? 가사 분담?

우리 부모님 세대만 해도 대부분의 남편은 밖에서 일을, 아내는 집안일을 나누어 담당하는 구조였다.

요즘은 결혼한 많은 여자들이 맞벌이를 하고 있는 추세이다.

하지만 아직까지 맞벌이를 하면서 가정 일은 아내에게만 전가하려는 남자들이 많다고 한다.

요즘 여자들의 입장에서 보면 남자에게 평생 밥과 빨래와 청소를 해 주려고 결혼한 것은 아닐 것이다. 여자들 또한 자신의 행복을 위해 결혼한 것이라는 사실을 우리 남자들도 잊어서는 안 된다.

사실 우리 부부 사이에 나는 항상 외벌이여서 맞벌이 부부의 환경을 잘 알지 못한다.

하지만 한 가지 확실하게 알고 있는 것은 부부가 맞벌이로 일을 마치고 집에 돌아와서 해야 할 집안일들이 있을 때 내가 하기 힘든 일이라면 상대방에게도 똑같이 하기 힘든 일이라는 것이다.

그 말은 곧 집에 해야 할 일은 있는데 집안일에서 내가 조금 더 편하려면 상대방이 그만큼 더 고생을 하게 되어 있다는 논리인 것이다.

가사분담이 싫다면 내가 더 벌어서 아내를 맞벌이에서 해방시켜 주든지, 가사도우미를 지원해 주든지 뭔가 할 수 있는 방법을 찾아보면 될 일이다. 요즘 시대에 맞벌이는 좋고 가사분담은 싫다면 '어불성설'이 될 듯하다. 이는 우리 모두가 다 알고 있는 일이고 선택과 결정은 본인 스스로가 하는 것이다.

현명하게 집안일 나누는 방법에 대해 인터넷에서 알아보던 중 맞벌이 부부의 '가사분담표'라는 것도 있고 업무가 많거나 야근할 경우 상대방에게 지나치게 요구하기보다는 '양보카드'나 '1회 휴식권' 등을 만들어서 부담을 덜어 주는 것도 좋다고 하니 참고가 될 듯하다.

내가 맞벌이 부부의 환경을 잘 알지 못하더라도 이 시대의 모든 맞벌이 가정이 힘들게 생활하고 있다는 것 정도는 알고 있다. 지금보다 나아질 앞으로의 생활을 위해 부디 힘내길 바란다.

남자들을 위한 부부생활 참고서

우리 부부의 역할 분담

 집집마다 처한 상황과 환경이 다르기에 한 가정 내에서 남편의 역할도 저마다 다를 것이겠지만 옛날 사고방식을 지닌 나로서는 가급적이면 집안의 중심은 남편이 잡아 나가야 한다고 생각한다.

각자의 상황과 환경에 맞는 서로 간의 역할을 적절하게 나누어 이를 서로 원만히 잘 지켜 나가면서 세월을 지내다 보면 이것이 나중에는 마치 두 개의 톱니바퀴가 맞물려 돌아가듯 자연스러운 일이 되고 다툴 일도 줄어들게 될 것이다.

우리 부부의 모토는 '내 가정 내에서 나는 국정을 담당하는 왕이고 와이프는 내명부를 책임지고 있는 중전'이다. 우리 부부는 평소 유행하는 드라마를 보지 않고 정통 사극을 즐겨 보기에 부부간의 화법 또한 사극풍일 때가 종종 있다.

가끔 내 와이프가 내게 묻는 말이 있다. 내가 밖에서 또는 인터넷으로 음식을 사서 와이프에게 건네줬는데 이것을 처가댁에 반만 보내드려도 되겠느냐고 말이다.

물론 내가 사들고 왔으니 내게 물어보는 것이 당연하고 맞는 이야기이긴 하겠으나 난 와이프에게 그것을 건네주는 순간부터는 내명부 소관이고 당신이 중전이니 당신 뜻대로 하라고 말을 해 준다.

> *내명부: 조선시대 궁중에서 봉직하던 빈(嬪) · 귀인(貴人) · 소의(昭儀) · 숙
> 의(淑儀) 등 여관(女官)의 총칭.

가만히 놔둬도 되는 집안의 일들까지 내가 일일이 터치할 필요는 없는
일이다. 사실 양가 부모님 댁에서 우리가 드리는 것보다 받는 것이 훨씬
더 많기도 하다.

내가 잔소리하지 않아도 집안일들은 와이프에게 믿고 맡기면 되고 웬
만한 정상적인 여자라면 알아서 잘 해 줄 것이다.

와이프도 내가 도맡고 있는 우리 집의 모든 돈 관리와 나의 회사일 등
'국정'에 대해서는 아무런 터치를 하지 않고 오롯이 나에게 믿고 맡기고
있다.

다만 와이프에게 매달 정산보고를 하고 자금운용 계획에 대해 알려주
며 내명부 운영비가 떨어지지 않도록 항시 체크하며 충당해 주고 있을 뿐
이다.

매일 퇴근 후 내가 먹고 싶은 것에 대해 미리 전화해서 "오늘 저녁에는
수라간에 일러 그것을 들이라~"고 이른다.

무리한 요구를 하지 않고 어차피 내가 평소 좋아하는 음식들을 미리 집
에 쟁여놓고 쉽게 만들어서 내어 줄 수 있는 것을 요구하니 웬만하면 군말
없이 다 해 준다.

이 정도면 나도 내 집에서만큼은 왕 대접을 받으며 잘 살고 있다고 생각한다.

각자에게 맞는 부부간의 역할을 잘 나누어 서로가 이를 잘 지켜 나간다면 보다 더 순탄한 가정이 될 것이라 믿는다.

우리 부부의
결혼 후 첫 명절 치르기

 결혼 후 시댁에서 첫 명절을 치르는 일은 여자들로서는 시댁 어르신들의 사랑을 받느냐, 마느냐를 결정하는 중요한 첫 무대가 될 것이다.
물론 음식도 잘하고 사람도 좋아하고 성격도 붙임성이 있게 싹싹한 여자들이라면 보다 더 쉬울 법한 이야기겠지만 대게의 여자들로서는 결혼 후 첫 명절 치르기가 무척이나 어렵고 고된 일이 될 수가 있다.

한복을 입고 찾아뵈어야 하는지, 선물과 용돈은 어떻게 준비를 해야 하는지, 같이 음식을 준비할 때 어떻게 도와드려야 하는지, 제사를 지낸다면 제사상 차리는 법을 알고 가야 하는지, 자신이 잘 모르는 많은 친척들과는 어떻게 대해야 하는지, 만약 긴장해서 실수라도 한다면 어떻게 해야 하는지, 시댁에서 잠을 자고 와야 하는지 등 머릿속이 온통 복잡할 것이다.

이렇게 걱정하는 여자들에게 남자들이 흔히 착각할 수 있는 것이 "다들 좋으신 분들이니 너무 걱정하지 않아도 알아서 다 잘 될 것이다."라고 쉽게 위로 아닌 위로를 해 주고 마는 경우가 있는데 이래서는 여자들에게 아무런 위로와 도움이 되지 못한다.

내가 지금 처가댁에 가서 결혼식 후 처음 뵙는 많은 처가댁 어르신들 및 조카들과 명절을 치르고 하룻밤을 자고 와야 한다면 걱정하지 말라는 와이프의 말에 마냥 안심이 되겠는가?

차라리 서로의 친인척 구성원에 대해 미리 숙지를 하고 집집마다 서로 다른 명절풍습에 대한 이야기들을 나눈다면 훨씬 많은 정보를 얻을 수 있고 이를 통해 조금은 더 자연스럽고 편안하게 명절을 보낼 수 있을 것이다.

나도 결혼식을 1년 앞두고 추석 때 와이프의 외할머니 댁에 가서 외가댁 식구들이 모두 모인 자리에서 처음 인사를 드리고 온 적이 있었는데 어떻게 하루를 보내고 왔는지도 모르게 정신이 하나도 없었던 기억이 난다. 하지만 사전에 와이프를 통해 친척 구성원들을 미리 파악해 둔 것이 내게는 많은 도움이 되었었다.

우리가 도착하기도 전에 이미 음식준비는 끝나 있었고, 도착해서는 처가댁 어르신들과 사촌들하고도 인사를 나눴다.

곧 같이 식사를 하게 되었는데 식사자리에서도 음식을 맛있게 먹는 것과 음식준비를 위해 고생하셨을 분들에게 음식이 다 맛있다며 칭찬을 해 드린 것 외에 특별히 한 일은 없었다.

식사와 함께 술도 같이 마시며 그저 처음 맞이하는 새로운 식구인 나를 환대해 주셨고 덕담과 함께 나에 대해 궁금해 하시는 질문들에 대해 하나하나 답변을 드렸던 것이 내가 했던 전부였다.

내 스타일이 말수가 많은 편도 아니고 어르신들에게 넉살이 좋은 편도 아닌 그저 묵묵하고 진지한 편이었으나 그분들께서는 이러한 나 자신을 있는 그대로 받아들여 주셨고 좋아해 주셔서 감사할 따름이었다.

한두 번 뵙고 말 분들도 아닌데 첫 자리에서 이쁨을 받기 위해 굳이 나 자신을 속이고 꾸미면서까지 고생할 일은 아니라고 생각한다.

나의 와이프의 경우에는 고맙게도 결혼을 하고 나서 첫 명절인 추석을 지내기 위해 나를 처가댁에 이틀간 맡겨 두고 이틀 전에 당시 경상남도 진주에 계셨던 부모님 댁에 홀로 내려가서 음식준비를 도와 드렸다.

이는 누가 시킨 일도 아니었고 스스로 생각해서 내 부모님이 음식준비로 힘드실까봐 용기를 내어 한 행동이었는데 나의 부모님께서 이런 며느리를 어찌 예뻐하지 않을 수가 있겠는가?

이를 보면 이쁨을 받는 것은 다 자기할 탓이라는 생각이 든다.

집집마다, 사람마다 다를 테지만 이제 새 식구가 되어 처음 같이 하는 자리이니만큼 부담스럽더라도 긴장하지 말고 하나씩 하나씩 잘 헤쳐 나가면 된다. 설령 작은 실수를 하게 됐더라도 지나고 보면 다 웃으면서 이야기할 수 있는 추억거리가 될 뿐이니 너무 크게 상심하지는 않길 바란다.

용돈의 경우 잘 보이기 위해 무리를 하는 것보다 형편껏 맞는 액수를 준비하는 것이 바람직한 일이라 생각한다.

첫 명절에는 이만큼이나 줬는데 해가 바뀌니 요만큼밖에 드리지 않는다면 그것도 서운한 감정과 오해를 부를 수 있는 일이 될 수도 있으니 차라리 매년 명절마다 변치 않고 용돈을 드릴 수 있는 적정 수준이 어느 정도 되겠는지를 와이프와 함께 상의해 보도록 하자.

또한 나만 집에서 귀한 자식이 아니니 양가 부모님 댁에 드리는 선물과 용돈의 액수는 같아야 한다고 생각한다.

만약 남자가 결혼 전 자신의 부모님들께 명절 용돈을 항상 과도하게 드리고 있었고 이를 결혼 후에도 꼭 이어 나가야겠다고 고집하겠다면 집안 살림이 망가지든 말든 처가댁 부모님들께도 매번 똑같은 액수를 드리면 될 것이다. 이로 인해 집안 살림이 힘들어지지 않도록 그만큼 돈을 더 벌어오면 그만이고 이도 못할 일이라 생각이 들면 그냥 포기를 하자.

결혼 전과 결혼 후는 분명히 다른 상황인 것이다. 결혼 전 그동안 나 혼자 내 마음대로 해 왔던 모든 일들을 결혼 후에도 똑같이 해 나갈 수 있는 것들이 있고 없는 것들이 있음을 분명하게 인지하길 바란다.

대부분의 경우 집안 살림에 관해서는 여자들 말 들어서 손해 볼 일은 거의 없을 것이다.

결혼 후 첫 명절을 치를 예정인 수많은 이들에게 모두 성공적인 첫 무대가 되기를 진심으로 바라고 응원한다.

남자들을 위한 부부생활 참고서

명절 일주일 전
꽃 한 송이 선물

 통계청에 따르면 전통적으로 설날이나 추석 등 명절이 지나면 이혼율이 증가했으며, 이는 친척끼리 만나 서로 얼굴을 붉히고 싸우거나 제사 준비 등으로 인한 고부 갈등, 부부싸움이 늘어난 결과라고 볼 수 있다고 한다.

명절이면 여자들이 스트레스를 받는 것은 당연한 일일 것이다. 음식 준비를 해야 하는 여자의 입장이라면 단순히 음식을 준비하는 것만으로도 힘들 테지만 가족과 친척들을 만나는 일은 '+a'로 더 힘든 일들이 많이 있을 것이다. 하지만 이왕에 치를 일이라면 좀 더 좋은 기분으로 할 수 있다면 좋지 않을까?

명절 전에 와이프에게 꽃이라도 한 송이 전해 주며 힘들까봐 안쓰러워서, 또는 힘들 텐데도 잘 챙겨줄 것에 대한 고마움의 마음을 미리 전해 준다면 와이프를 생각하고 있는 내 마음이 잘 전달될 수 있을 것이다.
평소 꽃을 좋아하는 여자라면 분명 효과가 좋을 것이다.

내가 명절 전 와이프에게 처음 꽃 선물을 해 줬을 때 와이프가 우리 집에 오신 장모님께 자랑을 한 적이 있었는데 장모님께서 마냥 부럽다는 말씀을 하신 적이 있어서 그 뒤에 장모님께도 꽃 선물을 해 드린 적이 있었다.

가끔 장모님께도 꽃을 선물해 보면 좋을 것 같다. 이것이 설령 평소 꽃 선물을 안 하시는 장인어른을 힘들게 하는 일이 될 지라도 도전해 볼 충분한 가치가 있는 일이 될 것이다.

사람마다 다르기에 장모님께 꽃을 선물하기 전 필요하다면 미리 와이프에게 언질을 해 둬야 할 수도 있다. 사람에 따라 오해나 질투를 불러일으킬 수도 있으니 말이다.

꽃말을 확인하여 함께 전해 드린다면 더욱 좋을 것이다. 프리지아를 선물했다면 "장모님, 프리지아 꽃말이 '당신의 앞날'이라서 장모님의 앞날을 위해 사왔습니다~"라고 해 보자.

내가 직접 해 본 일이 하나 더 있는데 나의 장인어른께서는 워낙 옛날 분이셔서 장모님께 꽃을 안 사 주시는 분이시지만 처가댁 부모님들의 금혼식 전에 미리 "꽃을 한 송이 모자라게 사 드릴 테니 나머지 한 송이는 장인어른께서 장모님을 위해 채워 주셨으면 좋겠습니다~"라고 말씀드렸더니 장인어른께서 직접 꽃을 한 송이 사서 장모님께 전해 주신 적이 있었는데 이런 방법으로 유도를 해 보는 것도 효과적일 수 있겠다.

경우에 따라서는 장모님께 선물할 꽃을 내가 직접 건네지 않고 장인어른께 드려서 장모님께 대신 건네 드리게 하는 것도 일거양득할 수 있는 좋은 스킬이 될 수도 있겠다.

명절 전이든, 어느 때든 나는 보통의 남자들보다는 자주 와이프에게 꽃을 사주는 편이라고 생각하고 있지만 한번 꽃을 살 때 평균적으로 5,000

원을 넘기지 않는 편이다(대개 2,000~3,000원짜리 장미꽃 한 송이를 사 주는 편이다).

나는 와이프에게 꽃을 사주는 돈 5,000원이 결코 아까운 지출이 아니라고 생각하며 오히려 이 돈 5,000원으로 얻을 수 있는 것이 많기에 훨씬 더 값진 일이라고 생각한다.

명절을 앞두고 있다면 오늘 퇴근 후, 또는 토요일에도 문을 여는 꽃집들이 있으니 당신의 마음을 와이프에게 전해 줄 꽃 한 송이 사서 건네어 보는 것은 어떨까?

5월 8일,
어버이날 카네이션 브로치 선물

어버이날에 카네이션 코사지를 선물해 드리는 것도 좋지만 매년 새로 선물해 드려야 하는 단점이 있다. 하지만 '카네이션 브로치'는 한번만 선물해 드리면 매년 꺼내어 사용할 수가 있어서 좋다.

다만 잃어버리시지 않도록 주의를 당부하자.

카네이션 꽃바구니를 준비해야 할 경우 발품을 팔다 보면 다른 꽃집보다 절반 정도 저렴하게 구입할 수도 있다.

올해 우리의 경우 다른 꽃집에서 15,000원, 18,000원, 20,000원에 판매하는 꽃바구니 못지않은 퀄리티의 꽃바구니를 만원에 두 개를 구입하여 양가 부모님 댁에 전해 드렸다.

꼭 생화가 아니어도 가끔은 비누꽃, 종이꽃 등 이색적인 선물을 해 드리는 것도 좋을 수 있다.

어버이날에 선물 말고도 처가댁 부모님께 "이렇게 예쁜 딸 낳아 주시고 길러 주셔서 감사합니다."라고 감사 인사를 전해 드리는 것도 좋다. 내가 먼저 그렇게 해 준다면 웬만한 여자들이라면 지금 혹은 다음 번 어버이날에 와이프가 나의 부모님께도 비슷한 인사를 건넬 수도 있을 것이다.

나의 이모와 큰외삼촌께서는 각자 혼자서 외로운 생활을 하고 계시는데 언젠가 어버이날에 카네이션 브로치와 함께 외가 조카들 단체 사진을 액자로 만들어 선물해 드렸고 어버이날이나 명절 때마다 잊지 않고 두 분께 전화를 드리고 있는데 전화를 드릴 때마다 항상 고마워하시고 좋아하신다.

처가댁에도 이런 비슷한 처지의 어르신이 계시다면 내가 먼저 잘 챙겨드려 보자. 꼭 어버이날뿐만이 아니라 명절이든 평소에도 한 번씩 연락이라도 드린다면 아마도 틀림없이 좋아하실 것이다.

5월 21일,
부부의 날(feat. 결혼기념일)

　　결혼기념일은 당연히 알아서 잘 챙겨야 할 중요한 날이므로 이에 대한 이야기는 생략하고 대신하여 많은 부부들이 놓치고 있을 법한 부부의 날에 대해 이야기를 해 보고자 한다.

　부부의 날은 5월 가정의 달에 둘이서 하나가 됨을 기념하기 위해 2007년부터 매년 5월 21일마다 부부관계의 소중함을 일깨우고 화목한 가정을 일궈 가자는 취지로 제정된 법정기념일이다.

　국가기록원에 있는 제정이유를 하나 더 보면 아래와 같다.

　　평등하고 민주적인 부부문화를 퍼지게 하고 건전한 가족문화를 정착시키며 가족해체를 예방하기 위함이다.

　무언가 대단한 것을 준비하지는 않더라도 이 날만큼은 가급적 일찍 퇴근하여 함께 저녁식사를 하고 와이프가 모르고 있을 법한 부부의 날에 대해 설명을 해 주면서 준비한 작은 선물과 함께 꽃 한 송이라도 건네어 보면 좋아할 것이다.

선물로는 상품권, 화장품, 속옷, 주얼리, 가방 등 무난하고 다양한 상품들이 많이 있겠지만 인터넷을 검색해 보면 '당신은 나의 사모님 상', '참 좋은 당신 상' 등 와이프에게 다소 특별한(?) 상패를 선물로 건네어 줄 만한 것들도 있으니 참고하면 좋을 듯하다.

이 외에도 뜨거운 물을 담으면 색이 변하면서 숨겨졌던 그림과 메시지가 보이게 되는 머그컵과 커플목걸이, 커플도장, 커플사진첩/액자, 필름앨범, 드로잉 수건, 라디오 이벤트 등 이색적인 선물들을 찾아보는 것도 좋겠다.

인터넷에 떠도는 부부 십계명들 중 하나를 공유하니 부부가 부부의 날을 기념하여 함께 보면 좋겠고, 또한 다른 내용의 부부 십계명들도 있으니 한 번씩 찾아서 보면 좋을 듯하다.

1. 두 사람이 동시에 화내지 말자.
2. 집에 불이 났을 때 외에는 고함지르지 말자.
3. 눈이 있어도 흠을 보지 말고, 입이 있어도 실수를 말하지 말자.
4. 아내나 남편을 다른 사람과 비교하지 말자.
5. 아픈 곳을 긁지 말자.
6. 분을 품고 침상에 들어가지 말자.
7. 처음 사랑을 잊지 말자.
8. 갈등이 있어도 결코 단념하지 말자.
9. 숨기지 말고 정직하자.

10. 서로의 잘못을 감싸주고 사랑으로 부족함을 채워 주도록 노
    력하자.

                                                    * 작가 미상

결혼 후
첫 장례식을 치르게 된다면?

나와 나의 와이프는 2010년 8월, 결혼식을 마친
후 정확히 3일 뒤에 우리 부부를 그토록 사랑해
주셨던, 그리고 우리 부부도 그토록 사랑했던 나
의 외할머니를 떠나보내 드려야만 했다.

외할머니께서는 그렇게 와서 보시고 싶어 하셨던 우리 부부의 결혼식
에 참석도 못하신 채 우리의 결혼식을 보시고자 집에서 TV 채널을 돌려
가면서 우리 결혼식을 어느 채널에서 볼 수 있느냐고 그렇게 찾으셨다가
그로부터 며칠 뒤에 돌아가셨다고 한다.

우리 부부는 '결혼하면 외할머니께 더욱 더 잘 해 드려야지…' 하고 있었
는데 청천벽력과도 같은 일에 마음이 온통 무너져 내렸다.
지금까지도 생각하면 가슴이 너무 아픈 일이지만 그나마 돌아가시기
전에 찾아뵙고 용돈 쓰시라며 손에 쥐어 드린 봉투를 드린 것에 이마저도

못했다면 더욱 괴로웠을 것이라며 위안을 받곤 한다.

자, 이 글을 쓰는 이유는 따로 있다.

나야 그저 슬픈 일 정도로 그칠 수도 있겠지만 와이프와 처가댁 부모님들 입장에서는 '집안에 여자가 잘못 들어와서 남자의 집안에 우환이 생긴 것이 아닌가?' 하는 염려가 생겼다는 것이다.

내가 아무리 그렇게 생각할 일이 아니라고 이야기를 해 줘도 여자의 입장에서는 꼬리표처럼 따라 붙게 되는 것이다. 이 문제로 와이프가 한참을 울었다. 그것을 내가 어떻게 해 줄 수 없는 답답한 마음에 나 또한 와이프를 안아 주며 한참을 같이 울었다.

그렇게 세월이 한참 지났지만 비 오는 주말에 차 안에서 이 글을 쓰고 있는 지금도 바보 같이 눈물이 그치지를 않는다. 결혼식을 마치고 이러한 비슷한 일을 겪어 본 사람이라면 우리의 심정을 이해할 수 있을 것이다.

가장 좋은 것은 이러한 아픈 경험을 평생 갖지 않고 모르는 채 살아가는 것이겠지만 비슷한 일로 아픔을 겪고 있는 이들이 있다면 이 지면을 통해 진심으로 위로의 말을 전해 주고 싶고 그들의 이야기를 듣고 같이 실컷 울어 주고 싶은 심정이다.

모든 일은 다 시간이 약이다.

부디 모두가 아픔 없이 행복한 결혼생활을 잘 해 나가기를 바라며 '결혼식 후편'을 마무리하겠다.

ps. 나의 외할머니와 관련하여 2021년, 내가 올 한 해 가장 잘했다고 생각하는 일을 하나 이야기해 보고자 한다.

앞서 어버이날에 언급한 나의 큰외삼촌께서 너무 연세가 많으셔서 이제는 걸어 다니시기도 힘들어하신다.

올해 구정연휴 새벽에 일찍 일어나 갑자기 생각한 바가 있어서 인천에 계신 큰외삼촌 댁으로 연락도 없이 차를 운전해 무작정 찾아가서 벨을 눌렀다. 아침 8시 정도 되었는데 마침 식사를 마치고 쉬고 계셨다.

연락도 없이 갑자기 어쩐 일이냐는 물음에 나는 "삼촌, 나랑 같이 갈 곳이 있으니 어서 차비를 하세요."라고 했고, 어디를 가느냐는 물음에 인천 송도 근처의 야산에 유골을 뿌려드린 외할머니께 구정 인사를 드리고 오자고 하였다. 걸어서 야산을 올라가야만 하는 길인데 지금이 아니면 같이 모시고 가기가 점점 더 어려워질 것만 같았다.

그렇게 차를 타고 목적지 근처 편의점에 들러서 막걸리 한 병과 혼밥세트를 사서 렌지에 돌리고, 도착 후 천천히 야산을 걸어 올라가 차에서 가져온 돗자리에 조촐한 제사상을 마련해서 함께 제사를 드리고 왔던 일이 내가 올 한 해 가장 잘했다고 생각하는 일이다.

큰외삼촌께서 눈시울을 붉히시는 모습에 마음이 아련했지만 큰외삼촌께서도 분명 살아생전 어쩌면 마지막일 수도 있는 인사를 드리고 왔음에 뿌듯한 마음도 드셨으리라 생각한다.

나는 외할아버지를 생전에 본 기억이 없지만 다음번에 한 번 더 기회를 만들어서 큰외삼촌과 함께 외할아버지 묘소에도 모시고 갔으면 한다.

이렇게 주위 친척 어르신 중에 혼자 하시기 힘들 일을 찾아서 도움을 드릴 수 있다면 이 또한 의미가 있고 뜻 깊은 일이 될 수 있을 것이다.

'부모님은 우리를 기다려 주시지 않는다.'는 말과 '있을 때 잘하라.'는 말은 참으로 진리의 말인 듯하다.

남자들을 위한 부부생활 참고서

4부

와이프에 대한
처세술

여보~ 내가 예뻐? 쟤가 예뻐?

여자는 남자에게 이러한 질문을 던지고 나면 곧바로 '파이널 카운트다운'에 들어간다.

1초, 2초… 이미 늦었다.

1, 2초가 지난 후에 던지는 그 어떤 감언이설도 이미 소용이 없다. 여자들은 남자들에게 '아니, 이게 그렇게까지 생각을 해야만 하는 질문이야?'라고 생각하는 것 같다.

나는 와이프에게 거의 이런 종류의 질문을 받지는 않지만 가끔 와이프가 TV를 보다가 "저 여자 예쁘지 않아요?"라는 식으로 유사한 질문을 던져올 때면 0.1초의 망설임도 없이 "TV 꺼!"라고 말을 한다. 저 여자 안 봐도 좋으니 TV를 끄라는 말이다. '적어도 나한테는 네가 최고의 여자'라고 인식시켜 줘야만 한다.

개그맨 김대희가 '아는형님' 코너에 나와 신혼 초에 이혼을 당할 뻔했던 에피소드를 공개한 적이 있었는데 와이프와 함께 TV를 보던 중 "오빠, 내가 예뻐? 제시카 고메즈가 예뻐?"라는 질문에 '에이~ 어디 제시카 고메즈 따위가!'라고 머릿속으로 답변을 준비해 뒀지만 출력오류로 인해 "어디 너 따위가!"라고 잘못 이야기를 해서 위기를 맞았었다고 한다.

사람의 목숨은 하나이고 항상 언제, 어디서, 어떻게 일어날지 모르는 각종 위기 상황 속에서 미리미리 대응 능력을 갖춰 보도록 하자.

남자들을 위한 부부생활 참고서

자, 이제 내가 당신의 와이프라고 생각하고 질문을 던져 보겠다.

"내가 예뻐? 쟤가 예뻐?"

당신은 과연 어떤 대답을 하게 될 것인가, 또한 당신의 대답을 와이프 입장에서 몇 점짜리 대답이 될 수 있을 것인가를 생각해 보자.

혹시 이러한 질문에 대해 당신이 비장의 카드라고 생각하고 준비해 둔 답변이 있다면 이를 직접 와이프에게 시전하기 전에 나를 만족시키기 위함이 아니라 '당신의 와이프를 만족시킬 수 있는 답'이어야 한다는 사실을 잊지 않도록 당부한다.

강한 자가 살아남는 것이 아니라 살아남은 자가 강하다는 이야기가 있듯이 어떠한 질문과 공격이 오더라도 절대 당황하지 말고 재치 있고 슬기롭게 잘 헤쳐 나갈 수 있는 지혜를 갖게 해 주소서~

여보~ 나 얼마만큼 사랑해?
나 왜 사랑해?

대개의 여자들은 자신의 남자에게 끊임없이 사랑을 확인받고자 하는 습성이 있는 것 같다.

서로 사랑하는 사이의 여자가 남자에게 가장 바라는 것은 무엇일까?

젊어서나, 늙어서나, 항상 자기만을, 여자로 바라봐주고, 사랑해 주는 것이 아닐까? 여자가 남자에게 가끔 서운해한다면 내가 했던 말들과 행동들을 한 번씩 돌이켜 생각을 해 보자. 사소한 작은 것들이 쌓여서 나중엔 걷잡을 수 없는 큰 파도가 되어 나를 덮친다면 그땐 이미 늦은 일일지도 모른다.

당신의 와이프가 당신에게 갑자기 "나 얼마만큼 사랑해?"라는 질문을 던져왔다면 당신은 어떻게 대답을 해 주겠는지 한번 생각해 보자.

TV 프로그램인 「유 퀴즈 온 더 블럭」 제71화에서 보면 '백희나 작가님'께서 출연하시어 유재석의 이러한 돌발 질문에 대해 "그걸 못 느꼈다면 내가 잘못한 거지…"라고 답을 하셨는데 물론 명답이 될 수 있기도 하겠으나 나는 개인적으로 '그것이 왜 내가 잘못한 일이 되고 미안해야 할 일인거지?'라는 생각에 왠지 내 스타일과는 조금 맞지 않는 듯해서 아쉬웠다.

이 질문에 대한 명확한 답은 없겠지만 만약 같은 질문을 나의 와이프가 내게 묻는다면 나의 답변은 "그 입 다물고 이리로 와!" 하며 진하게 키스라도 한방 날려줬을 것이다. 그냥 나의 마음을 행동으로 보여 주면 될 것을 백 가지 말이 무슨 필요가 있겠는가?
인터넷에 떠도는 이모티콘 중에 "넌 닥치고 넌 내 사랑만 받으면 돼!"라며 상대방의 입에 한가득 하트를 먹여 주는 재미난 이미지 컷이 있는데 개인마다 취향이 다르겠지만 우리 부부는 둘 다 이러한 스타일을 좋아하고 재미있어 한다.

남자들을 위한 부부생활 참고서

어떤 남자들은 "나의 와이프가 가장 사랑스러울 때는 언제인가?"라는 질문에 "와이프가 잠들어 있을 때"라고 답하는 남자들도 더러 있다고 한다. 이것은 아마도 와이프가 잠에 깨어 같이 있을 때는 사랑스럽지 않게 보인다는 반증이 될 수도 있는 것이 아닐까?

그럼 각자 '나의 와이프가 언제 가장 사랑스러운가?'라고 자문을 해 보자.

이 질문에 대한 나의 답변은 "성질 부릴 때 빼고는 다 사랑스럽다."라고 와이프에게 답을 해 줄 것이다. 물론 나의 실수로 인해 와이프가 성질부릴 때가 일 년에 몇 번 있을까, 말까 한 일이겠지만 말이다.

또 다른 주제로 와이프가 내게 "나 왜 사랑해?"라고 묻는다면 나의 답변은 "그냥 너니깐 사랑해~" 정도가 될 것 같다. 남자와 여자가 사랑을 하는데 무슨 이유가 필요할까? 나는 '그냥 좋은 것이 가장 좋은 것'이라고 생각한다.

얼굴이 예뻐서, 몸매가 좋아서, 돈이 많아서, 착해서, 나한테 잘 해 줘서, 맛있는 것 해 줘서… 이런 것들이 내가 이 여자를 사랑하는 이유가 될 수는 없는 것이다. 사람이 그냥 좋으면 그 사람이 어떤 외모이든, 어떤 말이나 행동을 내게 하든 그냥 좋은 것이 아닐까? 서로가 사랑함에 있어서 사람이 이유여야지, 조건이 이유가 되어서는 안 된다고 생각한다.

가장 'Best' 한 것은 여자에게서 이런 질문이 나오지 않도록 평소 와이프에게 나의 관심과 사랑을 듬뿍 또는 부족하지 않게 해 주는 것이겠지만 1년 365일 잘 대해 주기란 물론 쉬운 일은 아닐 것이다.

만약 나의 와이프 입에서 이런 질문이 나온다면 최근에 내가 와이프에게 관심과 사랑의 표현이 부족하진 않았는지를 점검해 봐야 할 일이겠다.

나는 평일 퇴근하고 집에 와서 와이프와 함께 TV를 보며 저녁식사를 하다가도 "내가 오늘 사랑한다고 이야기를 해 주었던가?"라고 해 주든가 아니면 갑자기 뜬금없이 "사랑혀~ 쪽 너여~"라며 손가락으로 와이프를 가리키며 한마디씩 던지곤 한다.

그러면 와이프도 웃으면서 재미있어 하는데 나의 이런 작은 한마디들이 쌓여서 제목에서처럼 쓸데없는 질문을 받지 않기 위한 포석이 될 수도 있을 것이다.

평소 내가 상대방에게 마음으로 사랑하고 있다는 것을 알게 해 주는 것은 중요한 일인 만큼 각자의 환경과 스타일에 맞게 이러한 포석들을 찾아서 당장 오늘부터 와이프에게 시행해 보면 어떨까?

박마담 Tip

와이프에게 가끔 한 번씩 지나가는 말이라도 요즘 행복한지, 무슨 걱정이나 근심은 없는지, 나한테 서운한 일은 없었는지 물어나 보자. 평소에 한 번씩 체크를 해 보는 것만으로도 충분히 큰일에 대비를 할 수 있다. 이렇듯 와이프에게 평소 체크해 두면 좋을 것들에 대해서도 이 책의 마지막 장에서 별도로 소개를 해 보고자 한다.

여보~
나 오늘 뭐 달라진 것 없어?

"뭘 잘못했는데?"와 마찬가지로 남자들이 무서워하는 여자의 말 중에 하나라고 생각한다.

이 물음에 대한 답을 척척 찾아내는 '능력자(?)'가 있을 수도 있겠지만 대부분의 남자들에게는 피하고 싶은 질문일 것이다.

이건 뭐 '틀린 그림 찾기' 하자는 것도 아니고 머리부터 발끝까지 수차례 스캔해 봐도 나처럼 둔한 사람은 도저히 답을 찾아낼 방도가 없는 일이다. 스무고개 놀이를 해 봤자 소용이 없다.

"어? 모르겠는데?"라는 식으로 얼렁뚱땅 넘어가기에도 뭔가 눈치(살기)가 보인다.

"잘 모르겠는데 항상 예뻤지만 오늘 좀 더 예뻐 보이긴 해.", "넌 그런 것 안 해도 충분히 예뻐."라는 정도의 멘트를 던져 준다면 무언가 오늘 더 예뻐 보이려 준비를 했을 여자에게 꽤 준수한 답변이 아닐까 싶다.

경우에 따라서는 "오늘 내가 뭘 잘못한 것이 있는 거야?", "나 아직 살고 싶어, 제발 살려 줘~", "힌트를 다섯 가지만 줘봐~", "미안해, 정말 모르겠어~"라는 식으로 재치 있게 넘길 수도 있을 것이다.

모르고 있다가 막상 닥치게 되면 난처한 상황이 벌어질 수 있으니 이런

저런 상황에 대비한 현답을 준비해 두면 요긴한 스킬이 될 수도 있다.

이 물음에 대한 좋지 않은 답변 사례들도 나열해 두니 아래와 같은 답변을 준비했다면 버리고 새로 준비하도록 하자.

"살 쪄(뚱뚱해) 보여~", "어제보다 하루 더 나이 들었네~(나이 들어 보여~)", "옷이 바뀌었네~", "가르마를 바꿨네~", "가슴이 커 보여~", "화장이 떴네~", "달라진 것 없어 보여~", "뭔데?", "그걸 내가 어떻게 알아?"

여보~ 나 어때?

라디오 사연에서 어떤 여성 청취자가 모처럼 원피스를 입고 남편에게 예쁘다는 칭찬을 기대하며 어떠냐고 물었더니 남편이 해 준 말은 "당신, 원피스 입었구나~"였다고 한다.

피식 웃음이 나오면서도 '참 많은 남자들이 여자들에게 칭찬하는 방법을 잘 모르는구나.'라는 생각이 들어서 안타까웠다. 마치 동네 애기를 만나서 "애기구나~"라고 하는 것과 뭐가 다를까?

물론 내 와이프는 내게 이러한 질문을 잘 하는 편이 아니라 잘은 모르겠지만 '글쎄, 나였으면 어떻게 답을 해 줬을까?'라고 자문을 해 보았다.

남자들을 위한 부부생활 참고서

나는 그냥 강한 어조로 "이리로 와! 그 옷 내가 벗겨 줄게! 오늘 어디 나가지 말자!"라는 정도로 이야기를 해 줬을 것이다. 물론 나는 변태가 아니고 예쁘다는 이야기를 돌려서 말을 한 것뿐이며, 단지 나만의 말하는 스타일일 뿐이다.

여러 번 이야기를 했듯이 내 와이프는 내가 가장 예뻐해 주고 사랑을 해 줘야 한다. 여자가 남자에게 그렇게 물어보는 이유를 먼저 알아야 한다. 이는 남편에게 예쁘게 보이고 싶고 사랑을 받기 위함인 것이고 그러면 남자는 여자에게 어떻게 답을 해 줘야 하는지 알 수 있을 것이다.

남자들도 거꾸로 한번 생각을 해 보자. 남자가 이번 달에 회사에서 좋은 성과를 내서 인센티브를 받아 으쓱해진 마음에 와이프에게 칭찬을 좀 받아 보려고 "여보, 내가 말이야, 이번 달에 월급을 이만큼이나 더 벌어왔지 뭐야~"라고 했는데 "그래, 평소보다 조금 더 벌어왔네~"라는 답을 들었다면 기분이 어떨까?
여기서 한 번 더 거꾸로 와이프에게 "역시 우리 남편이 최고야~ 너무 멋지고 사랑해~ 오늘 뭐 먹고 싶은 거 있어?"라고 들었다면 기분이 어떨까? 와이프에게 이런 말을 듣고 싶다면 내가 먼저 와이프에게 이런 말을 해 줄 줄 알아야 하는 것은 자명한 일일 것이다.

'세상에 공짜는 없다.'라는 말이 있듯이 나는 와이프에게 해 주지도 않으면서 받기만 하려는 것은 어리석은 일이 아닐까?

여보~ 지금 어딜 쳐다봐?

여자들의 레이더망을 피해갈 수 있다는 생각은 하지 말자.

내 여자보다 젊고 어린 여자들이 바글바글한 거리를 내 여자와 함께 지나쳐갈 때 내가 아무리 혼자서 그들을 몰래 훔쳐본다고 하더라도 내 여자는 이미 나의 시선을 다 알고 있다고 보면 대충 맞을 것이다.

건강한 남자들이라면 어리고 예쁜 여자들에게 눈이 돌아가는 것이 당연한 일일 수도 있겠지만 서두에서 말했듯이 지금은 내 여자와 함께 있을 때라고 이야기를 했고 그럴 때일수록 나의 포커스는 오직 내 여자가 되어야 한다는 이야기를 하고 싶은 것이다.

나의 와이프는 처음 나와 연애를 시작했을 때 내게 했던 이야기가 있다.

밖에서 내가 마음에 드는 예쁜 여자를 보게 된다면 자신도 예쁜 여자 보는 것을 좋아한다며 뭐라고 하지 않을 테니 자기에게도 이야기를 들려주라고 했었다.

내가 처음 내 와이프에게 와이프가 아닌 다른 여자가 예뻐 보인다고 이야기를 했던 장소가 공교롭게도 와이프가 자신의 옷을 사려고 나와 함께 들렀던 옷가게의 여자 점원을 내가 처음 보게 된 자리였다. 그렇게 옷을 사고 나와서 내가 그 여자 점원이 예뻐 보였다고 말을 하니 내 와이프는

남자들을 위한 부부생활 참고서

크게 상심을 하게 되었는데 이유를 물어보니 다음과 같았다.

내 와이프는 나에게 예쁘게 보이기 위해 자신의 옷을 사려고 나와 함께 옷가게를 간 자리에서 나는 내 와이프에게 초점이 맞춰져 있지 않고 주변의 다른 여자에게 초점이 맞춰져 있었다는 것이었다.

그 말 한마디에 나는 그 어떤 명분도 없고 뭐라고 할 이야기도 없었다.

그저 내 생각이 짧았고 그로 인한 나의 잘못이었다는 이야기를 하며 용서를 구하는 것밖에는 말이다.

내 여자와 함께 있는 자리가 아닌 혼자서 밖으로 돌아다닐 때 무엇을 어떻게 하든 아무도 뭐라고 하지 않겠지만 적어도 와이프와 함께 있는 자리에서 만큼은 내 여자에게 주의를 기울이는 것이 합당할 일일 것이다.

꼭 밖에서 사람들을 만나는 자리가 아닌 집에서 둘이 있는 자리에서도 주의를 기울여야 한다.

여자는 남자에게 '육감'이라는 스킬을 발동하며 나의 아주 사소한 작은 움직임에도 커다란 '육감의 눈'으로 바라보고 있을 테니 말이다.

자칫 남자들이 자신의 여자들에게 '에이~ 모를 거야~', '어떻게 알 수가 있을까?'라고 착각하는 경우가 있는데 살다 보면 그것이 잘못된 생각이었음을 깨우치는 순간들이 있을 것이다.

그렇다고 하나부터 열까지 와이프의 눈치를 보고 있자는 말은 아니며, 조심해서 나쁠 것은 아니라는 이야기다.

만약 이처럼 지금 여자가 그들만의 '육감'으로 나를 다그치고 있는 상황이라면 남자는 둘 중에 하나를 어필해야 할 것이다. 내 스스로 떳떳하다면 당당하게 맞서 싸울 것이고 내가 조금이라도 꿀리는 부분이 있다면 당당하게 잘못했다고 인정하는 것이겠다. 남자가 구질구질하게 핑계를 대지는 않아야 할 것 아니겠는가?

여보~
하고 싶으면 해(마음대로 해)~

결혼을 하고 나면 내가 사고 싶은 것 하나, 하고 싶은 것 하나 내 마음대로 하기란 참 쉬운 일이 아니다.

가끔 친구들이 저녁에 같이 술을 마시자고 부른다든가, 직장 상사나 동료들이 갑자기 회식을 하자고 하든가, 관심분야의 동호회에 참석한다든가, 주말에 당구나 낚시 등 취미생활을 하고 싶다든가, 갖고 싶은 무언가를 사고 싶어 하든가… 이러한 모든 일들에 다 와이프의 눈치를 봐야 하고 재가를 받아야 한다는 것은 어찌 보면 남자들로서는 참으로 피곤한 일이 될 수도 있다.

이럴 때 여자들이 자주 하는 말이 "당신이 하고 싶으면 해~"라는 말이다. 이 말은 곧 '어디 하기만 해 봐라~', '뒷감당할 자신이 있으면 해 봐라~'라는 뜻임을 모르고 "아싸~ 고마워~"라며 덥석 일을 저질러 버린다면? 중

략하고 뒷감당은 스스로에게 맡기도록 하겠다.

평일 저녁 갑자기 피하기 어려운 약속이 생길 수 있다.

만약 여자가 집에서 혼자 외로이 시간을 보내고 있다가 남자의 퇴근시간에 맞춰 남자가 좋아할 만한 음식들을 기껏 다 준비해놓고 기다리고 있는 상황이었다면 여자도 머리로는 남자의 이러한 상황과 사정을 이해하지 못할 일은 아니겠으나 마음으로는 충분히 서운함이 생길 만한 일일 수도 있다.

이런 상황에서 와이프에게 전화해서 "갑자기 일이 생겼으니 나 기다리지 말고 먼저 저녁 먹어~"라고 하는 것보다는 "당신, 힘들게 준비 많이 하고 기다리고 있었을 텐데 갑자기 일이 생겨서 이거 미안해서 어쩌지?"라며 이러한 여자의 마음을 이해하고 풀어 줄 수 있어야 뒤탈이 덜할 것이다.

"내가 하고 싶으니 꼭 해야겠어!"라며 결혼을 하고도 내가 하고 싶은 대로 다 하고 사는 남자가 과연 얼마나 있을까?

이럴 때를 대비하여 미리 협상이나 타협을 잘 할 수 있도록 관련 서적이나 인터넷을 찾아 공부를 해 두는 것도 부부생활에 필요한 일이 아닐까 싶다.

술자리나 취미생활이 꼭 필요하다면 한 달에 몇 번까지, 귀가시간은 언제까지로 정해 놓고 해 본다든지, 하고 싶은 두 가지 중에 덜 중요한 것 하나는 내가 포기할 테니 더 중요한 하나만큼은 획득을 하게 해 달라고 하든지, 필요한 것을 사야 한다면 이것이 왜 내게 꼭 필요한 것인지 명분을 가지고 이해 시켜 준다면 와이프를 설득시키기에 좀 더 유리할 수 있을 것이다.

이럴 때일수록 보다 더 많은 생각을 하고 와이프에게 전략적으로 말을 잘 할 수 있도록 노력을 해야 하겠다.

여보~
이거 나한테 잘 어울리겠다, 그치?

와이프가 이렇게 이야기를 했을 때는 그것이 무엇이 되었든 조금 비싸더라도 사고 싶다는 것이니, 또는 사 달라는 것이니 쿨하게 신용카드를 내어 주도록 하자.

물론 그것이 와이프에게 영 어울리지 않는다면 그렇게 이야기를 해 줘야 할 때도 있겠지만 웬만한 경우라면 당신에게 잘 어울린다고 해 주고 정말 잘 어울릴 경우 당신에게 잘 어울리는 것을 찾아낸 와이프의 안목도 함께 칭찬을 해 주자.

'왜 내가 사고 싶은 것은 마음대로 못 사고 와이프가 사고 싶어 하는 것은 사 줘야만 하는가?'라는 의문이 생길수도 있겠지만 미래를 위한 투자(?) 정도로 여기고 쿨하게 넘어가도록 하자.

와이프에게 "당신한테 어울리지 않는다."라든지, "당신한테 잘 어울리지만 비싸니까 사지 말자."는 식의 말을 했다가는 와이프의 감정을 상하게 할 수 있고 자칫 커다란 파문을 일으켜 행복하고 편안하게 쉬어야 할 휴일을 통째로 날려 버릴지도 모를 일이니 이왕 사 줄 바에는 기분 좋게 사 주는 편이 좋겠다는 이야기다.

여보~
나중에 (또는 집에 가서) 이야기 좀 해

나도 한때 밖에서 와이프와 여러 사람들이 함께 모인 자리에서 와이프에게 이 말을 들으면 내색은 하지 않았지만 나 또한 굉장한 압박감이 있었다.

나중에 알게 된 사실이지만 와이프의 이러한 말은 굉장히 현명한 이야기였다.

사람들과 함께 모인 자리에서 설령 내가 와이프에게 잘못을 했더라도 그 자리에서는 내 위신을 세워 주고 자신의 서운함은 나중에 풀겠다는 이야기였던 것이었다.

만약 다른 사람들과 함께 있는 그 자리에서 와이프가 내게 "왁!" 하고 소리라도 질렀다면 내가 뭐가 됐을까?

와이프도 그 자리에서 기분이 좋지 않았을 텐데도 불구하고 항상 나를 위해 참고 현명하게 처신을 해 준 것이다.

집에 가서 내가 잘못한 일에 대해 박살이 나는 것은 물론 어쩔 수 없이 감당해야 할 나의 몫이다.

앞서는 와이프가 나를 위해 참아냈듯이 이제는 내가 와이프의 분이 풀릴 때까지 참고 기다리며 용서를 구할 뿐이다.

여기다 대고 맞받아치는 것은 싸우자는 이야기밖에 되지 않는다.

참자, 이 또한 지나가리라.

오래전 스타 크래프트의 베틀넷을 즐기던 시절, 상대 게이머에게 보냈던 메시지를 와이프에게도 전할 뿐이다.

"Sal Sal Plz(살살 플리즈)~ I'm Chobo(나는 초보입니다)~"

게임처럼 'GG(Good Game)'라도 치고 그 자리에서 빠져나올 수만 있어도 참 편하고 좋을 텐데 말이다.

여보~
나 도로 주행 연수 좀 시켜 줘~

와이프가 운전면허를 따겠다고 도로 주행 연수를 시켜 달라고 한다면 당신은 어떻게 할 것인가?

　　　　　　　　　　　　　남자들을 위한 부부생활 참고서

이 글을 쓰고 있는 이유는 가급적이면 하지 말라고 당부하고 싶기 때문이다.

나의 와이프는 아직까지도 운전면허가 없다.

나를 만난 해였던 2002년에 운전면허를 따기 위해 학원을 다니고 있었지만 우리나라에서 월드컵이 개최되어서 여기저기 축구 경기를 응원하러 다니다가 학원을 제대로 나가지 못하게 되었고 결국 면허를 포기하게 되었다.

나는 와이프에게 도로 주행 연수를 직접 시켜 주지는 않지만 오래전에 나의 어머니께 연수를 시켜드린 적이 있었는데 평소에 욕 한마디 안 하고 사는 내 입에서 나도 모르게 욕이 튀어나올 뻔했다.

그 당시에도 남에게 도로 주행 연수를 함부로 시켜 주는 것이 아니라는 것은 익히 들어서 알고 있었지만 '설마 내가 그러겠어?'라고 객기를 부려서 한번 시도해 봤던 일이었고 그 후로는 '다시는 하지 말아야 할 일'이라는 것을 새삼 깨닫게 되었다.

그래도 다행히 별다른 탈 없이 도로 주행 연수를 마쳐 드렸고 어머니께서는 항상 습관적으로 브레이크 페달 위에 발을 올려 두시고 위급 상황에서 언제든 곧바로 브레이크를 밟을 수 있도록 가르쳐 드린 것 하나만큼은 아직도 내겐 뿌듯한 일로 남아 있다.

남에게 도로 주행 연수를 시켜 주는 일이 왜 이렇게도 힘든 일인가에 대해 생각을 해 보니 자칫 잘못하게 되면 내 목숨만 잃는 것이 아닌 다른 사람(들)의 목숨마저도 위협할 수 있기 때문에 신경이 날카롭게 곤두설 수밖에 없는 일이라고 생각한다.

물론 남에게 도로 주행 연수를 시켜 주는 것이 본인에게 천성적으로 잘 맞고 잘 해 줄 수 있는 사람도 있을 것이다.

지금도 그런 일이 있는지 모르겠지만 과거에는 와이프에게 도로 주행 연수를 시켜 주다가 이혼을 하게 된 사례까지 있었다고 하니 괜한 객기 부리지 말고 가급적이면 돈이 좀 들더라도 전문 영역은 전문가에게 맡기는 편이 좋겠다.

모두들 오늘도 안전 운전하시길~

여보~
내가 한 음식 맛이 어때?

내 여자가 지금 나를 위해 요리를 해 주고 있다고 생각해 보자.

누군가가 나를 위해 음식을 해 준다는 것 하나만으로도 참으로 기쁘고 감사한 일이다. 물론 맛까지 좋으면 금상첨화겠지만 처음부터 잘 하는 사람이 어디 있겠는가?

여자는 맛있게 만들어 보려고 여기저기서 레시피도 찾아보고 연습도

남자들을 위한 부부생활 참고서

해 보고 많은 노력을 하고 있지도 모른다.

　남자는 기다렸다가 먹어 주면 그만이다? 아니다. 내 여자가 음식을 하는 동안 남자도 준비해야 할 일이 마인드 컨트롤이다.
　'이건 무조건 맛있는 것이다.'
　설령 맛이 없고 음식에서 돌이 씹히더라도 나의 대답은 이미 정해져 있어야 한다. 다만 맛있는 정도의 차이에 따라 대답의 뉘앙스가 다를 뿐이다.
　"으음, 맛있네~"와 "와~ 진짜 맛있어! 어디 가서 요리 배우고 왔어?" 이 정도의 차이가 아닐까?

　어릴 적 보았던 외국 영화에서 젊은 연인이 나왔고 여자 주인공이 나쁜 남자 주인공에게 소심한 복수를 할 심산으로 집에서 음식을 정말 누구도 먹을 수 없을 정도로 맛없게 내온 것을 그 나쁜 남자 주인공이 맛있게 먹어주며 "맛있다, 맛있다."고 계속 이야기를 해 준 장면이 잊히지 않는다.
　여자 주인공은 그 옆에서 아무런 말도 못하고 울고 있었다.

　그동안 내가 와이프에게 커피만 타 주고(그래서 내 별명이 '박마담'이 되었다.) 라면, 볶음밥 정도만 해왔던 나였지만 40대가 되어서 이것저것 음식을 만들어 보는 것에 재미가 들리게 되었는데 내가 직접 음식을 만들다 보니 내가 한 음식을 상대방이 맛있게 먹어 줄 때는 정말 그 희열(?)이라는 것이 있다.
　이 맛에 요리를 하는 것이 아닌가 싶은 생각이 든다.

TV에 나오는 유명한 쉐프들도 자신의 음식을 맛있게 먹었다고 이야기를 들을 때가 가장 행복하다고 한다.

'칭찬은 고래도 춤추게 한다.'는 이야기처럼 아무리 처음에는 음식을 못하더라도 "우와, 이번이 훨씬 나은데?", "왜 이렇게 잘 해?"라고 칭찬을 해 주면 아마 당신은 다음번에 보다 업그레이드 된 요리를 맛볼 수 있을 것이다.

박마담 Tip

변수적인 상황으로 아무리 노력을 해도 발전이 더딘 여자에게 조심스럽게 "지금도 맛있지만 다음번에는 이렇게 해 보면 더 좋지 않을까?"라는 정도로 이야기를 해 주면 다음번에는 보다 나은 결과를 기대해 볼 수 있을런지도 모른다. 와이프의 요리 능력을 끌어올려 주는 것은 본인의 의지와 노력도 중요하겠지만 그보다 더 중요한 것은 남편 하기에 달려 있다고 생각한다.

여보~ 엄마가 한 음식이 맛있어?
내가 한 음식이 맛있어?

이 질문은 나의 와이프도 장난처럼 내게 가끔 물어봤던 질문이었지만 이제는 더 이상 묻지 않는 이야기인 것 같다.

어느 날 우리 집에서 장인, 장모님을 모시고 점심식사를 하는 자리에서 이 질문에 대해 나는 아래와 같이 말씀을 드리고 정리를 해 둔 적이 있다.

"저는 와이프와 둘이서만 있을 때는 장모님께서 해 주신 음식보다 와이프가 해 준 음식이 더 맛있습니다. 하지만 장모님과 함께 있는 자리에서는 장모님께서 해 주신 음식이 와이프가 해 준 음식보다 더 맛있습니다."

음식들의 종류와 조리방법들도 워낙에 다양해서 실제로 어떤 음식들은 장모님께서 더 잘하시는 음식들이 있고 또 어떤 음식들은 와이프가 더 잘하는 음식들도 있는 것이다.

이렇게 애매모호한 질문들에 대해서라면 굳이 흑백논리를 내세워 어느 쪽이 더 낫다고 할 것 없이 양쪽을 다 추켜세워 줄 수만 있다면 가장 좋은 답변이 될 수 있지 않을까 싶다.

우리가 어릴 적에 항상 듣던 "엄마가 좋아? 아빠가 좋아?"라는 부모님의 질문에도 "엄마는 이래서 좋고 아빠는 이래서 좋고 둘 다 좋은 것이지 어느 한쪽이 더 좋다고 하면 다른 한쪽이 서운하게 생각하시지 않겠어요?"라고 답을 드리는 것과 마찬가지의 효과일 것이다.

가끔 와이프와 같이, 또는 내가 와이프를 위해 요리를 해 보자

나의 와이프는 매일 아침, 저녁 식사와 회사에서 내가 점심식사로 먹을 도시락 준비까지 우리 집 내명부의 일을 도맡아서 담당하고 있는데 주말에는 가끔씩 내가 직접 요리를 해 줄 때가 있다.

내가 처음 와이프를 위해 해 줬던 음식은 대략 19년 전, 함께 맞는 와이프의 첫 생일 아침에 직접 끓여 준 미역국이었다.

인터넷에서 검색해 보니 백합조개를 넣어서 끓이면 더 맛있게 먹을 수 있다고 해서 그렇게 했더니 와이프도 참 맛있게 먹어 줬고 감동적이었다고 했다.

이후에 나는 라면 끓이는 것만큼은 자신이 있었고 와이프도 내가 끓여 주는 라면이 제일 맛있다고 하여 우리 집 라면 담당은 내가 되었다. 사실 내가 라면을 잘 끓인다기보다 원래 남이 해 주는 밥과 라면이 제일 맛있다는 이야기가 있다.

그리고 가끔은 내가 집에 남은 음식들을 죄다 프라이팬에 털어 넣고 볶음밥을 해서 데코레이션 겸 김으로 하트를 만들어 내어 주면 와이프도 좋아했고 맛있게 잘 먹어 주었다.

최근에도 '접어 먹는 SNS 김밥(접는 김밥)'처럼 다채로운 시도를 하고

남자들을 위한 부부생활 참고서

있는데 몇 번 만들어 먹어 보니 '이것 참 신통방통한 대박 아이디어구나~' 라고 생각한다.

또한 내가 좋아하는 버터구이 오징어를 내가 직접 만들어 먹어 보니 음식점 못지않은 맛이 나기도 한다.

뭐니 뭐니 해도 내가 직접 요리를 할 때 나만의 비장의 무기는 '토치와 석쇠'이다. 요리를 해 볼 요량이라면 두 개를 같이 구매해도 만원밖에 안 되는 토치와 석쇠를 하나씩 사 보면 좋을 듯하다.

토치로 활용할 수 있는 음식을 나열해 보면 '돼지 껍데기, 쥐포, 쫀드기, 불고기, 볶음요리, 스테이크, 양/닭고기, 꼬치구이, 타다끼, 치즈 녹이기, 바나나 브륄레' 등 다양한 음식들에 활용이 가능하고 특히나 각종 음식에 불 맛을 제대로 입힐 수가 있다.

집에서 삼겹살이나 스테이크를 구워 먹을 때에도 토치를 이용하면 내 입맛에는 더욱 맛이 좋아지는 것 같고 자장면을 만들어 먹을 때에도 재료들을 볶을 때 토치로 불향을 입혀 주면 한층 더 풍미가 좋아진다.

토치를 사용할 때 주의사항으로는 코팅 프라이팬에 토치로 요리를 하게 되면 코팅이 벗겨지고, 또한 그 코팅성분이 다 떨어져 나가게 되어 요리 재료와 섞여서 모르고 먹게 될 수도 있다는 것이다. 그리고 항상 화재 위험에 대한 주의를 해야 하겠다.

지금도 가끔 주말 저녁에 집에서 소주를 한잔하고 나서도 출출하다 느껴지면 난 주방으로 가서 내 나름대로 프라이팬에 김치볶음밥을 맛있게 만들어 와서 와이프와 함께 맛있게 먹는데 여기서 팁은 '굴소스'를 넣어 만드는 것이다. 굴소스는 정말 우리에게는 마법과도 같은 소스인 것 같다.

와이프도 요리를 잘 하는 편이지만 간편하게 깊은 국물 맛을 내기 위해서 '치킨스톡'이나 '치킨파우더'를 함께 사용하면 좋다고 하니 참고가 되길 바란다. 이 '굴소스'와 '치킨파우더'를 라면 스프와 함께 우리 집안 '3대 소스'라고 칭하고 싶다.

또 다른 한 가지 예를 들자면 와이프는 기름진 것이 싫다고 하여 참치회, 방어회를 뺀 나머지 회들은 환장할 정도로 맛있게 먹는데 나는 정확히 반대로 참치회, 방어회만 맛있게 먹고 나머지 회들은 먹지 않을 뿐더러 먹어도 맛을 잘 모른다.

인터넷에서 찾아보면 통으로 냉동하여 저렴하게 부위별로 판매하는 참치회를 구입하여 내가 직접 세척부터 손질까지 해서 먹어보는 것도 색다른 방법이 될 것이다. 이때는 마치 내가 무슨 일식집 요리사라도 된 듯한 묘한 기분마저 느껴진다.

여기서는 단순히 몇 가지 예를 들어본 것일 뿐 직접 해 볼 마음만 있다면 이것들 말고도 각자의 입맛에 맞는 많은 요리 방법들을 쉽게 찾아볼 수 있을 것이다.

아직 요리를 해 본 적이 없거든 딱 한번만 마음을 먹고 도전해 보자. 한 번이 두 번이 되고, 두 번이 세 번이 되다 보면 요리가 자신에게 잘 맞는지, 아닌지 알 수가 있을 것이고, 또한 한두 번 요리를 하다보면 그동안 몰랐었던 알 수 없는 묘한 재미를 느낄지도 모를 일이다.

주방에 여자가 둘이면?

주방에 여자가 둘이면 부딪히는 일이 생길 수 있다. 내가 혼자서 처음 서울에 올라와서 자취를 하고 있을 때부터 지금 나의 와이프와 많은 시간을 함께 생활하고 있었는데 한번은 경상남도 진주에 살고 계셨던 나의 어머니께서 그 당시에 올라오셔서 우리 집 청소뿐 아니라 어머니의 스타일대로 주방을 뒤엎어서 정리까지 다 해 주고 가신 적이 있었다.

어머니께서 다녀가신 후 나의 와이프가 다시 자신에게 맞게 주방 정리를 새로이 하는 것을 보고 '아, 이래서 주방에 여자가 둘이면 힘든 것이구나.' 하며 깨닫게 되었다.

음식 준비를 신속하게 하려면 주방에서 자신이 필요한 용품을 바로바로 쉽게 찾아서 쓸 수 있어야 하는데 여자들마다 물건을 놓는 배치가 저마다 다른 것이다.

남의 집 주방에 가서 내가 직접 라면을 끓여 먹는다고 생각해 보면 라면과 냄비가 어디에 있는지부터 찾아봐야 한 일이 아니겠는가?

남자들의 입장에서는 내가 사용하는 컴퓨터의 폴더와 파일들을 다른 사람이 와서 갑자기 모두 뒤집어 엎어 놓고 갔다고 생각하면 더욱 이해가 빠를 것이다.

결혼을 하고 와이프와 둘이서 한집에 살고 있고 평소에 와이프가 음식을 해 주고 있다면 내 집 주방의 주인은 오롯이 와이프가 되어야 한다.

나의 어머니뿐 아니라 나의 할머니께서 우리 집에 오신다 해도 건드려서는 안 될 영역이 있고 주객전도되어선 안 될 것들이 있다.

그럴 일은 거의 없을 테지만 만일 내 부모님께서 그 선을 넘어서려 하고 있다면 와이프를 위해 남자인 내가 커버를 해 줘야 한다. 이것은 설령 나의 부모님 돈으로 구하게 된 집일지라도 그렇게 해야 한다. 이런 일로 와이프가 직접 나서서 나의 부모님과 맞서게 된다면 자칫 일이 커질 수도 있게 될 테니 말이다.

어지르는 사람 따로? 치우는 사람 따로?

주변의 여자들에게 남자가 어떻게 해 주는 것이 좋겠는지를 물어보니 여자가 좋아하는 것을 해 주는 것도 물론 좋지만 여자가 싫어하는 것을 안 해 주는 것도 중요시하는 경향이 있는 것 같다.

또한 '정리정돈'과 '청소'처럼 내가 하기 싫은 일이라면 상대방에게도 똑같이 하기 싫은 일일수도 있다.

단적인 예를 하나 들자면 처음 와이프와 같이 살게 됐을 때 나는 '정리정돈'과 '청소'에 대한 개념이 거의 없었다.

밖에서 입고 들어온 옷이든 양말이든 내게는 벗어 던져서 떨어지는 자리가 제자리라고 생각했을 정도였으니 말이다.

어지르는 사람 따로 있고 치우는 사람 따로 있냐며 초반에 와이프와 참 많이도 싸웠던 것 같다.

지금에 와서 생각해 보면 내가 생각해도 참 한심한 나였지만 당시 26년간을 그렇게 살아왔던 나로서는 와이프의 말처럼 하루아침에 고쳐지기에는 무리가 따르는 일이었다.

혼자서 살 때는 편했던 일들이 한 집에서 와이프와 함께 살면서부터 불편해지는 일들이 생겨났다. 그러던 어느 날 나는 '과연 와이프는 정리하고 청소하는 일이 좋아서 하고 있는 것일까?'라고 거꾸로 생각을 해 보니 뒷통수를 한 대 얻어맞은 듯 작은 깨달음을 하나 얻게 되었다.

'누구에게나 정리하고 청소하는 일은 귀찮은 일일 것이다. 그러니 앞으로는 옷걸이에 옷 걸고 빨래 바구니에 양말을 넣자…'

참 쉬운 일이라도 '하기 싫다.'라고 생각하면 참으로 귀찮은 일이 되고 '해야겠다.'라고 생각하고 마음을 먹으면 쉽게 할 수 있는 일이 되는 모양이다.

과거의 나와 비슷하게 생각하는 남자들이 있다면 이와 같이 조금만 생각을 바꾸어 보면 어떨까?

생각이나 접근법에 아주 작은(small) 변화만 주더라도 큰(Big) 차이를 만들어 낼 수 있다고 하니 어려워 하지만 말고 노력을 해 보자.

대학 시절 나는 여러 명의 남자들과 한 집에서 같이 자취 생활을 했었는데 그런 생활 속에서도 서로 간에 지켜 줘야 하는 룰이 존재했었다. 하물며 부부생활이란 성별마저 서로 다른 남자와 여자가 한 집에 사는 것인데 지켜 줘야 하는 일들이 없을 수가 없다. 본인 스스로도 상대방이 내게 지켜 줬으면 하는 것들이 있지 않겠는가?

내가 와이프에게 바라는 것이 있고 지켜 줬으면 좋겠다는 것이 있다면 그보다 먼저 와이프가 내게 해 주었으면, 또는 해 주지 않았으면 하고 바라는 것들이 무엇인지, 그밖에도 내게 지켜 줬으면 좋을 만한 것들이 무엇이 있겠는지를 한번 생각해 보면 어떨까 싶다.

여보~ 기억 안 나?

'가장 놀라운 기억력은 사랑하는 여자의 기억력이다.'라는 프랑스 작가 '앙드레 모루아'의 말이 있다.

사랑하는 사람과 관련된 디테일한 기억력은

웬만해서는 남자가 여자를 따라가기가 힘들다.

남자가 사랑하는 여자와 지난 주말 데이트를 어디에서 무엇을 했는지는 알아도 그때 여자의 옷차림, 화장 상태 등 세세한 부분까지 기억하고 있는 남자가 과연 몇이나 될까?

나의 와이프는 이미 20년 가까이나 지난 우리의 첫 만남부터, 날짜별로, 순서대로, 몇 시쯤, 어디서, 뭘 하고 있었는지 정확히 기억하고 있다. 심지어 그날그날에 내가 입고 있었던 옷까지도 기억을 하고 있다.

그러면서 내게 기억이 안 나냐는 위험한(?) 질문을 던져오면 기억이 나지 않는 것이 당연하지만 나는 당황하지 않고 슬기롭게 "당신, 그날 참 예뻤다. 내 기억은 그게 다. 끝!"이라고 이야기를 해 준다. 나로서는 와이프에게 이 정도로만 대답해도 돌발적인 위험한(?) 상황은 모면할 수 있는 편이다.

나도 남자지만 남자들의 생각은 참 단순한 것 같다. 어릴 적부터 친구들에게 애인이 생겼다고 하면 남자들은 오로지 딱 한 가지 질문만을 던진다.

"예쁘냐?"

학창시절에도 소개팅을 하고 오면 남자들은 오로지 딱 한 가지 질문만을 던진다.

"예쁘냐?"

물어보는 입장에서는 당사자에게 어디서 무엇을 했는지, 어떤 사람인지, 서로 잘 맞는지 등은 관심이 '1'도 없다. 당사자인 남자 입장에서도 데이트 당시 여자의 옷차림, 화장 등 세세한 부분까지 기억을 잘 해내지는 못한다.

보통의 경우 남자가 여자보다 주차를 잘 하는 것처럼 여자들도 남자들이 상대적으로 못하는 것을 인정해 주는 공감대가 서로에게 형성되면 좋다.

상대 여자가 남자의 이런 성향을 모르고 있다면 알 수 있을 때까지 이해를 시켜 줘야 한다.

그래야 서로가 덜 피곤할 것이다.

박마담 Tip

젊은 시절 나는 와이프에게 내가 회사에서 하루종일 얼마나 많은 머리를 사용해야 하고 얼마나 많은 것을 기억해야 하는지를 상세히 설명을 해 줬더니 그제서야 왜 자신에 대한 것을 잘 기억하지 못하는지 이해를 하게 되었다고 했다.

사람마다 기억을 할 수 있는 용량은 다르겠지만 내 머릿속의 기억 용량 중 절반 이상은 이미 회사나 내가 하고 있는 일에 대한 기억들로 가득 채워져 있으니 와이프에 대한 것을 다소 잘 기억하지 못하더라도 좀 봐 달라고 양해를 구해 둔 것이다.

그래서 나는 그 당시에 기억을 해 둬야 할 일이라고 생각이 들면 사진을 찍어 두든지, 핸드폰 메모장이나 카카오톡 내게 쓰기에라도 적어 두고 있다. 시간이 지난 후에 와이프가 이것을 기억하고 있는지 물어올 때가 있을 수도 있다. 그때 적어 놨던 메모나 사진을 보여 주며 "그렇지 않아도 잊지 않으려고 이렇게 저장해 놨다."라고 해 준다면 당장에는 생각이 나지 않더라도 여자 입장에서도 이해를 해 줄지도 모른다.

나 그날이야,
와이프가 생리 중이라면?

 (여기서는 언급하지 않겠으나 와이프와 함께 산부인과에 가서 정기적으로 검진을 받아보는 것은 기본적인 일일 것이다.)

다들 잘 알고 있겠지만 여자들은 한 달에 한 번 있는 그날이 돌아오면 엄청난 고통과 짜증, 찝찝함 등 복합적인 고통을 받는다. 이렇게 와이프가 생리 중일 때 내가 와이프에게 해 주는 것이 세 가지가 있다.

첫째는 '무조건 와이프에게 비위 맞춰 주기'이다.

내가 대신 아파줄 수도 없는 노릇이고 아프지 않게 해 줄 수도 없고 별다른 수가 내게는 없다.

와이프가 성질을 부리고 싶으면 성질을 부리고, 짜증이 난다면 짜증을 내고, 힘이 쭉 빠져 있으면 힘내라고 응원해 주고⋯ 지금 많이 아파한다면, 아래와 같은 말 외에는 딱히 해 줄 수 있는 말도 없다.

"많이 아파? 약은 시간대별로 잘 챙겨먹고 있어? 약 먹었으니 조금만 참고 지나면 가라앉을거야~ 이 또한 지나갈 일이니 며칠만 꾹 참고 잘 지나가길 기다려 보자~"

둘째는 '이브프렌○' 챙겨 주기다.

나의 와이프에게는 다른 생리 진통제들보다 이 제품이 아직까지는 효과가 가장 좋다고 한다. 여자들마다 잘 듣는 약이 다를 것이니 본인의 와이프에게 잘 듣는 약을 찾아 항상 집에서 떨어지지 않게 넉넉히 구매를 해두면 좋겠다.

셋째는 나의 머리채를 잡혀 주는 것이다.

집에서 나란히 앉아 함께 TV를 보며 식사를 하고 있는 중이라도 이유 없이 나를 째려보거나 아파할 때면 나는 조용히 고개를 와이프에게로 머리를 기울이며 내 머리채라도 쥐어 잡으라는 시늉을 한다.

그러면 와이프도 많이 아픈 와중에서도 한두 번은 웃어넘기곤 한다. 내 머리는 소중한 것이니 나중에는 '가발이라도 하나 사줘야 하는 것은 아닐까?' 하는 생각도 하고 있다.

이 세 가지가 내가 할 수 있는 최선의 일일 것이다.

추가적으로 더 이야기를 하자면 이런 시기에 내가 운전하는 차의 조수석에 와이프를 태울 경우 가급적이면 운전을 살살 하도록 하고 특히 과속방지턱을 넘어야 할 때 우측의 인도 쪽으로 차를 붙여서 와이프 쪽으로 충격을 덜 느낄 수 있도록 배려해 주는 등 생활 속의 작은 일들에서도 주의를 기울여 보도록 하자.

박마담 Tip

이러한 시기에는 남자들도 각별한 주의를 기울여야 한다. 평소에는 와이프가 그냥 넘어갈 수 있는 사소한 일에도 신경이 예민한 시기에는 발끈할 수도 있기

남자들을 위한 부부생활 참고서

때문이다.

이럴 때일수록 집에 일찍 귀가하고 와이프가 시키는 일들이 있다면 재깍재깍 잘 해 주고 자그마한 실수나 잘못을 하지 않도록 주의를 하고… 이런 것들을 생각하면 남자들도 참 힘들게 살아가고 있는 것 같다.

나도 지금 예민해~(남자 입장)

여자들도 예민할 때가 있듯이 남자들도 예민할 때가 있다.

이럴 때는 남자들도 와이프에게 내가 지금 많이 예민해져 있음을 알려줘야 한다.

나의 경우에는 지금 다니고 있는 회사에서 내가 직접 큰 결정을 내려야 할 때가 있고, 회사에 크고 작은 문제가 생겼을 때 내가 직접 위기관리도 해야 하고, 클라이언트 측의 온라인 행사를 진행하기 위한 시스템도 제작 ~관리를 해 주고 있는데 특히 몇 만 명이 한꺼번에 몰려드는 온라인 행사 당일이 되면 주말에도 비상 대기 및 모니터링을 하며 혹시 모를 비상 상황에 대비해서 모든 촉각이 곤두서 있다.

이럴 때면 나도 와이프에게 사전에 미리 이야기를 해 둔다.

"미안한데 내가 이 날에는 이러이러한 일이 있어서 신경이 곤두서 있고 예민해져 있을 테니 신경을 많이 못 써 주더라도 나 좀 봐줘."라고 미리 이야기를 해 두면 그날만큼은 내가 와이프에게 신경을 못 써 주거나 다소 소홀히 대하더라도 와이프가 그냥 조용히 넘어가 준다.

이런 이야기는 당일에 하는 것보다 며칠 전부터 미리 해 두는 것이 좋다. 나는 심지어 한 달 전부터 몇 번에 걸쳐서 와이프에게 이야기를 하고 와이프 머릿속에 심어 준다.

내가 이렇게 하는 이유도 다 가정의 평화를 위해서이다.

사람들은 누구나 예민해져 있을 때 마음의 여유가 작아지게 마련이고, 마음의 여유가 작아지면 작아질수록 서로 감정적으로 부딪힐 일도 많아지기 마련이기 때문이다.

남자들도 여자들처럼 자신의 감정에 솔직해지고 그 감정을 와이프에게도 잘 전달을 해 줘야 한다고 생각한다.

지금 하고 있는 이야기처럼 예민해져 있을 때라든지, 슬플 때라든지, 기쁠 때라든지, 화가 많이 나 있을 때라든지, 나의 모든 감정을 와이프와 공유해 보자.

서로에게 '득'이 됐으면 됐지 '실'이 되지는 않을 것이다.

박마담 Tip

"남자가 남자다워야 남자지~"라는 유행어도 있지만 남자들도 결국에는 사람이다. 힘들 때는 힘들다고 와이프에게 이야기를 하자.
결혼을 하게 되면 나에게 가장 가까운 사람도 와이프이고, 내가 힘들 때 가장 먼저 기댈 수 있는 사람도 와이프이고, 또 나를 가장 잘 위로해 주고 다독여 줄 수 있는 사람도 와이프라는 것을 잊지 않도록 하자.

남자들을 위한 부부생활 참고서

나의 여성용품
첫 구매 후기

 나는 누나나 여동생 없이 나와 남동생, 즉 어머니를 제외하고는 남자만 있는 가정에서 살아왔다.

지금의 내 와이프를 만나기 전인 내 나이 26세까지 내 손으로 여성용품을 구매해 본 적이 단 한 번도 없었는데 내 입장에서는 남자가 처음 여성용품을 구매한다는 것이 보통 쉬운 일은 아니었다.

나의 와이프도 처음부터 나에게 이런 부탁을 쉽게 하는 여자가 아니었지만 워낙 생리 주기가 불규칙하여 갑자기 일이 터져버린 가운데 생리용품이 떨어졌지만 너무 아파하여 본인이 직접 구매하러 나갈 수도 없는 상황이라 힘들게 내게 부탁을 하고 있는 것인데 나밖에 대신 할 사람이 없으니 뭐 어쩌겠는가, 사다 줘야지…

주위에 누나가 있는 남자들 이야기를 들어보면 어린 나이에 일찍부터 이런 비슷한 일들을 겪어온 남자들도 있던데 그들이라면 조금은 더 나았으려나?

아무튼 내 경우에서처럼 수많은 남자들이 처음으로 여성용품을 구매한다는 것은 너무나도 어려울 수 있다는 이야기이고 누구든지 처음 하기가 어려워서 그렇지 막상 한두 번 하다 보면 뭐 못할 일도 아니라는 생각이

들게 될 것이다.

"그런 걸 왜 나한테 시켜!", "안 해!"라고 하지만 말고 그냥 '집에 화장지가 떨어져 사오는 것과 똑같은 일이다.'라고 생각하고 사다 줘 보자. 그래봐야 일 년에 몇 번이나 있을까 말까 한 일일 것이다.

그렇게 보수적인 나도 이제는 내가 여성용품 더 사다 줘야 할 것 없는지 물어보고 사다 주고 있는 것을 보면 역시 사람은 참 적응력이 빠르고 하지 못할 일은 없는 모양이다.

당신이 이제 처음 여성용품을 사러 가야 하는 상황에 처했다면 내가 멀리서 응원해 주고 있음을 잊지 않기를 바란다.

당신도 충분히 할 수 있는 일일 것이니 부디 파이팅하길 바란다.

호신용품, 널 위해 준비했어

요즘 뉴스를 보면 여성들을 대상으로 묻지마 살인이나 성폭행 사건 등 우리 주위에서 흉흉한 일들이 발생하고 있는 것을 보게 된다. 피해 대상을 보면 어린 여자 아이에서부터 할머니에 이르기까지 그 범위가 매우 다양하다.

절대로 발생해서는 안 될 이런 일들이 우리의 주변에서 공공연하게 벌어지고 있다는 것은 우리나라도 여성들이 100% 안심할 수 있는 안전한 나라가 아니라는 것을 반증해 주고 있는 것일 테다.

그렇다면 이 위험한 사회 속에서 여자들 스스로가 자구책을 마련해야 한다는 것인데… 그래서 이번 편에서 준비한 상품은 '여성용 호신용품'이 되겠다.

자기 와이프를 바라보며 "너는 얼굴과 몸이 흉기이니 그런 것 없어도 돼~" 제발 이러지들 말자.

내가 무시하는 나의 와이프를 범죄자나 다른 음흉한 남자들이 타겟으로 노리고 있을지도 모르는 일이다.

이에 내가 눈여겨보고 있는 제품이 있는데 인터넷에서 검색해 보면 값이 저렴하면서도 위급 상황에서 잘만 사용하면 큰 효과를 볼 수 있을 것 같아서 추천을 해 보고 싶은 것이다.

마치 펜처럼 생긴 제품 디자인에 펜촉은 침이나 송곳처럼 찌를 수 있게 되어 있고 그 반대편에는 최루액을 스프레이처럼 뿌릴 수 있는 제품이며, 목에 걸고 다닐 수 있어 휴대하기에도, 즉각 사용하기에도 용이한 제품이다.

참고로 나는 이 제품을 판매하는 회사와 아무런 관련이 없다는 것을 미리 밝힌다.

꼭 이 제품을 구입하라는 것이 아니라 이런 제품도 있다는 것이고 각자들에게 맞는 좋은 제품을 찾아 와이프에게 생일이나 기념일에 준비해 둔 다른 선물과 함께 '1+1' 개념으로 호신용품을 하나 더 선물해 주면 좋을 것 같아서 하는 말이다.

와이프에게 '제일 먼저 호신용품 선물'해 줬다면 더 나아가 양가 어머니들께도, 와이프의 언니나 여동생에게도 하나씩 더 선물해 주면 어떨까 싶다.

단, 순서에 주의하자. 와이프가 '제일 먼저'여야 하고 그 다음에 주위 사람들 순이다.

여기서 한 가지 더 짚고 넘어가야 할 것은 지인의 와이프 등 무언가를 다른 이들에게 선물을 해 줄 때에도 그 집 남편이 한 번도 해 주지 않았을 법한 선물이라면 내가 직접 전해 주는 것도 좋겠지만 그것보다 남편에게 전해 주면서 "네가 사 주는 것으로 해~"라고 센스 있게 건네주는 것도 유익한 일이 될 수 있을 것이다.

자기 남편에게 받지 못한 선물을 다른 남자에게서 먼저 받게 될 경우 "당신은 그동안 이런 걸 나에게 사 줄 생각도 안하고 뭐하고 있었느냐~"라는 곱지 않은 시선이 생기게 될 수도 있는 노릇이니 말이다.

여보~
나 나이 든 것 같지 않아?

와이프에게 꽃을 선물해 주었을 때 그 표정을 자세히 살펴본 적이 있는가?

나이가 많은 할머니들도 예쁜 꽃이나 옷을 보

남자들을 위한 부부생활 참고서

면 어린 아이 같은 표정이 나오는 것을 볼 수 있을 것이다.

여자들은 아무리 나이가 많아도 여자이고 여자로서 예쁘게 보이고 싶고 또 예쁜 것을 보면 좋아하는 어쩔 수 없는 여자인 것이다. 또한 여자들은 자신이 나이 들었다고 느끼는 순간부터 급격히 나이를 먹기 시작한다고 한다.

가끔은 와이프의 얼굴이나 목의 주름, 피부 상태 등을 살펴보자.

거의 20년을 같이 살다 보니 그 얼굴이 그 얼굴이 아니라 '나도, 와이프도 참 나이가 들었구나.'라는 생각이 든다.

와이프의 모습이 비록 예전보다 나이 들고 살이 쪘다 하여도 내 와이프는 항상 내가 예뻐해 주어야 한다는 것은 기억해 두기로 하자.

남편이 자신의 와이프에게 "당신, 왜 이렇게 늙었어?", "당신, 왜 이렇게 살쪘어?", "당신, 요즘 피부가 왜 그래?"라고 한다면 여자는 마음속에 커다란 상처를 받게 될 것이다.

거꾸로 "당신, 오늘 좀 어려 보이는데?", "당신, 오늘 날씬해 보이는데?", "당신, 요즘 피부가 좋아 보이는데?"라는 말을 해 준다면 설령 빈말일지라도 여자의 기분이 좋아지지 않겠는가?

평소 와이프에게 이런 말을 자주 해 주지 않았던 남편이라는 생각이 든다면 오늘 당장 와이프에게 한번 건네어 보는 것은 어떨까 싶다.

와이프를 따뜻하게 안아 주며 이런 말을 해 준다면 여자의 마음이 한결 더 몽글몽글해질 수 있을지도 모를 일일 것이다.

여자들 피부와 주름 개선, 노화방지에 뭐가 좋은지 찾아보자.
그중 와이프에게 가장 필요한 것들을 우선순위로 나열하고 꼭 기념일이 아니
더라도 하나씩 선물을 해 보자. 대신 '내가 나이 들어 보여서, 주름져 보여서
이런 걸 사 주는 것인가?' 하는 오해가 생기지 않도록 각별히 유념하고 "지금
당신에겐 필요가 없는 것이라고 생각하지만 젊어서부터 관리해 주면 좋다고
하기에 하나 사 봤어~"라는 정도의 말을 건네주면 마음을 전해 주기에 충분
할 것이다.

와이프가
몹시 아프다면?

와이프가 몹시 아플 때에는 가급적이면 일
을 쉬고 같이 있어줄 수 있도록 노력하자.
　　나의 와이프의 경우 아직 큰 병은 없지만 잔
병이 많은 편이다.

　나도 자그마한 회사에서 나름 중역을 맡아 일을 하고 있지만 와이프가
몸이 너무 아프거나 긴급한 일로 나를 찾을 때에는 중요한 거래처와의 미
팅 중이 아니라면 회사에 이야기를 하고 집에 들어가서 와이프를 위해 병
원에 데리고 가든지 집에 가서 병간호를 해 준다.

　부득이 내가 곧바로 갈 수 없는 상황이라면 처가댁이나 동네 지인들에
게 요청을 하여 상황을 설명하고 나 대신 와이프에게 찾아가서 보살펴 달

라고 부탁을 한다.

　밤 사이 와이프가 죽을 뻔했던 일들도 몇 번이나 있었는데 회사에 곧바로 이야기를 하고 긴급하게 119에 신고하고 엠블런스를 불러서 병원에 데리고 갔던 적도 있었다.

　살다 보면 마냥 좋은 일들만 있는 것이 아니라 별별 좋지 않은 일들도 일어나기 마련이다.

　여자들은 애 낳을 때와 많이 아플 때 남편이 같이 있어 주지 못하면 많이 서운해 할 수 있다.

　와이프가 서운하고 아니고를 떠나서 남편인 나만이 와이프에게 해 줄 수 있는 일이 있다면 열일을 제쳐서라도 해 줘야 하는 것이 맞다고 생각한다.

　'건강을 잃으면 다 잃는 것'이라는 말이 참 맞는 것 같다.

　평소에 내 와이프의 건강은 내가 옆에서 잘 챙겨 주고 아파서 입원이라도 하게 된다면 최대한 같이 옆에 있어 줄 수 있도록 노력을 해야 할 일이겠다.

　물론 집안의 가장인 본인의 건강을 스스로가 잘 살피고 유지하는 일도 매우 중요한 일이다. 가장이 무너지면 집안도 무너지는 것일테니 말이다.

　지금 당장 내 자신과 내 와이프의 건강상태에 대해 얼마나 알고 잘 관리하고 있는지 한번 체크해 보면 좋겠다.

건강은
건강할 때 지켜야 한다

'건강관리'처럼 나이가 들어야만 알 수가 있고, 할 수가 있는 일들이 있다.

젊은 사람들에게 아무리 '건강관리'에 대해 미리 준비를 해야 한다고 이야기를 해 봐도 자신들과는 상관없는 이야기라고 생각하고 별로 관심과 노력을 기울이지 않는 듯하여 안타까운 마음이다.

젊은 시절의 나 또한 그랬으니 누굴 탓할 수는 없는 일이겠지만 내가 마흔이 넘어서 M자 탈모가 올지, 치아와 잇몸이 다 망가지고 위아래 어금니도 없이 그렇게 좋아하는 고기도 힘들게 먹게 될지 어떻게 알았겠는가?

쉽게 이야기를 해 보자면 치아 건강이 다 망가지고 나서 치과를 가는 것이 나은 것인지, 사전에 치과에서 관리를 받는 것이 나은 것인지, 이 한 가지만 이야기를 해 보더라도 머릿속으로는 쉽게 이해할 수 있으리라 생각한다.

누구나가 잘 알고는 있지만 막상 행동으로 옮기기가 어려울 뿐인 것이다.

나의 어머니도 '자율 신경 실조증(지금은 자율 신경 기능 이상)'이라는

남자들을 위한 부부생활 참고서

병으로 반평생 고생하고 계시고 친한 친구의 젊은 와이프가 불치병인 '무도병(헌팅턴병)' 등 큰 병에 걸려서 고생을 많이 하고 있는 사람들이 있는데 옆에서 보기에도 참 안쓰러운 일이다.

젊은 부부의 경우 자신과 와이프가 평소에 크게 아프지만 않다면 보통의 경우 병원을 잘 찾지 않거나 종합적인 검사를 받을 기회가 잘 없을 것이다.

나라에서 2년마다 실시되는 무료 건강검진만이라도 잊지 말고 꼭 챙겨받기를 권장하며 추가적인 비용이 발생되더라도 와이프와 함께 기본적으로 제공되는 검사 외에도 각종 암에 대한 종양 표지자 검사, 정밀검사, 초음파검사, 대장내시경 등 본인들에게 맞는 추가적인 검사도 함께 병행하면 좋을 것이다.

나의 와이프도 2년 전 건강검진에서 대장내시경을 추가로 받아 용종을 2개나 떼어 내었고 작년에는 가슴에 혹이 발견되어 치료를 해 준 적이 있다.

이런 것들을 모르고 제때를 놓치고 시간이 흐르다 보면 자칫 큰 병으로 이어질 수도 있는 일일 것이다.

우리 부부가 지금 하루에 먹고 있는 영양제와 건강식품이 열 가지나 되고 나는 요즘 흑염소까지 챙겨 먹고 있다.

굳이 나열해 보자면 각종 비타민, 간장약인 밀크시슬, 눈건강제인 루테인+지아단틴+오메가3, 유산균, 침향단, 홍삼, 관절약인 글루코사민, 칼슘+마그네슘+아연, 피쉬 콜라겐, 커큐민(강황), 멜라토닌 등이며 한꺼번에 먹기도 힘들 지경이다.

나는 매일 아침에 내가 약을 먹을 때 와이프도 자고 일어나서 잊지 않고 챙겨 먹기 좋도록 따로 꺼내 담아서 눈에 잘 띄는 곳에 놔두고 회사에 나가서 전화나 카카오톡으로 매일 잘 챙겨 먹고 있는지 체크를 한다.

와이프도 스스로 알아서 잘 챙겨 먹으면 좋을 텐데 가만히 놔두면 잘 안 챙겨 먹게 마련이다.

지금부터라도 잘 챙겨 먹어놔야 더 나이 들었을 때 둘뿐인 우리 부부가 조금이라도 더 건강할 수 있지 않겠는가?

약뿐만이 아니라 나는 전동 칫솔과 일반/치간 칫솔을 병행하여 양치질을 하고 머리 감을 때는 탈모 방지 샴푸를 사용한다. 고기 먹을 때는 고기만 먹던 내가 이제는 야채 없으면 안 먹을 정도로 야채를 먹으려 노력을 하고 있다.

지금보다 더 젊었을 적부터 관리를 잘 했더라면 지금 내 머리와 치아가 이 지경까지 되지는 않았으리라.

아직도 늦지 않았다. 오히려 지금부터 시작한다면 당신의 인생에 있어서 오늘이 가장 빠른 날이 될 것이다.

나처럼 머리가 빠지고 치아가 망가지기 시작했다면 그 때는 이미 늦은 때가 될 테니 말이다.

'호미로 막을 것을 가래로 막는다.'는 속담이 있듯이 하고, 안 하고는 본인의 선택에 달려 있겠지만 시간이 지날수록 그 '선택의 차이'는 분명히

남자들을 위한 부부생활 참고서

'커다란 차이'로 이어질 것이다.

　영원할 것만 같았던 나의 '청춘'과 '건강'은 결코 영원하지 않았다.
나처럼 후회하는 사람이 되지는 않기를…

장남, 효자 만나면 피곤해

　　나의 와이프도 이와 같은 말을 내게 했었고 다른 여자들도 가끔 하는 말인데 그렇다, 내가 바로 그 여자들이 그토록 싫어하는 '장남에 효자'였다.
　여자들에게 왜들 그렇게 싫어하는 것이냐고 물어보니 대부분의 여자들은 시댁 부모님을 도맡아서 챙겨드려야 하는 것이 쉬운 일이 아니라는 것이다. 맞는 말이다. 나부터도 결혼하고 처가댁에 들어가서 부모님을 모시고 살아야 한다면 그게 어디 쉬운 일이겠는가?

　그렇다고 여자에게 "우리나라에서 여자들은 예전부터 그렇게 해왔고 다른 집 여자들도 다 그러고 살고 있어!"라고 강하게 이야기하며 강요를 한다고 이런 말이 요즘 여자들에게 씨알도 안 먹힐 소리겠지만 설령 이렇게 강요해서 같이 산다고 해도 이것이 언제까지 먹힐 수 있는 일인지 생각해 보자.
　물론 이렇게 해서 평생 서로 행복하게 잘 살 수 있다고 자신하는 사람이 있다면 그렇게 살아 보면 된다.

결론적으로 말을 하자면 나의 와이프는 나를 통해 "장남에 효자가 처가댁 부모님께도 잘 해 준다."라는 이야기를 지금 내게 해 주고 있다는 것이다. 내 잘난 체나 하려고 하는 말은 아니다.

내 와이프와 같이 대략 20년을 살아오면서 그동안 내가 해오며 보여 줬던 모습들을 통해 지금의 와이프가 내게 느끼고 있는 감정에 대해서 이야기를 하는 것이다.

장남에 효자인 많은 남자들이 있을 테지만 처한 환경만 같을 뿐 20년이란 세월을 각자 다르게 살아갈 테니 그 20년이 지나서 와이프에게 듣게 되는 평가 또한 저마다 다를 것이다.

20년 뒤의 일을 어찌 알 수 있겠느냐고 할 수도 있겠지만 '내가 오늘, 이 하루하루를 20년 동안 어떻게 살아가느냐?'가 그에 대한 답이 될 수 있을 것이다.

지금 20, 30대의 많은 남자들이 각자의 직장을 다니며 저마다의 일을 하고 있을 것인데 같은 회사를 다니고 있는 입사동기라도 20년 뒤 각자가 얻게 될 직급과 연봉은 저마다 다를 것이라고 이야기를 한다면 쉽게 이해가 되지 않겠는가?

미래의 내 모습은 지금의 내가 하나씩 만들어 나가고 있는 것임을 잊지 않기를 당부한다.

이 시대 수많은 장남과 효자들이 있겠지만 그들이라고 좋은 여자를 못 만난다거나 행복한 결혼생활을 하지 못하는 것은 아니니 너무 심려하지 말고 본인 내면의 힘을 쌓아가는 데에 더욱 집중해 보도록 하면 좋겠다.

선택해!
엄마(시어머니)야, 나야?

우리 부부가 즐겨 보는 「사랑과 전쟁」에서 이혼 위기의 와이프가 남편에게 가끔 내뱉는 대사이다.

여자의 입에서 남자에게 이런 이야기가 나온 정도라면 이미 부부 사이는 거의 막장으로 치닫고 있는 상황으로 보는 것이 맞을 것이다.

요즘 말로 '끝판왕'격인 이야기가 아닐까 싶다.

잘 해 봐야 이를 뒤집을 수 있는 마지막 히든카드 한 장 정도가 남아 있을까? 이미 이런 정도의 상황이 발생되었다면 나는 대부분의 경우 남자가 어떤 핑계를 대더라도 그 둘 사이에서 중계 역할을 제대로 잘 못하게 되어 발생된 일일 확률이 높을 것이라고 본다.

여자들 입장에서 보면 남자가 '마마보이'일 경우 고부갈등의 원인이 될 수 있다고 본다. 그런데 더욱 큰 문제는 이러한 마마보이의 남자의 경우 스스로 자신이 마마보이라는 것을 모르고 있거나 설령 알고 있다 하더라도 스스로를 바꿀 수도, 이러한 상황을 해결할 수도 없는 처지에 놓여 있다는 것이다.

그러한 남자의 입장에서 보면 자신을 낳고 길러 준 어머니를 배신할 수도 없는 노릇이고 그렇다고 지금 결혼을 해서 같이 살고 있는 와이프를 모른 체할 수도 없는 노릇일 것이니 말이다.

그 둘 사이에서 충돌이 발생했을 때 그러한 남자의 특성은 자신의 어머니를 말릴 수도, 와이프에게 참으라고 할 수도 없는 애매한 상황 속에서 어쩔 줄을 모르고 있다는 것이 커다란 문제인 것이다.

그런 상황에서 누구의 편을 들라고 하는 이야기가 어떤 상황에서도 다 맞는 이야기는 아니겠지만 굳이 편을 들어야 한다면 나는 와이프의 편을 들어 줘야 한다고 생각한다.

어떤 신혼 초반에 마마보이인 남편을 두고 이러한 문제를 겪고 있는 여자의 고민 중에 남자를 바꿀 수 없다면 여자 혼자서라도 시댁과의 연을 끊어야 하는 것이 맞는 일인지 심각하게 고민하고 있는 여자들도 있다.

아무리 결혼 전 마마보이였다고 하여도 결혼을 했다면 이제는 자신이 한 가정을 이루었는데 행복한 부부생활을 위해 스스로가 어머니로부터 독립할 필요성을 느끼고 그 태도를 변화시켜 나가야 하지 않을까?

가장 좋은 것은 이런 상황이 우리 부부에게 닥치기 전에 문제를 해소하는 것이겠지만 이런 상황이 이미 발생된 상황이라면 상담을 받아보는 방법도 있겠지만 최후의 히든카드는 남자인 내가 나의 부모님과 연을 끊겠다는 각오를 하면서라도 지금의 내 와이프, 지금의 내 가정을 지키겠다는 나의 의지를 내 부모님께 보여 주는 것이라고 생각한다.

이런 상황이 막상 발생되었을 때 위에서 제시한 극단적인 방법 외에 아직은 더 좋은 방법을 찾지 못하고 있지만 더 좋은 방법을 알고 있다면 나에게도 알려주면 고맙겠다.

*

'와이프에 대한 처세술'을 마치며…
여자마다 천차만별로 다를 것이니 앞서 이야기한 것들 외에도 자신의 와이프에게 맞는 본인만의 처세술을 하나씩 찾아 개발해 나간다면 분명 행복한 부부생활을 해 나가는 데 도움이 될 것이다.
이제 '와이프에 대한 처세술'을 마치고 '남편을 위한 처세술'에 대해서도 살펴보도록 하자.

5부

남편을 위한 처세술

여자의 과거는 묻지 말자

 남자든, 여자든 둘이 서로 만나기 전에 과거의 연애 경험이나 과오는 피차 모르는 것이 약일 수도 있다.

설령 알게 되었다고 하더라도 잊으려 노력하거나 그저 지나간 과거로 묻어 두는 것이 상책이다.

참고로 우리 부부는 서로의 과거에 대해 좋았던 일이든, 싫었던 일이든 모두 공유를 했고 거의 모든 것을 다 알고 있지만 그에 대해서는 서로가 아무런 터치를 하지 않고 있다.

어차피 나를 만나기 이전의 일이고 지금에 와서 내가 어떻게 바꿀 수도 없는 일인 것이다.

간혹 남자가 여자에게 "그 남자와 어디까지 갔어?", "그 남자랑 좋았어?"라고 묻는 경우가 있는데 나는 참으로 어리석은 질문이라고 생각한다.

물론 물어본다고 여자에게 있는 그대로의 이야기를 듣지도 못 할 테지만 사실을 듣게 된다 하더라도 내 자신에게 이로운 것은 정말 '1'도 없는 이야기다.

내 주위에서 여자에게 그런 질문을 하려고 하는 남자가 있다면 나는 딱 세 글자만 들려주고 싶은 마음뿐이다.

"아, 왜? 좀!"

남자들을 위한 부부생활 참고서

성경 말씀을 인용하자면 '누구든지 죄가 없는 자, 이 여자를 돌로 쳐라.'
라는 구절이 있다. 과연 자신의 여자를 돌로 칠 수 있을 만큼 내 과거는 깨
끗한지를 먼저 되돌아보자.

이 질문에서 자유로울 수 있는 자는 거의 없으리라 생각한다.

평소에 나부터 잘 하자. 그러면 그 덕이 내게 따라오게 되어있다고 믿
는다.

박마담 Tip

내 여자의 과거가 미치도록 궁금하다면 그저 '나만큼은 살았겠거니…' 하며
생각하고 살자. 세상에는 알면 좋을 만한 많은 것들이 있지만 오히려 모르는
것이 좋은 것들도 있기 마련이다.

여자의 과거를 알게 되는 것은 자칫 돌이킬 수 없는 판도라의 상자를 열게 되
는 일이 될지도 모른다. 내가 감당하기 힘든 일에 굳이 불필요한 에너지를
소비하며 들추어 낼 필요는 없다고 생각한다.

비구니 등 소수의 여자를 제외하고는 과거 없는 여자가 어디 있겠는가? 과거
의 연애나 이별 경험을 통해서 남자든, 여자든 사람은 성숙해지기 마련이다.

내 여자가 그런 과정을 통해 고르고 골라서 만난 사람이 바로 나라는 사실을
알게 된다면 과거를 따질 일이 아니라 오히려 그러한 선택을 하게 만들어 준
내 여자의 과거에 감사해야 하지 않을까?

내 여자를 보호하고
내 여자에게 '내 편'이 되어 주자

남자가 여자보다 강함은 사랑하는 여자를 보호해 줄 수 있는 수단이지 여자를 공격하는 수단이 되어서는 안 된다.

우리 부모님 세대만 해도 지금 세대에 비해 가정폭력이 참 많이 심했던 것 같다.

문제는 어릴 적에 그런 불운한 가정에서 자란 남자가 '나는 절대로 내 아버지처럼 살지는 않을 것이다.'라고 다짐을 했더라도 커서는 아버지를 닮아 있는 자신의 모습에 당황하는 남자들도 있다는 것이다.

전 세대에 비해서 가정폭력이 훨씬 줄어들긴 했다지만 아직도 가끔 뉴스를 보다 보면 안타까운 소식을 접할 때가 있다.

게다가 요즘 세대에는 여자에게 맞고 사는 남자들도 있다고 하니 참으로 통탄할 만한 일이다.

연인간이든, 부부간이든 홧김에 한번 손이 올라갔다면 언젠가는 또다시 저지를 수 있는 잠재적 DNA를 보유하고 있는 것이다.

남자든, 여자든 손찌검은 절대로 시작되어선 안 될 일임을 명심하도록 하자.

남자들을 위한 부부생활 참고서

또 다른 이야기를 한 가지 더 하자면, 만약 불량배에게 자신의 여자가 괴롭힘을 당하고 있다면 어떻게 할 것인가?

내가 그 자리에서 흠씬 두들겨 맞아서 병원 신세를 져야 할지언정 남자는 사랑하는 여자를 지켜 줘야 하는 의무가 있는 것이다.

실제로 같이 살다 보면 불량배는 아니더라도 주위 사람들과 크고 작은 다툼이나 싸움이 일어나는 경우가 있는데 설령 내 여자가 잘못을 했다 하더라도 그 자리에서 만큼은 내 여자 편이 되어 줘야 하는 상황들이 있다.

그 자리에서 든든한 지원군이 되어 줘야 할 남자가 내 여자에게 "네가 잘못했네."라고 말을 한다면 여자는 서 있을 곳이 없어지게 된다.

(와이프가 처가댁 부모님과 다투고 있다거나 또는 그와 비슷한 상황에서는 예외적인 상황으로 전혀 다른 이야기가 될 수도 있다. 이때는 문제가 더 커지지 않도록 남자가 그 즉시 중재를 해 줘야 한다.)

남편은 '남의 편'이 아니라 '내 편(여자의 편)'이 되어 줘야 한다. 나서기 싫다고 남들과 내 여자 사이에서 중립을 지키는 것이야말로 '중립'이 아닌 내 여자를 '방치'하는 어리석은 일이 될 수도 있음을 명심하도록 하자.

나는 지금 내 여자에게 있어 '남 편(남의 편)'인지 '내 편(여자의 편)'이 되어 주고 있는지 한번 생각해 보면 좋겠다.

박마담 Tip

손자병법에서 가장 최상의 방법은 싸우지 않고 이기는 것이라 했다. 싸움까지 이어지지 않고 중재를 잘 하는 것도 능력이고 힘이 될 수 있으니 이러한 능력을 키워 나가는 것도 중요한 일일 것이다.

내 와이프를 무시하거나
깔아내리는 험담을 하지 말자

거꾸로 한번 생각해 보자. 와이프가 나 없는 자리라고 밖에서 내 이야기를 좋지 않게 하고 다닌다면 내 기분은 어떨 것인가?

상상만 해 봐도 감정이 상하고 배우자에 대한 불신감이 싹트는 일일 것이다.

전날 와이프와 크게 싸웠다고 다음날 직장에서, 또는 친구나 주변 지인들에게 내 와이프의 험담을 한다는 것은 결국 '내 얼굴에 침 뱉기'일 뿐이란 사실을 알아야만 한다.

'부부 싸움은 칼로 물 베기'라고들 하지 않던가. 정작 이번 일로 이혼을 하지 않을 것이라면 '이 또한 지나가리라.'라는 생각으로 혼자서 조용히 넘어가거나 심적으로 너무 힘이 든다면 차라리 인터넷에 익명으로 글을 써 보는 것은 어떨까 싶다.

실제로 인터넷을 보다 보면 막장 드라마 못지않은 남들의 실제 부부생활 에피소드도 심심치 않게 볼 수가 있다.

나와 와이프는 둘 다 인터넷에 무언가를 남기는 것을 싫어하는 편이라 시도해 보지는 않았지만 '주변 사람들에게 부부간의 이야기를 떠들고 다니는 것보다야 낫지 않겠느냐.'라는 생각에서 하는 이야기이다.

가장 최악의 경우는 내 와이프의 험담을 내 부모에게 하는 것이다.

한번은 TV 프로그램「사랑과 전쟁」에서 이러한 케이스의 부부를 본 적이 있었는데 결혼한 남자와 여자가 각자 자신들의 부모님께 배우자의 험담을 일삼아 하다가 한번은 남자가 처가댁에 불려가 욕을 당하고, 한번은 여자가 시댁에 불려가 욕을 당하고를 반복하게 되었고 결국에는 집안간의 문제로 일을 키워서 이혼을 하게 된 이야기인데 한번쯤은 직접 찾아서 보거나 이러한 점에 대해서 깊게 생각을 해 봐야 할 일이라고 생각한다.

와이프와 함께 누군가를 만나 이야기를 나눌 경우에도 더더욱 조심해야 할 일이다.

그 자리에서 내 와이프의 칭찬을 과도하게 하는 것도 '꼴불견'이고 '팔불출'이란 소리를 듣겠지만 역으로 내 와이프를 무시하거나 깔아내리는 험담을 하는 것도 상대방의 눈살을 찌푸리게 만드는 일일 것이다.

해서 좋을 일이 있고 안 해도 좋을 일이 있듯이 그냥 둘만의 이야기는 둘만이 알고 둘이서만 이야기를 하자.

무슨 좋은 일이라고 남들이 몰라도 되는 일들을 굳이 주변에 알리고 다닐 필요가 있겠는가?

어릴 적에 부모님의 부부싸움을 직접 눈으로 본 적이 있거나 보지는 못했더라도 부부싸움 후 상대방의 험담을 내게 들려준 적이 있다면 이해가 빠를 것이다.

이런 경험이 없더라도 다른 부부의 좋지 않은 이야기를 내가 듣고 있다고 생각해 보자. 내 기분은 어떨 것이고 어떤 감정과 생각들이 들 것인지를 말이다.

와이프의 험담을 해서도 안 될 일이지만 모임의 분위기를 띄우기 위해, 내 과시를 위해, 내 와이프를 띄워 주기 위해 팔불출처럼 남들 앞에서 와이프를 너무 추켜세워 줄 필요도 없고 그냥 가만히만 있어도 중간은 가는 것이니 굳이 남들에게 무리하게 드러내지 않아도 될 부부간의 이야기를 해서 낭패를 보지 않기를 바란다.

잡고 사는 남자?
잡혀 사는 남자?

 결혼 초반에 기싸움으로 와이프의 기를 잡아놔야 편하게 살 수 있다고 말들을 하는 사람들도 있지만, 나는 그냥 서로 적당히 타협하며 살아가는 것이 좋다고 생각한다.
적당히 기의 밸런스를 맞춰서 살아간다면 가장 좋지 않을까 싶다.

우리 부부도 결혼 초반에는 내가 기를 잡으려 해서인지 무척이나 싸웠는데 돌이켜보면 와이프에게 문제가 있었던 것이 아니라 거의 100% 나의 문제로 인한 다툼이었다.
내 스타일이 워낙 고집이 세고 고리타분하며 가부장적인 부분들이 많

남자들을 위한 부부생활 참고서

아서 모든 것을 내 마음대로 휘두르려 했었기 때문이었다.

지금에 와서 돌이켜보면 회사에서 상사가 부하 직원을 다루는 것처럼 내가 와이프에게 똑같이 하려고 했던 것 같다.

여하튼 결혼 초반에는 싸우게 될 많은 일들이 생겨나는 것 같다.

DJ DOC의 노래 가사 중에 "넌 이제 내꺼야~"라고 하는 노래가 있지만 결혼을 했다고 여자가 남자의 소유물이 되는 것은 아니다.

"아, 그냥 내가 하자는 대로 해!", "싫어!", "안 해!"

이런 말들은 우리 할아버지 세대에서나 당신의 와이프에게 하셨을 말들이었겠지만 이제는 세대가 많이 변했고 이런 말들이 통하지도 않을 노릇이다.

세대가 변했다면 변한 세대에 맞는 다른 좋은 방법을 찾아야만 한다.

지금 나의 모토는 '집안에서 와이프에게 작은 일은 잡혀 주고 큰일은 잡아 주자.'이다. 하나부터 열까지 다 이기려 드는 것은 그러기도 힘들 뿐더러 상당히 피곤한 일이다.

웬만한 작은 일들은 와이프 말을 들어서 손해 볼 일은 없을 것이니 소탐대실하지 말도록 하자.

와이프에게 맡길 것들은 믿고 맡기고 내가 맡아 줘야 할 것들만 찾아서 맡아 보자.

어떤 일이 발생했을 때마다 "이건 이렇게 해!", "저건 저렇게 해!"라고 하기보다 "이럴 때 당신이라면 어떻게 했으면 좋겠어?"라고 먼저 물어보며 와이프가 그 일에 대해서 어떻게 했으면 좋겠는지 먼저 다 들어준 후에 와이프가 놓치고 있는 부분이 있거나 더 좋은 아이디어가 있으면 그것만 곁들여 주면 될 일이다.

만약 와이프의 말이 다 맞고 현명한 의견을 내놓았다면 "참 좋은 생각이야~ 나도 그렇게 생각해, 당신은 참으로 현명한 여자야~"라는 칭찬을 곁들여주면 더욱 좋을 것이다.

"난 모르겠으니 당신 혼자 알아서 해."라고 방관만 하는 것은 한 집안의 가장으로써 참으로 어리석은 일이다.

잡고 사는지, 잡혀 사는지가 중요한 것이 아니라 항상 와이프의 생각과 말과 마음에 귀를 기울여주며, 와이프가 스스로 풀기 힘든 문제에 대해서는 나를 믿고 내게 조언을 요청할 수 있도록 노력하는 것이 중요한 일이다.

지금 현재 와이프에게 잡혀 살고 있다고 생각한다면 밸런스를 맞춰 보려 내가 더 노력하면 될 일이고 와이프를 잡고 산다고 생각한다면 와이프가 밸런스를 맞출 수 있도록 조금 더 풀어 주면 좋을 일이겠다 싶다.

만약 와이프의 기가 너무나도 드세고 본인의 기가 너무나도 약하여 도저히 기의 밸런스를 맞출 수 없다고 생각하는 남편이 있다면 방법은 아래 둘 중에 하나밖에는 없다고 생각한다.

어떻게든 와이프와 기의 밸런스를 맞출 수 있는 나만의 방법을 찾아내든가, 본인이 그 정도의 그릇 크기밖에는 되지 않으니 그냥 지금처럼 그렇게 살아가든가 말이다.

남자들을 위한 부부생활 참고서

가끔 드라마에서 보면 남자들이 밖에서는 내가 대장부라고 큰소리치면서 집안에서는 와이프에게 찍소리도 못하는 딱한 남자들도 있는 모양인데 우리는 그렇게 살지 않도록 노력을 해야 할 것이다.

우리는 남자가 아닌가!

눈치와 센스를 키우자

삼십대 이전까지 나는 정말 눈치가 없는 사람이었다.

그나마 다행이었던 것은 눈치는 없지만 센스는 있는 편이어서 없던 '눈치'를 '센스'로 만들어 낼 수 있었던 것이다.

이제와 생각을 해 보면 나도 젊고 눈치가 없던 시절에는 나름 실패를 거듭하면서 하나씩 잘 배워 나갔던 것 같다.

예를 들어 와이프와 연애시절 처음으로 식당에서 같이 식사를 하게 되었을 때 나 혼자 허겁지겁 밥을 다 먹고 났더니 와이프는 식사를 절반도 마치지 않고서는 들고 있던 수저를 식탁 위에 '탁!' 하고 내려놓고 "왜 더 먹지를 않느냐?"라고 물었더니 "안 먹어!" 하며 그냥 그 자리에서 일어나 버렸다.

이때만 해도 나는 무엇이 잘못된 것인지 전혀 알 수가 없어서 와이프에게 그 이유를 물었더니 "함께 식사를 할 때에는 상대방을 배려하여 어느 정도 속도의 밸런스를 맞춰 주며 식사를 해야 한다."라는 것이었다.

나는 그제서야 이해를 할 수가 있었을 만큼 눈치가 없었고 "이제껏 살면서 그런 것이 있는지도 몰라 미안하고 앞으로는 그러지 않겠노라."라고 사과를 하며 내가 놓치고 모르고 있었던 중요한 한 가지를 배울 수 있었다.

이랬던 내가 이제는 심지어 와이프에게 자신보다 눈치가 더 빠른 것 같다는 이야기를 듣기도 하니 나도 참 많이 발전한 듯해서 뿌듯하기만 하다.

눈치 없는 남편의 예를 하나 더 들자면 와이프가 어렵게 쌍둥이를 임신한 상태에서 힘든 몸으로 남편과 함께 시댁에 가게 되었는데 시간이 많이 흐르자 몸이 많이 힘들어져서 남편에게 "당신 내일 일찍 출근하느라 피곤할 텐데 그만 집으로 돌아가 보자."라고 자신의 힘든 처지를 돌려서 말했더니 자기는 괜찮으니까 걱정하지 말라며 더 있다가 가자고 했던 일화가 있다.

다행히 그 남편은 쌍둥이들과 함께 아직 잘 살고 있다.

한국에서 얼마나 눈치가 중요한지에 대해 이야기를 하나 더 하자면 외국인인 '유니 홍'이라는 사람이 한국에서 생활을 하면서 출판한 『눈치』라는 책 표지에서부터 '눈치 빠른 사람이 똑똑한 사람보다 성공한다.'라고도 언급을 했다.

여기에서 '성공'이란 '부부생활에서의 성공'을 의미할 수도 있다.

예로부터 '눈치가 없으면 코치라도 있어야 한다.'는 말도 있는데 여기서

'코치'를 나는 '센스'라고 생각한다.

앞서 예를 든 일화에서처럼 여자가 가끔 알 수 없는 말을 던져 온다면 이것은 내게 '모르스 부호'를 보내온 것이라고 생각하고 '눈치'가 없다면 모든 '센스'를 동원하여 이를 열심히 분석하고 해석해 내야 한다.

웬만해서 여자들은 남자들에게 심심풀이로 쓸데없는 이야기를 던져오지 않는다. 내게 무슨 이야기를 던졌는데 내가 알아듣지 못했다면 못 알아들었으니 알기 쉽게 다시 설명을 해 달라고 하든지, 아니면 내 머리를 쥐어뜯어서라도 해석을 해내야 혹시 모를 후폭풍으로부터 자유로워질 수 있을 것이다.

부부생활이란 나 혼자 사는 것이 아니라 '성별뿐만 아니라 모든 것이 서로 다른 둘이서 같이 살고 있는 것'이라는 사실을 한순간도 잊어서는 안 된다.

나무를 보지 말고 산을 볼 줄 알아야 한다고 했고 바둑에서도 흔히 한 수, 두 수 앞을 내다보라고 하듯이 일상 속 어떠한 문제에 대해 그 문제 자체만을 생각할 것이 아니라 그로 인한 연관관계 및 파생관계까지 고려할 수 있어야만 진정한 '고수'라는 소리를 들을 수 있을 것이다.

쉬운 예를 하나 들자면 가령 나나 나의 와이프가 나의 남동생 부부와 말 한마디 상의 없이 내 부모님 또는 친척 어른들께 용돈이나 선물을 드렸다면 어떤 일들이 발생될 수 있을 것인지 생각해 보자.

물론 우리 부부야 칭찬을 받을 수 있는 일이겠으나 이로 인해 나의 남동생 부부는 어른들께 욕을 들을 수도 있는 문제인 것이다.

"너희 형네는 이렇게 어르신들을 잘 챙겨 주고 있는데 너희는 뭐하는 녀석들이냐!"라는 말을 듣게 될 수도 있는 노릇이니 말이다.

부득이 나 혼자서 어르신들께 용돈을 드리게 되더라도 나의 남동생 부부와 반반씩 보태서 드리는 것이라는 말씀을 드린다면 그들의 위신까지 함께 세워줄 수 있게 되는 것이다.

나의 남동생이 이 사실을 모르고 있다가 용돈을 받은 분께 갑자기 고맙다는 전화를 받게 될 수도 있으니 그렇게 되기 이전에 나의 남동생에게는 사전에 내가 이렇게 할 수밖에 없는 사정이었음을 미리 전달해 줘야 하는 것은 기본이겠다.

또한 친척 어른 한 분에게만 용돈을 드렸다면 다른 친척 어른들께서 "왜 나는 안 주느냐!"하는 말씀이 나올 수도 있으니 "다른 분들께는 비밀입니다~"라고 넌지시 말씀을 드리는 것도 또 한 가지 팁이 될 수 있겠다.

이렇듯 무슨 한 가지의 작은 일을 하더라도 연관된 모든 일들을 파악하고 문제의 소지가 있을 만한 일들을 사전에 막아두어야지만 뒤에 가서 탈이 없는 것이다.

자신의 눈치 점수는 몇 점이겠는지 생각해 보고 눈치가 빠른 사람들이라면 각자가 알아서 잘 처신을 해 나갈 수 있겠지만, 눈치가 없는 편이라면 이를 어떻게 키워 나가야 좋을지도 한번 생각해 보면 좋겠다.

생각을 하고
전략적으로 말을 하자

　　어떤 이는 와이프에게 동료들과 이야기를 나누다 보니 자신이 주위 남자들보다 용돈을 더 많이 받고 있다고 말을 하자 그날부터 용돈이 줄어들게 될 위기에 처했다고 한다.

　　나는 그가 '과연 와이프에게 무엇을 기대하고 와이프에게 이런 말을 했던 것일까?'라는 의문이 든다.

　　이렇듯 사소한 말 한마디로 내가 원하는 것을 얻을 수도, 잃을 수도 있는 것인데 말이다.

　　나는 절대로 내가 손해를 볼 수도 있는 이야기는 입 밖으로 꺼내지 않으려고 노력한다. 또한 내 말을 통해 상대방이 조금이라도 피해를 볼 수 있는 이야기도 마찬가지다.

　　어떠한 말이라도 일단 말을 입 밖으로 꺼내기 전에는 최소한 한번은 더 생각을 해 보고 내가 꼭 하고 싶은 것에 대해 와이프에게 이야기를 할 때면 나의 강한 의지를 보여 주며 전략적으로 지혜롭게 이야기를 해 주려고 노력한다.

　　이렇게 해도 성사가 될까, 말까 한 일이다.

　　특히 명분을 가지고 이야기를 한다면 보다 더 많은 설득력이 생기게 되는데 아래처럼 내가 최근에 와이프에게 이야기를 했던 방식을 몇 가지 예로 들어 보겠다.

　더 좋았던 사례를 들고 싶으나 막상 기억이 나는 것이 없고, 실제로 이렇게 구구절절하게 이야기하지는 않으나 문맥상 이해를 돕기 위해서 조금씩 덧붙여서 이야기를 해 본다.

"당신이 저녁 식사로 고기를 구워 준다고 했는데 내가 오늘 속이 더부룩하고 좋지가 않아서 기름지고 느끼한 고기는 못 먹을 것 같으니 고기는 주말에 먹도록 하고 대신 속을 풀어주기 위해 국물이 당기는데 지난 주말에 미리 사 둔 동태알과 고니로 알탕을 끓여 먹으면 당신도 고니를 좋아하니 같이 맛있게 먹을 수 있지 않을까?"

　→ 이 정도 이야기를 해 주면 '문제점'과 '대안책'을 함께 제시해 준 것이고 기껏 와이프가 미리 준비해 둔 음식을 못 먹게 되어 핀잔을 받는 것이 아니라 속이 좋지 않은 나를 더 걱정하게 될 것이며 나의 좋지 않은 속을 달래 주기 위해서라도 내가 먹고 싶어 하는 알탕을 보다 더 맛있게 끓여 주기 위해 노력을 하게 될 것이다.

"미안한데 내가 요즘 운전을 많이 해서 그런지 다리가 너무 아파서 목초 수액시트를 하나 샀어. 다음 주에도 내가 출장이 많아 운전을 계속 해야 할 것 같은데 저렴하면서도 후기와 평도 좋고 이걸로 효과를 본 사람들이 많은 걸 보니 나도 한번 써 보면 좋을 것 같아서 말이야."

　→ 서두에서 '미안한데…'라고 이야기를 해 두는 것은 당신과 먼저 상의를 하고 구매를 하는 것이 좋았으나 그러지 못하고 먼저 행동에 옮겼

음에 대한 사과의 말인 것으로 이 정도만 서두에 넣어 두면 와이프도 어느 정도의 이야기라면 수긍을 해 줄 수도 있을 것이다. 나의 다리가 아픈 것에 대한 언급을 통해 와이프의 걱정이 유발됨과 동시에 좋은 제품을 구매했다고 하니 어서 이것을 통해 내 상태가 호전될 수 있기를 바라는 기대효과까지 생기게 되지 않았을까? 구매가격에 대한 언급 또한 이 정도 가격이면 나쁘지 않겠다는 생각을 하게 하여 금전적 부담에 대한 안심도 시켜줄 수가 있게 될 것이다.

한번은 얼마 전에 처가댁 부모님들께서 우리 집에 오셔서 점심 식사를 맛있게 드시면서 장인어른께서 나와 약주를 한잔 하시게 되었고 댁으로 돌아가시는 길에 운전을 장모님께서 하시게 되었는데 장모님께서 너무 많이 드셔서인지 운전을 하시다가 잠이 온다는 말씀에 장인어른께 핀잔을 받으셨던 일이 있었다.

그날 저녁 장모님과 와이프의 전화 통화를 옆에서 가만히 듣고 있던 내가 이 사실을 알게 되었을 때 나는 장모님께 "그 일은 장모님의 잘못이 아닙니다. 잘못이 있다면 음식을 맛있게 준비한 제 와이프의 잘못일 것입니다."라고 말씀을 드렸더니 참으로 지혜로운 말이라면서 좋아해 주신 경우도 있었다.

연륜이란 나이가 들면서 자연히 쌓이는 것이 아니라 스스로의 노력과 학습을 통한 과정이 쌓여져서 만들어지는 결과라고 생각한다.

지금 자신은 와이프에게 어떤 식으로 대화를 하고 있는지 돌이켜 보고 이를 어떤 식으로 더 발전시켜 나간다면 더욱 좋겠는지 한번 생각해 보면 어떨까?

여보,
오늘 일찍 퇴근할게

일찍 퇴근하는 일은 분명 좋은 일일 것이다. 하지만 갑자기 생각지도 못한 일이 생겨서 귀가 시간이 늦어지게 될 경우 남편의 이른 귀가를 반기는 아내라면 일찍 들어오겠다는 남편의 말에 함께 할 저녁식사를 일찍 준비하고 기대하며 있다가 갑자기 일이 생겨서 늦는다는 말에 서운해할 수도 있을 것이다.

만약 거꾸로 오늘 일이 있어 늦을 것 같다고 했다가 갑자기 일찍 오게 된다면 와이프의 어떤 반응이 예상되는가?

나는 평소 외근이 잦은 편인데 가끔 늦은 시간에 미팅이 잡히면 어떤 변수가 생길지 모르니 외근이라 미리 늦을 것 같다고 해 둔다. 외근이 생각보다 일찍 마치고 퇴근할 수 있게 될 것 같다는 생각이 들게 되더라도 어떻게 될지 아직 모르는 일이니 와이프에게 곧바로 이야기를 하지 않고 있다가 일찍 마치게 된 후 지금 들어가니 내가 먹고 싶은 그 무언가를 준비해 달라고 한다.

어떻게 된 일이냐고 물어보면 그때서야 갑자기 일이 이렇게 되었다고 설명을 해 준다.

물론 어떤 여자들은 남편의 이른 귀가가 달갑지 않은 사람도 있을 것이다. 그런 대우를 받고 있는 남자라면 자신의 처우 개선을 위하여 더더욱

남자들을 위한 부부생활 참고서

많은 노력을 해야 할 것이다.

* 처우 개선(處遇 改善): 어떤 사람이나 집단에 대한 조처나 대우를 이전보다 더 좋은 상태로 만듦.

가끔은 나 혼자서 회사 거래처 사람들의 장례식장에 가더라도 인사만 나누고 식사를 거른 채 집에 일찍 들어와서 식사를 할 때가 있는데 이럴 때면 와이프는 내게 그 자리에서 식사를 하고 오지 그랬냐고 핀잔 아닌 핀잔을 주기도 한다.

여자들도 이럴 때는 한 끼 식사 준비를 쉴 수 있으니 남자가 밖에서 먹고 들어오는 것이 편한 모양이다.

집에 가서 먹을 것이 마땅치 않다면 치킨이라도 한 마리 포장해 가면 되지 않겠는가?

장례식 자리라는 것이 좋은 일로 가는 것도 아니고, 혼자 장례식장에 가서, 잘 모르는 사람들과 어울리며, 식사를 하기란 쉽지 않은 일이다. 또한 운전을 해야 하는데 술 권유까지 받게 된다면 더욱 곤란한 상황에 처하게 된다.

이만하면 '핑계'와 '명분'이 좋지 않겠는가?

부디 당신의 아내가 남편의 이른 귀가를 반기는 아내이길 바라며, 아내의 생각보다 항상 일찍 들어갈 수 있는 남편이 되기를 바란다.

나의 와이프는 몇 년째 회사에서 나의 공식 퇴근 시간이 6시가 아닌 7시로 알고 있는데 아직도 비밀로 유지하고 있다.

어차피 업무를 정리하다 보면 7시나 되어야 퇴근을 하는데 어쩌다가 6시, 6시 반에 퇴근하게 되면 와이프에게 전화해서 오늘 당신이 너무 보고 싶어서 배 째고 일찍 나왔다고 말을 해 주면 좋아한다.

만약 와이프가 나의 6시 퇴근 사실을 알게 된다면? 나는 와이프에게 6시부터 퇴근 안 하고 뭐하느냔 연락을 매일같이 받게 되는 것이다.

이 둘의 차이점은 굳이 더 설명을 하지 않더라도 '극명한 차이'라는 것을 충분히 잘 알 수 있을 것이다.

출퇴근 시 수시로
우편함에 우편물들을 확인하자

우리 집 우편함 안에는 절대로 있어서는 안 될 각종 자동차 과속 위반, 불법 주정차 위반, 장애인 주차구역 위반 고지서나 카드 내역서 같은… 어쩌면 나에게 불리한 기타 등등이 있을 수도 있다.

물론 교통법규 등 모든 것을 완벽하게 지켜낼 자신이 있다면 이 이야기는 불필요한 이야기일 테니 건너뛰어도 좋다.

만약 이러한 것들을 나보다 와이프가 먼저 발견하게 되었다면?

살다 보면 와이프가 알아서 좋지 않을 것들도 있고 선의의 거짓말이 필요할 때도 있다. 와이프를 속였다고 너무 자책하지는 말자.

사실은 속인 것이 아니라 이야기를 하지 않았을 뿐이고 이게 다 가정의 행복을 위한 하나의 '처세술'인 것이다.

나의 부주의로 벌금이 나왔다면 어떻게든 나의 비자금으로 충당을 하면 되고 어차피 와이프가 먼저 알게 되었더라도 벌금을 물어야 하는 것에는 변함이 없지만 와이프 몰래 내가 먼저 알아서 처리를 한다면 내 속은 좀 상하겠지만 최소한 와이프의 감정과 가정의 평화는 지켜낼 수 있지 않겠는가?

심심하면 인터넷에서 가끔 벌금이나 기타 내게 불리한 것들이 없는지 미리미리 체크해 보는 것도 좋을 것이다.

회사에서 일을 하고 있는 사이 어쩔 수 없이 벌금 고지서를 와이프가 먼저 발견하여 내게 전화해서 이게 뭐냐고 물어보더라도 당황하지 말고 그것은 사실 와이프가 알고 있던 과거의 어느 날에 받았던 고지서인데 내가 잊어버리고 있어서… 또는 이런저런 사유로 인해 체납을 하게 되어 다시 받게 된 독촉 고지서일 것이라고 일단 넘겨 보도록 하자.

뭐 먹히면 다행이고 먹히지 않더라도 내가 지금 그것을 내 눈으로 직접 보고 있는 것이 아니니 착각을 한 것일 수도 있는 노릇이 아니겠는가?

먹히지 않을 때에도 당황하지 말고 "이따가 집에 들어가서 내 눈으로 직접 확인해 보고 알려주겠다."하고 우선 시간을 벌어둔 후에 퇴근 시 꽃을 한 송이 사 가지고 들어간다든지 무언가 '대응방안'을 마련해 보도록 하자.

우편함을 체크하는 것과 비슷한 케이스로 위험한 택배는 회사로 배송을 받는 것처럼 내게 불리하게 작용할 만한 위험 요소들은 사전에 미리 제거해 보자.

다 좋은 게 좋은 것 아니겠는가?

모든 일을 할 때에는 적절한 타이밍이란 게 있더라

 가끔은 '아직 안 했어도 먼저 했다고 해야 할 때'가 있고, '이미 했어도 아직 안 했다고 해야 할 때'가 있다.

잘 생각해 보면 이 말 한마디 안에 답이 있다.

안 했어도 먼저 했다고 해야 할 때에 대해 예를 들자면, 내가 회사에서 정신없이 일을 하다가 와이프가 인터넷에서 주문을 해 달라고 한 것을 깜빡 잊고 있다가 와이프가 내게 다시 전화를 해서 부탁한 것을 주문을 해 주었느냐 물어보면 나는 당황하지 않고 자연스럽게 아까 이미 주문을 해 놨다고 하면서 왜 그리 보채냐고 너스레를 떤다.

이렇게 와이프와 전화를 끊고 나서는 또다시 잊어버리지 않도록 곧바로 주문을 한다. 어차피 한 시간 전에 주문을 하든, 지금 주문을 하든 요즘은 물류 시스템이 워낙 잘 되어 있어서 웬만하면 배송시간에는 별반 차이도 없다.

물론 촉각을 다투는 일이라면 잊어버리지 않고 바로 바로 해내야 하겠지만 그렇게까지 급한 일이 아니라면 이 방법이 통용될 수도 있다는 말이다.

만약 내가 깜빡 잊고 그것을 아직도 하지 못했다고 말을 한다면 나는 와이프의 말을 귀담아 듣지 않고 신경을 쓰지 않은 것이 되고 와이프가 그렇게까지 내게 부탁한 일도 하나 제대로 해 주지 못한 '대역죄인'이 되는 것이다.

이것이 내가 이야기하는 선의의 거짓말 범주에 속하는 것이다.

했어도 아직 안 했다고 해야 할 때에 대해 예를 들자면, 와이프에게 물어보지도 않고 덥석 무언가를 인터넷에서 주문을 해 버리고 난 후에라도 아직은 검증 받기 전이니 와이프에게 전화를 해서 "당신, 이거 필요할 것 같은데 내가 주문을 해 줄까?"라고 먼저 간을 본 후에 "내가 필요했던 것인데 챙겨줘서 고맙고 주문해 줘요~"라고 한다면 "내가 그럴 줄 알고 미리 주문해 뒀다."라고 한다면 박수 받을 일이 될 수도 있는 것이고, "필요 없으니 하지 마세요~"라고 한다면 아쉽지만 조용히 취소 버튼을 눌러 주면 그만인 것이다.

괜히 먼저 설레발을 쳐서 "당신이 이거 필요할 것 같아서 내가 주문을 해 놨다!"라고 자신 있게 말을 했다가 와이프에게 필요가 없거나 이미 비슷한 것이 있는데 쓸데없는 짓을 했다는 이야기를 듣게 된다면 나도, 와이프도 기분이 좋지 않을 것이다.

이렇듯 단적인 두 가지 예만 들어 보더라도 한마디 말을 던질 때 적절한 타이밍에 맞춰서 전략적으로 이야기를 한다면 상호간에 감정이 상할 일도 줄어들게 되고 가정의 평화도 지켜낼 수 있지 않겠는가?

회사 일을
집으로 가져오지 말자

'워라밸'을 중요시 여기는 지금 세대에게는 엉뚱하게 들릴 수도 있고 지금 세대와는 다소 맞지 않는 이야기일 수도 있지만 누군가에게는 필요한 이야기가 아닐까 하는 마음으로 글을 쓴다.

* 워라밸: '일과 삶의 균형'이라는 의미인 'Work-life balance'의 준말.

나는 주위 사람들로부터 '워커홀릭(workaholic)'이냐는 이야기를 가끔 들었다. 나도 그 말이 맞는 것 같기도 하다.

* 워커홀릭(workaholic): 일(work)과 알콜중독자(alcoholic)의 합성어. 일중독자, 업무중독환자 등으로 번역되고 있다.
업무 제일주의자는 일종의 병이라고 하는 풍자가 담긴 말이다.

지금도 다소 그렇다고 생각하지만 사회 초년생 때는 가끔 회사에서 혼자 또는 동료와 함께 자진해서 밤을 샐 정도로 지금보다 훨씬 더 많은 일에 대한 열정과 의욕이 있었다.

과거의 나는 주말에도 자고 일어나면 컴퓨터부터 켜고 두 개의 모니터 중 하나는 회사 일을 하고, 다른 하나의 모니터는 와이프 전용으로 영화나 이것저것 볼 만한 것들을 틀어 주었다.

일을 하겠다니 어쩔 수 없이 와이프도 이해를 해 주었겠지만 와이프의 입장에서는 주말에 남편과 함께 즐거운 시간을 보내고 싶었던 마음이 없을 리가 만무했을 것이다.

이런 시간들이 반복해서 쌓이게 되면 와이프에게 우울증이 함께 쌓일 수 있음을 그때는 알지 못했다.

평일에도 회사에서 주 5회 야근을 할 정도로 늦게 들어왔으니 자식도 없이 집에서 혼자 있는 가정주부의 삶이 얼마나 외롭고 고단했겠는가… 또한 둘이서 오붓하게 같이 보낼 수 있는 주말을 얼마나 기다리고 있었겠는가…

지금에 와서 생각해 보면 그때는 내가 두 가지를 다 놓치고 있었던 것 같다.

하나는 와이프의 외로움과 고단함을… 다른 하나는 일이라는 것은 시간을 더 투자하는 만큼 보다 많은 양의 결과를 얻을 수도 있겠지만 해도 해도 끝이 없는 것임을… 일에는 양적인 시간을 늘리는 것보다 짧은 시간 내에 질적으로 보다 더 효율적으로 하는 것이 좋다는 사실을 말이다.

회사에 충성하고 열심히 일하는 것도 중요한 것이겠지만 내 가정에 충실히 하는 것은 더더욱 소중한 것이다.

이제는 나 또한 결국 '워라밸'이 행복한 결혼생활을 위해서 꼭 필요한 일인 것 같다는 생각이 든다.

혹시라도 과거의 나와 비슷한 사람들이 있다면 자신에게 보다 더 소중한 것이 무엇이겠는지 잘 생각을 해 보고 나처럼 뒤늦게 후회하는 이들이 없기를 간절히 바라는 마음이다.

남자의 취미생활과
자기만의 시간

나의 취미생활은 당구장을 가는 것이다.

내가 원하는 취미생활을 얻기 위해 나도 와이프에게 한두 가지는 내어 줘야 할 수도 있다. 가령 토요일에 내가 집 청소를 해 주고 토요일과 일요일에 2~3시간 정도씩 당구장을 다녀올 시간을 번다든지 말이다.

낚시처럼 장시간을 요하는 취미라면 2~3시간 당구장을 가기 위해 노력을 한 것보다 더욱 큰 희생이 따를 수도 있을 것이다. 가령 와이프에게도 하루를 통째로 쉴 수 있도록 휴가를 내어 준다든지 말이다.

이러한 무언가의 노력과 희생이 없다면 자신이 기대했던 대가도 얻을 수 없는 것임을 이미 잘 알고 있을 것이다.

나는 개인적으로 남자가 아무리 힘든 상황 속에서도 취미생활과 더불어 자기만의 시간을 가질 수만 있다면 더할 나위 없이 좋을 것이라고 생각한다.

모든 남자들이 다 그런 것은 아닐지도 모르겠지만 예로부터 남자들의 속성에는 '자기만의 동굴'이 필요하다고 한다.

아무리 사랑하는 여자와 살고 있더라도 말이다.

자식을 키우는 입장은 못 되어 봐서 모르겠지만 애를 가진 입장이라면 특히나 자기만의 시간을 더욱 더 간절히 원하고 있지 않을까 생각해 본다.

나에게 동굴이란 바로 내 차 안이다.

나는 쉬는 날이면 항상 새벽에 일찍 일어나 와이프가 잠에서 깨기 전까지는 혼자서 드라이브를 하든, 영화나 음악, 유튜브를 보든, 차 안에서 커피나 가벼운 와인을 한잔 하면서 집필도 하곤 한다.

이것이 나 혼자만의 시간을 가지는 방법이며 또한 내 삶의 활력소이다.

와이프를 집에 놔두고 혼자서 어디 멀리 나가 있는 것이 아니라 집 앞 주차장에 있는 것이고 와이프가 생각보다 일찍 일어나서 내게 호출을 해오면 그 즉시 집으로 복귀할 수 있으니 와이프 입장에서도 큰 불만은 없을 것이다.

때로는 와이프에게 차로 내려오라 해서 같이 시간을 보내기도 하고 필요한 것이 있으면 같이 나가서 장을 보고 들어올 수도 있다. 가끔은 둘이 같이 먹고 싶은 음식이 있다면 차를 타고 가서 포장을 해 와서 맛있게 먹는다.

참고로 우리 부부는 외식을 즐겨 하지 않는 스타일이다.

자식을 둘이나 키우고 있는 나의 남동생의 경우 게임 프로그래머 일을 하고 있는데 평일에 새벽 4시에 기상, 6시에 회사 도착, 8시 근무시작 전까지 2시간 동안 오롯이 '자기만의 시간(게임할 시간)'을 만들어냈다.

게임 프로그래머 일을 하자면 직접 다양한 게임을 접해 보는 일이 그에게는 반드시 필요한 일일 것이라 생각한다. 형인 나의 입장에서는 참으로 대견하고 머리라도 쓰다듬어 주고 싶은 심정이다.

정해진 공식 같은 것은 없겠지만 주말 새벽 시간을 활용해서 자기만의 시간을 가져 본다든지 잘 찾아본다면 각자의 사정에 맞을 만한 '맞춤형 공식'은 반드시 있을 것이라고 생각한다.

아래의 말뜻을 천천히 잘 생각해 보자.

> Nothing sought, Nothing found - 구하는 것이 없으면 찾는 것도 없는 것이다.
>
> No pain, No gain - 고통 없이 얻는 것은 없다.

인생은 즐기는 만큼 행복한 것이 아닐까 싶다.

'Carpe Diem'의 말뜻처럼 어떠한 악조건 속에서라도 현재를 즐길 수 있는 나만의 방식을 반드시 찾아내어 보도록 하자.

할 수 있고 없고의 문제는 자신의 '의지의 차이'일 것이며, 어떻게 해서

든 만들어 내어 '나만의 취미생활'을 즐길 수만 있다면 이는 분명 당신에게 커다란 '삶의 활력'을 선물해 줄 것이다.

결론적으로 내가 스트레스를 잘 풀고 '여유'가 생긴 만큼 내 가족에게도 더 잘 해 줄 수 있는 '힘'을 갖추게 되는 것일 테니 말이다.

스킨쉽은
최대한 자주 하자

신혼 초의 부부들이야 아직은 밤낮을 가리지 않고 와이프와 뜨거운 시간을 자주 보내겠지만 결혼 후 어느 정도 세월이 흐르다 보면 대개의 남자들은 와이프에게 하는 스킨쉽의 빈도수가 줄어들게 마련이다.

와이프의 입장에서는 평소 남편과의 스킨쉽에 대해 부족하다고 생각하고 지금보다 스킨쉽을 자주 해 주기를 바라고 있는 여자들도 있을 텐데 그런 남편들에게 어떻게든 스킨쉽을 자주 해 보라는 이야기를 하더라도 잘 하지 못하는 남자들도 있다.

가장 좋은 것은 부부 사이에 스스로 원만하고 적절하게 스킨쉽을 유지해 나가는 것이겠으나 '그간 스킨쉽이 없거나 부족했던 부부간에 갑자기 만들어지기도 힘든 일이겠다.' 싶기도 하다.

가령 와이프가 키스나 포옹을 해달라고 하면 "가족끼리 그러는거 아니야~"라고 이야기하는 남편들도 많이 있다고 하는데 그렇게 된 데에는 여러 사정이 있었겠지만 부부간의 부족한 스킨쉽을 조금씩 늘려나갈 수만 있다면 분명 역기능보다 순기능이 많을 것이다.

오랜만에 와이프와 스킨쉽을 시도하게 되는 경우라면 무리하지 말고 와이프가 잘한 일에 칭찬과 함께 어깨를 토닥여 주거나 머리를 쓰다듬어 주는 등 적당히, 감당할 수 있는 만큼의 스킨쉽부터라도 다시 도전을 해보면 어떨까?

장난스러운 스킨쉽이라도 경우에 따라서 잘 응용하면 좋다. 우리 부부의 경우 내가 퇴근하고 집에 돌아오면 와이프가 입술을 들이밀며 내게 뽀뽀를 청하고 포옹하는 것은 기본이고 TV를 보다가도 가끔 뜬금없이 와이프의 뺨이나 다리를 어루만져 주거나 장난스럽게 허벅지부터 발목까지 손바닥으로 쓰다듬어주곤 한다.

지금은 와이프의 배가 좀 나와서 내가 배를 만지려 하면 기겁을 하고 눈이 동그랗게 되면서 방어기제를 펼치며 하지 말라고 하는데 나는 이러한 와이프의 리액션이 재미있어서 가끔 배를 만지려고 장난을 치곤 한다.

이러한 장난도 적당히 상황을 봐가면서 해야 한다. 가령 와이프가 물을 마시고 있을 때 내가 갑작스럽게 와이프의 배를 만지려 들어서 물을 뿜어 대기라도 한다면 이것은 더 이상 장난이 아니라 사나운 맹수에게 시비를 걸게 된 것과 마찬가지일 테니 말이다.

남자들을 위한 부부생활 참고서

각자 사정에 맞는 스킨쉽 방법을 찾아보자.

최근에 와이프의 손을 따뜻하게 잡아 주거나 안아 주었던 적은 언제인지 한번 생각해 보자.

안 해 봐서 그렇지 해 보면 다 할 수 있는 일이다.

포옹과 키스의 효과에 대해 인터넷에서 조금만 찾아보면 도움이 될 만한 많은 글들을 볼 수 있을 것이다.

집안일을 잘 도와주기 위해서
반드시 와이프에게 요청해야 할 것

집안일을 함께 제대로 처리하기 위해서는 와이프가 내게 대충 이야기를 해 주면 잘 알아듣지 못하겠으니 내가 그 일을 제대로 처리할 수 있도록 디테일하게 설명을 해 달라고 요청하자.

"저기서 그거 갖다 줘."라고 하면 한 번에 알아듣고 제대로 가져다 줄 수 있는 사람이 어디 있겠는가?

"냉동실 말고 냉장고 문을 열면 위에서 두 번째 문 칸에 빨간색 뚜껑 달린 동그란 유리병 갖다 줘."라고 자세히 말을 해 준다면 바보가 아닌 이상 한 번에 잘 찾아서 가져다 줄 수 있을 것이다.

세상이 많이 변했다고는 하지만 아직도 주방 살림만큼은 남자보다 여자가 더 잘 알 수 있을 것이다.

한 수 위가 아닌 최소한 두세 수는 위일 것이다.

"못 찾겠어! 무슨 말인지 모르겠어!"라고 짜증을 낼 일이 아니라 그 일을 내가 제대로 처리할 수 있게 도와 달라고 해 보자. 여자들도 제대로 도움을 받고 싶으면 남편들에게 제대로 설명을 해 줘야 가능한 일일 것이다.

우리 부부의 경우 평일 퇴근할 때에나 주말 아침에는 내가 장을 보곤 하는데 와이프에게 미리 장을 볼 목록을 카카오톡으로 자세히 전달해 달라고 하고 있다. 예전에는 전화로 이야기만 듣고 외워서 사 오려고 하다 보니 한 가지씩 잊어버리고 못 사오는 경우가 있어서이다.

주말인 오늘 내가 와이프에게 받은 카카오톡 지령을 예로 들어 보겠다.

1. X마트에서 사올 것: 적상추 한봉지(적상추와 청상추가 있다.), X와나무 우유 1+1 하나, X 아이스 아메리카노 2병만요~(어느 브랜드의 제품인지, 개수는 몇 개인지, 용량과 가격대 등 세밀한 확인이 필요하다.)

2. Y마트에서 사올 것: X 요구르트 1세트, X 쌀국수 컵라면 소컵 하나만요~(컵라면인지, 봉지라면인지 확인이 필요하다. 디테일한 설명이 없을 경우 나는 와이프에게 무조건 컵라면 소컵으로 사갈 것이라고 사전에 못을 박아 두었다.)

3. 오전에 세탁기 코드 꽂고 양쪽 수도꼭지 다 틀고 세탁기 문

꼭 닫아서 전원 버튼 누르고 버블에코에 돌려서 끝나면 물 잠 그고 코드 뽑고 일단 셔츠만 옷걸이에 걸어서 건조대에 놓아 주세요~

여자들에겐 조금 귀찮은 일일지라도 남편에게 이처럼 상세히 설명을 해 준다면 시킨 일을 잘 처리해 줄 수 있을 것이고 이것이 바로 서로가 '윈 윈'할 수 있는 현명한 방법일 것이다.

가끔 와이프 몰래
평소에 하기 어려운 청소를 해 보자

일 년에 최소한 한두 번 정도는 와이프 몰래 내 가 스스로 자진해서 와이프 모르게 해 주는 청소 가 있다.

베란다에 있는 세탁기나 기타 가구, 타일 등이 시간이 오래 지나면 누렇게 찌들어서 쉽게 청소하기가 힘든 상태가 될 때가 있다. 또한 주방 가스렌지 주위를 둘러보면 어쩌다 기름때가 즐비할 때도 있다.

그리고 나보다 키가 작은 와이프가 쉽게 청소하기가 어려운 주방 찬장이나 천장 청소도 와이프 입장에서 하기에는 고난이도 영역일 수 있을 것이다. 요즘은 기술이 좋아져서 기름때, 찌든 때 등을 손쉽게 청소할 수 있는 훌륭한 제품들이 많이 나와 있어서 이를 활용해 본다면 그다지 어려운 일도 아닐 것이다.

더 이야기를 하기 전에 한 가지 짚고 넘어가야 할 것은 내가 그 일을 하는 것은 와이프가 시켜서가 아니라 그냥 단순히 내 마음 속에서 진심으로 우러나와서 하는 일이어야 한다는 것이다.

우리 부부만의 특수성으로 인해 주말에도 와이프가 나보다 늦게 일어나기 때문에 나는 어느 주말 아침이든 날을 잡고 할 수 있는 일이지만 꼭 이런 환경이 아니더라도 가령 와이프가 혼자 처가댁이나 외출을 다녀올 때라든지 찾아보면 기회가 얼마든지 있을 것이라 생각한다.

물론 와이프가 어떠한 사정으로 집을 비우게 되어 오롯이 혼자만의 시간이 주어진다면 쾌재를 부르며 광란의 시간을 보내고 있을 수도 있겠지만 내가 이야기를 하는 것은 일 년에 한 번 정도의 시간을 와이프를 위해 할애해 보자는 것이다.

일 년으로 봐서는 한 번뿐인 일이겠지만 이것이 적금처럼 모여 10~20

년이 쌓이고 쌓여 무형의 '카드'란 것이 내게 생길 수도 있을 것이다.

우리 부부가 같이 재밌게 보고 있는 맛있는 녀석들에서는 '한입만 면제권'이란 것이 있다. 물론 '한입만 면제권'이란 것은 벌칙에 걸려서 맛있는 음식을 앞에 두고 딱 한입만 먹을 수 있도록 허용되는 카드지만 내가 말하는 이 '카드'는 단순히 무슨 음식을 한입만 먹을 수 있는 단순한 '카드'가 아니라 내가 쓰기 나름인 '비장의 카드' 한 장이 될 수도 있다.

웬만한 와이프라면 이런 청소뿐만이 아니라 그동안 와이프를 위해 내가 10~20년 동안 덕을 쌓아 둔 시점이 되면 와이프도 참 고맙게 생각하며 평소에 내게 더 잘 해 주려 노력할 것이고(사실 이 정도만 되더라도 좋은 일이다.) 내가 무엇을 계획하고 행하든 실수를 하든 웬만한 일이라면 와이프도 한두 번쯤은 눈감아 줄 수 있는 아량이 생길 수도 있겠다고 생각한다.

남편들도 이런저런 일들로 힘들고 피곤하겠지만 이번 주말에라도 집안 구석구석을 한번 살펴보며 나의 손길을 필요로 하는 곳은 없는지 체크를 해 보면 어떨까?

맥가이버가 되어 보자

 가령 집에서 전등이나 전기가 나갔을 때, 변기가 막혔을 때, TV나 전화, 인터넷이 안 될 때 등 생활 속에서 크고 작은 각종 많은 일들을 알아서 척척 해결해 준다면 와이프의 입장에서 보면 남편이 왠지 믿음직스러워 보일 것이다.

혹시 어려운 상황에서 어떻게 해야 할지 잘 모르겠다면 인터넷 검색만 해 봐도 요즘 없는 정보가 없을 정도이니 잘 찾아보고 그대로 따라서 하기만 하면 얼추 해결이 될 수 있다.

며칠 전에 나로써도 처음으로 알게 된 것이 하나 생겼는데 그 전날 저녁까지만 해도 문제가 없던 가스렌지가 아침부터 켜지지 않고 말썽을 부려서 와이프가 내게 도움을 청해 왔다.

막상 내가 가스렌지를 켜 보려고 하니 '타, 타, 타, 타~' 하는 소리와 함께 가스냄새는 나지만 불이 붙지 않기에 '가스는 이상이 없고 점화플러그나 전원공급에 문제가 있는 것인가?' 생각하고 있었는데 곧 부모님들께서 우리 집에 오셔서 식사를 준비해야 한다기에 급한 대로 가스렌지에 불을 올려 주기 위해 얼른 가스에 대고 토치로 불을 쏴서 붙여 주어 음식준비를 할 수 있게 해 주었다. 다행히 가스가 나오는 것에는 문제가 없었다는 것이었다.

그리고 나서 검색을 해 봤더니 첫 번째로 눈에 띈 것이 가스렌지 밑에 건전지 두 개가 들어가는 것을 알게 되어서 새 건전지로 교체를 해 봐도 문제가 해결되지 않아서 다시 검색을 해 봤더니 이번에는 화구 주변의 녹이 문제일 수도 있다고 해서 와이프와 함께 전부 들춰내고 열심히 씻어서 화구 주변의 녹을 제거한 후에 다시 점화를 해 보니 말끔히 문제가 해결되었다.

이러한 사소한 일에도 사람을 부른다면 최소 몇 만원이 들어갈 수도 있는데 조금만 검색을 해 보고 노력을 해서 문제가 해결되면 다행인 것이고, 도저히 혼자 힘으로는 안 되겠다 싶을 때 서비스센터에 전화를 하든 다른 방법을 찾아보면 좋겠다.

냉난방, 가스, 전기, 수도, 인터넷, TV, 각종 설비 등에 문제가 있을 때를 대비해 각각의 AS센터 연락처를 저장해 뒀다가 척척 전화를 하여 해결해 주는 센스도 발휘해 보자.

자동차가 있다면 간단한 문제들은 한 번씩 직접 해결해 보자.

정비소에서 자동차 스마트키 배터리 하나 갈아 주는 데 재료비, 공임비 포함 만원이 들 수도 있지만 간단한 교체 방법만 알고 있다면 재료비 이천 원이면 끝난다.

실제로 내가 만원을 들여서 배터리를 교체했었던 쓰라린 경험이 있다.

워셔액, 에어컨 필터, 와이퍼, 배터리 등의 교체도 안 해 봐서 못하는 것이지 한 번씩만 직접 해 본다면 쓸데없이 공임비를 낭비하지 않고 적은 재료비만으로 직접 교체할 수 있는 정말 쉬운 일들이고 하나씩 내가 직접 할 수 있는 일들을 늘려 나가는 재미 또한 쏠쏠하다.

이외에도 운전이나 주차 시 요긴하게 사용할 수 있는 것들을 미리 준비해 두면 좋겠다.

나는 평소에 걱정을 많이 하고 회사 일로 운전을 많이 하는 편이라 갑자기 차에 기름이 떨어질 것을 대비해 차에 여분의 기름도 가지고 다니며, 차안에서 행여 불이라도 날까봐 미니 소화기까지 비치해 두고 있다.

차 안에 돗자리나 우산 두 개쯤 비치해 두는 것은 기본이고 여름철 복사열에 대비한 차광막, 겨울철 눈이 많이 오는 날 등 악천후에 대비하여 차를 보호할 수 있는 커버와 체인 등을 비치해 두면 좋다.

보험에 하나씩 가입할 때에도 핸드폰 등에 메모를 해 두자. 언제, 어떤 보험을 왜 가입했는지, 갱신형인지, 비갱신형인지, 매월 며칠에 어떤 통장에서 얼마씩 보험료가 이체되며 언제까지 납부를 해야 하는지, 이 보험은 어떤 상황에서 어떤 혜택을 받을 수 있는지, 보험금 신청할 때 필요한 서류와 절차 등을 귀찮다고 생각하지 말고 한 번씩만 잘 메모를 해 둔다면 필요할 때 우왕좌왕하지 않고 요긴하게 잘 활용할 수 있을 것이다.

또한 앞서도 한번 이야기했듯이 라디오나 다른 매체를 통해서 우리가 미처 준비해 두지 못한 보험이 있을 것 같다거나 가입된 보험의 보장내역을 더욱 보강해야 한다고 판단될 때마다 보험설계사에게 연락해서 꼼꼼히 확인을 하고 있다.

남자들을 위한 부부생활 참고서

집안일, 자동차, 보험 외에도 어떠한 일이 발생하더라도 척척 해결해 줄 수 있는 스킬을 가져 보자. 그럴 때면 와이프에게서 '엄지척'을 받을 수도 있을 것이다.

나는 어떤 문젯거리를 해결해 준 후 "나야~"라며 와이프에게 애교 섞인 자랑을 하곤 한다.

나만의 시그니처가 될 만한 말투나 제스처 한두 가지씩도 함께 준비를 해 두면 좋겠다.

나의 인맥을
점검해 보자

핸드폰 연락처에 몇 백 명, 몇 천 명이 저장되어 있을 수도 있겠지만 그 연락처 안의 모든 사람들이 나의 인맥은 아닐 것이다.

내가 위기에 처했을 때 주위에 부탁해서 흔쾌히 도움이 되어 줄 사람은 과연 몇 명이나 있을지 한번 생각해 보자.

살다 보면 여러 가지 다양한 위기 상황에 처할 때도 있고 급전이 필요한 순간들이 올 수도 있다.

나의 경우에도 이번 집으로 급하게 이사를 하게 되었을 때 그동안 모아 둔 돈을 다 털었음에도 정확히 3000만원이 모자랐는데 대출을 받을 시간

적 여유도 없는 상황에서 500만원씩 6명에게 돈을 빌려 겨우 이사를 할 수 있었다. 이사 후 곧바로 추가 대출을 받았고 감사 인사와 함께 돈을 빌려준 지인들에게 되돌려줄 수 있었다.

물론 주위에 몇 천이든, 몇 억이든 내게 척척 지원을 해 줄 수 있는 한 사람이 있다면 그것도 인맥이며 능력이겠지만 그런 엄청난 인맥을 갖고 있는 사람이 그리 많지는 않을 것이다.

나는 군입대 시절부터 관물대에 적어 뒀던 좌우명이 하나 있다.

'사람마다 죽을 때 무게감이 다르다. 무게 있는 사람이 되자.'이다.

그렇게 살아가면서 주위에 좋은 사람들과 많은 인연을 만들어 나가며 살고자 하는 것이 나의 목표들 중 하나이다.

내가 죽어 이 세상을 떠나는 마당에 내 장례식을 내가 보게 된다면 그 자리에 나의 소중한 사람들이 모여 있는 모습을 바라보며 '그래도 한 세상, 좋은 사람들과 함께 부끄럽지 않게 잘 살다가 가는구나~'라는 정도는 생각하고 떠나야 할 것 아니겠는가?

고등학교나 대학교를 다닐 무렵부터 내 주위에는 가끔 어마어마한 인맥을 자랑하는 친구들도 있었다.

'부러우면 지는 것'이란 이야기가 있는데 그들을 마냥 부러워만 할 것이 아니라 지금부터라도 내 인맥은 내가 만들어 나가야 할 일이라고 생각한다.

인맥을 많이 쌓아 두면 평소에 생활에서도 많은 도움이 되는 것이 사실이다.

의사들을 알아 두면 해당 진료과의 도움을 받거나 일상생활 속에서 각종 질병 관련 자문을 얻을 수 있고 변호사나 법조계의 인물들을 알아 두면 해당 분야의 도움을 받기가 용이하다.

집 주변에서도 가령 동네 당구장 사장님이랑 친하게 지내면 주말 아침 일찍 나가 잠겨 있는 당구장 문을 열고 들어가서 혼자서 공짜로 죽어라 연습을 할 수도 있고, 참치횟집 사장님이랑 친하게 지내면 가서 내가 좋아하는 부위만 얼마치 달라고 하면 메뉴판에도 없는 나만의 맞춤형 메뉴를 맛볼 수도 있다.

이렇게 인맥의 중요성에 대해 몇 가지 예를 든 것은 아주 단편적인 예일 뿐이며 여러 분야의 인맥들을 잘 알아 둔다면 이를 통해 더 많은 삶의 도움을 받을 수 있을 것이다.

자, 지금 나의 인맥은 어느 정도 되는지, 어떤 방법으로 앞으로 나의 인맥을 더 많이 쌓아 나갈 수 있겠는지를 한번 생각해 보고 점검해 보면 좋겠다.

사람들이
나를 찾도록 만들어 보자

무언가의 영역에서는 내가 꼭 필요한 존재가 되도록 해 보자.

우리 부부는 카카오톡에서 처가댁 단톡방이 따로 있어서 자주 안부를 남기며 필요한 많은 소통을 여기서 나누고 있다.

처가댁에서 가끔 나를 필요로 할 때 나는 항상 흔쾌히 그것을 해 드리고 난 후 매번 말씀드리는 것이 있는데 그것은 바로 도움을 드릴 수 있는 것이 감사한 일이며, 또한 나의 기쁨이라는 것이다.

그렇다고 내가 해 드리는 일이 뭔가 특별할 것도 없는 일이다. 가령 처가댁 컴퓨터나 주변기기가 잘 안 되거나 고장이 났을 때 가서 고쳐 드리고, 소모품이 떨어졌을 때 구해 드리고, 건강이 안 좋다고 하시면 그에 대해 좋을 만한 무언가를 찾아봐 드리고, 기타 찾기 어려운 어떤 것을 인터넷에서 찾아 드리는 것 등 누구나가 웬만하면 다 해 드릴 수 있는 것들이다.

프랑스에 살고 계신 와이프의 친언니도 가끔 내게 카카오톡이나 보이스톡으로 SOS를 청하시면 구매를 대행해 드리거나 바로바로 해결해 드리려고 노력한다.

남자들을 위한 부부생활 참고서

부모님 댁에서 필요한 물품이 무엇이 있겠는지 찾아보고 또는 여쭤보고 대신 구매해 드려 보자.

부모님 세대에서는 우리 세대보다 온라인으로 보다 저렴하게 구입할 수 있는 방법을 잘 모르실 수도 있다.

나이가 많이 들게 되면 배변활동에 어려움을 겪는 어르신들이 많이 계시고, 피부 트러블이나 눈 건강에 도움을 주는 좋은 제품이나 각종 영양제 등 찾아보면 선물로 해 드릴 수 있는 것들이 많이 있을 것이다.

비단 영양제뿐만이 아니라 이밖에도 인터넷에서 주문한 맛있는 음식이나 푸드 워머, 토치, 스태퍼, 와인 스토퍼 등 우리 부부가 사서 사용을 해 보고 좋은 것이 있다면 부모님 댁에도 하나씩 보내 드리고 있다.

양가 부모님들과 평소 대화를 나누다가 조금만 관심을 갖고 센스를 발휘해 보면 챙겨 드릴 수 있는 것들도 많이 있다.

얼마 전에 처가댁 갔을 때 장인어른께서 지금 쓰고 계시는 전기면도기의 수명이 다한 것 같다고 하셔서 기억해 뒀다가 내가 쓰고 있는 같은 제품으로 하나 장만해 드리면서 "저렴한 국산 제품이지만 제가 직접 사용해 보니 전에 사용했던 고가의 '필립○'보다 가격 대비 성능이 좋은 것 같습니다."라고 말씀을 드렸다. 이 말 안에는 비싼 제품이 아니니 부담 가지시지 마시고, 내가 직접 사서 써 봤으니 믿을 만한 제품이며, 저가의 국산 제품 퀄리티가 해외 명품 브랜드만큼 좋아졌음을 함께 알려드리는 것이다.

장모님께서 이번에 어떤 것을 얼마에 주고 샀다고 하시면 나는 장모님께서 눈치 채지 못하게 재빨리 핸드폰으로 인터넷에서 검색하고 보여 드리면서 "장모님, 다음번에 구매하실 때 저한테 말씀해 주시면 이 가격에 사 드릴 수 있습니다."라고 말씀을 드린다.

누누이 말하지만 아무리 우리 부부가 양가 부모님들께 많이 해 드린다 해도 부모님들께서 우리에게 해 주시는 것들이 훨씬 더 많다.

한번은 와이프의 외사촌 막내 동생이 컴퓨터 프로그래머와 그래픽 디자이너 중 어느 분야를 선택할지, 앞으로의 진로를 두고 고민하고 있을 때 전화해서 내가 알고 있는 부분들에 대해 한참 상담을 해 주고 마침 내 친동생이 게임 프로그래머를 하고 있고 친한 형님이 울산에서 컴퓨터 그래픽 디자인 학원을 운영하고 계셔서 그들에게 부탁을 하여 사촌동생에게 전화를 연결해 주고 상세한 상담을 받게 해 준 적이 있었는데 그의 부모님께서 내게 직접 전화를 주시어 한참동안 고맙다는 말씀을 전해 주신 적이 있다.

누구나 어떤 분야에서는 남들보다 나은 부분이 한두 가지는 반드시 있을 것이고 그것을 통해 잘 활용을 한다면 주변에 자신이 도움을 줄 수 있을 만한 일들이 분명 있으리라 생각한다.

나만의 무기나 장점이 될 수 있는 것들이 무엇이 더 있을지 찾아보는 것도 좋은 일일 것이다.

처가댁 친인척 구성원을 꿰차고
처가댁 기념일들을 챙겨 보자

　　사람의 기억력은 한계가 있는 것이고 나도 별로 기억력이 좋지 않아 항상 모든 것들을 다 외울 수는 없는 일이다.

　　어플을 찾아보면 가계도를 저장해 둘 수 있는 어플도 있고 단순히 핸드폰에 메모를 해 둘 수도 있다.

　　친인척의 생년월일을 캘린더에 저장해 두는 것도 잊지 말고 돌아가신 분들이 있다면 기일도 저장을 해 두도록 해 보자.

　　나는 캘린더의 알람 기능을 사용하여 매달 말이나 초에 와이프에게 이달에 저장되어 있는 각종 경조사들을 전해 주고 다시 며칠 전에 와이프가 잊고 있을 것 같으면 한 번씩 더 이야기를 해 준다.

　　자신도 기억을 못 하고 있을 법한 자기 집안의 대소사까지 기억해 주고 챙겨 주는 남편이 사랑스러워 보이지 않겠는가?

　　처가댁 와이프 사촌들의 이름들을 기억해 뒀다가 만났을 때 이름을 불러 주는 것은 기본이겠고 그들과도 친하게 지낼 수 있다면 더욱 좋은 일이겠다.

　　우리 부부도 와이프의 사촌 여동생을 우리 집에 초대해서 밤새도록 함께 술을 마시며 많은 이야기를 나눴던 일이 있었는데 아직까지도 우리에게 좋은 추억으로 남아 있다.

이뿐만이 아니라 나는 직장 동료들과 주변 지인들의 생일이나 결혼기념일, 출산일 등 특수한 일이 있던 날에는 매번 잊지 않고 캘린더에 저장을 해 두었다가 가급적이면 잊지 않고 축하를 해 주려고 노력하고 있다.

이러한 사소한 노력들이 나의 인맥을 형성하고 유지하는 데 많은 도움이 될 것이라고 생각한다.

지금 자신의 핸드폰 캘린더에는 어떠한 일정들이 기록되어 있는지 확인해 보고 추가로 기록하면 좋을 일정들은 없겠는지 한번 생각해 보면 좋겠다.

사기를 당하지 않으려면 사람을 너무 믿지 말자

예전에도 그러했듯이 지금 세상에서도 사기꾼들이 판을 치는 세상이다. 사기꾼들은 때와 장소를 가리지 않고 이 세상에 항상 존재하는 모양이다.

언젠가 수십 명이나 되는 지명수배자들의 사진과 이름, 죄명이 적힌 명

단을 본 적이 있었는데 놀라웠던 것은 그들의 생김새만 봐서는 전혀 범죄를 저지를 만한 얼굴로 보이지 않았다는 사실이 내게는 참으로 충격적이었다.

　나도 살면서 크고 작은 사기들을 겪은 적이 있었다.
　한번은 인터넷 동호회에서 만난 친구와 사업을 함께 하기로 해서 그 친구가 직원과 함께 사무실까지 차렸던 적이 있었는데 그 이후 연락이 두절되었던 적도 있었다.
　동업을 하기로 결정하기 전 검증을 해 보기 위해 그 사람을 처가댁으로 데리고 와서 사업에 대해서 나보다 지식이 많은 장인어른과 처남 형님 앞에서 우리가 함께 진행하고자 하는 사업에 대한 브리핑을 시켜 봤는데 말만 들어서는 정말 혹할 만했지만 결론적으로 제대로 잘 되지는 않았다.
　정말 마음 먹고 달려들면 사람들을 속이는 것은 결코 어려운 일이 아니라는 생각도 들게 되었다.

　나의 어머니는 과거 초창기에 유행했던 펀드에 속아 아버지의 퇴직금을 모두 날려버린 적이 있었고 주위 사람들의 이야기를 들어보면 지금 시대에도 크고 작은 사기를 당한 안타까운 일들은 참으로 비일비재하게 일어나고 있는 것 같다.

　TV나 뉴스를 보면 가끔 유명한 연예인들도 수억~수십억원 상당의 사기를 당한 이야기가 나오는데 그들의 심정은 어떨까… 생각하면 참으로 딱한 일이 아닐 수 없다.

그들이라고 아무것도 모르고 멍청해서 당했겠는가…

아무리 조심을 한다고 해도 누구나가 당할 수 있는 일임을 반증하는 것일 테다.

요즘 보이스피싱 등 사기를 치는 방법도 참으로 가지가지이고 점점 업그레이드 되어 가고 있는 듯하다.

'이런 것에 누가 사기를 당하나~' 생각만 하고 말 것이 아니라 나의 부모, 나의 와이프, 나의 자녀가 당할 수도 있는 일임을 유념하고 이런 나쁜 일을 당하지 않도록 평소에 주의를 기울일 수 있도록 알리는 노력을 게을리 하지 말아야겠다.

아무것도 하지 않으면 아무 일도 일어나지 않겠지만 사람 사는 일이 어디 아무것도 하지 않고 살 수 있겠는가?

의도가 아무리 좋았다고 한들 사기를 당하고 나면 아무런 소용이 없는 노릇이니 무엇이든 결정을 내리기 전에 보다 더 신중하게 알아보고 따져봐야 할 일이겠다.

한두 번 사기를 당했더라도 비싼 수업료를 지불한 셈치고 또다시 당하지 않도록 각별히 주의를 하도록 하면 될 일이다. 한두 번 사기를 당했다고 사람이 죽을 일은 아닐 테니 말이다.

나의 어머니는 과거에 몸이 너무 아프고 힘들어서 한번 죽으려고 시도를 하려고 하셨는데 그때에 들었던 생각이 '나에게 죽을 용기와 힘이 있다면 그 힘으로 살아내어 보자!'였다고 하셨다.

아무리 큰 손해를 봤더라도 당당하게 딛고 일어나 열심히 살면서 손해를 만회하면 될 일일 것이다.

목숨 걸고
비자금을 확보하자

 남자든, 여자든 지갑이 비게 되면 자신감도 결여되기 마련이다.

가정생활, 직장생활, 사회생활을 하며 사람들과 어울림에 있어서 최소한의 품위 유지비는 누구에게나 필요할 것이다. 그래서 비자금은 '남자의 힘'이라는 말도 있고 비자금 없는 남자는 '머리카락 없는 삼손'이라고도 한다.

어떤 남편은 봉투에 비자금을 넣고 겉봉에 '당신 힘들 때 필요하면 써~ 사랑해!'라고 적어 두고는 회심의 미소를 지으면서 와이프가 찾지 못할 장소에 숨겨 둔다고 한다.

들키더라도 와이프에게 칭찬 받을 일이 되고 안 들키면 다행인 것이니 이 정도면 비자금계의 고수가 아니겠는가?

남편들의 비자금 통장으로 많이 사용되는 '스텔스 통장'이란 것도 있으니 참고하길 바란다.

인터넷 기사 글을 보면 어떤 남편들은 이 '스텔스 통장'을 잘 활용하여 보너스나 월급이 들어오면 은행으로 달려가 일정 금액을 비상금으로 떼어내고 나머지 금액을 아내의 계좌로 송금할 때 회사명과 함께 급여라고 보내는 사람 이름을 바꾸어 이체하기 때문에 들킬 염려는 없다고 한다.

나의 경우는 대략 20년 전 와이프와 처음 같이 생활을 할 때부터 와이프에게 "생활의 여유자금 확보를 위해 비자금을 운영할 것이니 없는 돈이라 생각하고 어떤 이유라도 터치를 하지 말아 달라!"라고 못을 박아 두고 동의를 얻어둔 터라 따로 와이프가 모르는 나만의 비자금 계좌를 운영하고 있다.

내가 비자금을 '스텔스 통장'이 아닌 일반 계좌에 두는 이유는 갑자기 생활비가 모자라거나 급전이 필요할 때 등 수시로 계좌이체를 해야 하기 때문이다.

비자금이 필요한 이유는 여러 가지가 있겠지만 가장 큰 이유는 말 그대로 비상금이 될 수 있기 때문이다.

살다보면 갑자기 목돈이 필요한 때가 있다. 미리미리 준비를 해 두고, 안 해 두고의 차이가 크다는 것을 알게 될 때가 있을 것이다.

어찌되었든 최소한 와이프에게서 돈을 구걸하지는 않도록 노력을 해 보도록 하자.

우리 집의 돈 관리는 내가 다 도맡고 있다. 와이프가 나보다 돈 관리를 더 잘 하지만 돈 문제로 스트레스 주고 싶지 않아서이다.

앞서도 이야기를 했듯이 이번 집으로 이사할 때 그간 와이프 몰래 모아 둔 돈을 몽땅 쏟아 부었다. 나는 이 일로 와이프에게 칭찬 받아 마땅한 일이라고 여겼으나 그동안 자신에게 말 한마디 안 해 줬던 내게 서운한 마음을 내비친 적이 있었다.

'아~ 비자금을 두더라도 어느 정도는 와이프에게도 공유해 줘야 하는 부분도 있겠구나~'라고 깨닫게 되었고 이후로는 목돈이 생길 때마다 와이프에게도 어느 정도는 공유해 주며 와이프 통장에도 돈을 좀 넣어 주면서 "넣어둬~ 넣어둬~"라고 이야기를 해 주니 와이프의 마음도 한결 가벼워 보이고 여유가 생기는 것 같다.

비자금 관리 방안의 고도화와 노후 준비에 대하여

가끔 라디오 사연을 듣다 보면 "남편이 집에 숨겨 둔 비자금을 찾아내어 고맙게 잘 쓸게요~"라는 사연을 들을 때면 가슴이 아파온다.

사연을 들어 보면 대개가 집 안에 비자금을 숨겨 두었다가 와이프에게 걸리는 유형들이 많은데… 부득이 비자금을 감춰야 하는 상황이라면 꼭 집 안이 아니라 앞서 이야기한 '스텔스 통장'이나 나처럼 별도의 일반 계좌를 개설하든가, 아니면 회사나 차 안에 두는 것도 좋지 않을까?

꼭 집 안에 비자금을 감춰야 하는 상황이라면 어설픈 위치보다는 컴퓨터 본체 안이나 에어컨 필터처럼 평소에 와이프 손이 닿을 일이 없는 공간을 찾아보면 좋겠고 주위 사람들과 함께 이야기를 나누며 고도화 방안을 찾아보는 것도 좋겠다.

또한 인터넷에서 검색해 보면 '국정원, CIA가 와도 찾기 힘든 비자금 은닉 장소'라는 것도 찾아보니 참으로 기상천외한 많은 방법들이 있는 듯하다.

나는 개인적으로 비자금 관리 방안의 고도화 방법을 찾기 보다는 인센티브 등 와이프 모르게 월급 외에 돈을 벌수 있는 일을 찾아서 지금보다 수익을 더 크게 만드는 것이 더욱 중요한 일이라 생각한다.

나도 물론 회사에서 월급 외 '인센티브'를 별도로 받고는 있지만 지금도 추가적인 수입 창출을 위한 다양한 방법들을 찾아 노력을 하고 있으며, 앞으로도 내가 더욱 노력해야 할 것들을 찾아내고자 애쓰고 있는 중이다.

요즘은 코로나19 시대로 먹고 사는 일이 더욱 힘들어져 자영업자든 직장인이든 투잡, 쓰리잡을 하고 있는 사람들도 있다고 한다.

맞벌이를 하고 있는 부부라면 우리 부부보다 사정이 나을지도 모르겠지만 외벌이인 우리 부부의 경우 나 혼자만의 월급만으로 생활을 해 나가기란 여간 만만치가 않은 일이다.

앞으로의 노후까지 생각해 본다면 역시 월급만으로는 우리가 찾는 답이 될 수 없다는 것을 쉽게 깨달을 수 있을 것이다.

올해 마흔다섯이며 자식이 없는 나의 경우 나는 우리 부부에게 필요한 노후 목표자금은 15억원으로 생각하고 있다.

내가 회사를 그만두고 아무런 일도 하지 않은 채 우리 부부에게 매달 통장으로 300만원이 꼬박꼬박 들어온다면 우리 부부가 매달 생활하는 데 큰 걱정은 없을 금액이라고 생각한다.

내가 왕성하게 일을 할 수 있는 나이를 50세까지로 잡고 지금은 100세 시대이니 우리 부부가 51세부터 100세까지 50년간 매달 300만원을 쓴다고 가정을 해 본다면 딱 18억원이 들어가며, 내가 그보다 10년을 더 일을 해서 61세부터 100세까지 40년간 매달 300만원을 쓴다고 가정을 하더라도 14.4억원이 들어가게 되기 때문이다.

물론 일정 나이가 지나고 나면 나라에서 연금을 받을 수도 있겠지만 연금은 없는 돈이라 가정하고 계획 중인 것이다.

올해 2021년 2월, 내가 『부자 아빠, 가난한 아빠』라는 책을 보기 전까지 부끄럽지만 나는 모아 둔 돈이 단 한 푼도 없었다. 그러나 이 책을 통해 나는 달라졌고 올해 안으로 시드머니 1200만원을 모아서 일 년에 두 배씩 매년 순탄하게 불려나가 15억원을 만들게 되더라도 족히 7년이 걸리고 나는 52살이 된다.

만약 이 과정으로 일 년이 아닌 이 년에 두 배씩, 즉 앞서보다 두 배의 시간이 더 걸린다고 가정하면 총 14년이 걸리고 그 사이 나는 59세, 거의 60세가 될 것이다.

물론 현실적으로 이처럼 된다는 것은 거의 불가능에 가깝겠지만 이것이 우리 부부의 노후 준비를 위한 기초적인 뼈대이며 나는 강한 의지를 가지고 어떻게 해서든 이 목표를 이루기 위해 노력하고 있는 것이다.

와이프 모르게 비자금을 만들어 숨길 걱정보다는 나의 가정이 노후까지 문제가 없도록 만들기 위해 나에게 맞는 답을 찾아내는 일이 훨씬 더 값어치가 있는 일이 되겠다.

내가 좋아하는 '워렌 버핏'의 명언을 하나 들려주니 각자에 맞는 방법들을 꼭 찾아낼 수 있기를 진심으로 바란다.

'만약 당신이 잠자는 동안에도 돈이 들어오는 방법을 찾아내지 못한다면, 당신은 죽을 때까지 일만 해야 할 것이다.'
'If you don't find a way to make money while you sleep, you will work till you die.'

- 워렌 버핏(Warren Buffett)

목표와 계획을 세우고
의지를 불사르자

 목표란 사전적인 의미로 '목적으로 삼아 도달해야 할 곳'을 뜻한다.

사람들은 모두 자신의 차를 직접 운전하거나 버스, 택시, 지하철, 비행기, 배를 타더라도 나아가고자 하는 방향이 있고 다다르고자 하는 목적지가 있다.

하지만 이 시대를 살고 있는 100명 중 98명은 인생을 살아감에 있어서 명확한 목표를 정하지도 못한 채 인생을 살아가는 게으른 생활이 일반화되어 있다고 한다.

회사의 발전을 위해 계획을 짜고 있는 임원에게도 정작 본인의 계획은 무엇이냐는 질문에는 답을 못하는 사람들도 있다고 한다.

나라고 무슨 원대한 목표가 있거나 대단한 계획이 있는 사람은 아니지만 스스로가 이 98명 속에 포함된 사람인지, 아니면 나머지 2명 속에 포함된 사람인지 한번 생각해 보자.

나의 목표는 무엇인지, 나의 아내의 목표는 무엇인지, 나의 자식들의 목표는 무엇인지를 명확하게 알고 있다면 그것을 이루기 위한 중장기적인 계획을 세운 후 의지를 가지고 하나씩 이뤄나가며 한 계단, 한 계단 밟고 올라서다 보면 언젠가는 목표에 다다를 수도 있지 않을까?

하지만 자신의 인생에 아무런 목표도 없이 왜 살고 있는지, 무엇을 이루기 위해 살고 있는지조차 모르고 있다면 그 자체로 무의미한 인생을 살아가고 있는 위험한 삶이 될 수도 있을 것이다.

나는 처음 와이프를 만났던 스물여섯 때부터 처음 사회생활을 시작하며 막연했지만 나의 목표는 아래 2가지였다.

하나는 '일'에서의 성공이었고, 다른 하나는 '여자' 즉 '결혼'에서의 성공이었다.

와이프를 만나 "내 인생의 목표 중 하나인 '여자' 즉 '결혼'에서의 성공은 이제 당신을 통해서 이뤄 나갈 수 있을 것 같으니 이미 나는 절반은 성공한 사람이라 생각하고 이제 남은 하나의 목표인 '일'에서의 성공만 남았다."라는 이야기를 들려주었다.

남들보다 늦은 나이에 '일', 즉 '사회생활'을 시작하게 된 만큼 '일'에서의 성공을 위해 나는 남들보다 최소한 2~3배 이상 열심히 노력하자고 생각하였다.

막연하지만 이렇게라도 생각을 해야 했던 이유는 사회생활의 출발점이 남들보다 늦었으니 내가 남들처럼 만큼만 노력을 한다면 남들보다 계속 뒤처지게 될 것이고 남들보다 최소한 2~3배는 열심히 노력을 해야지만 남들을 뛰어넘을 수 있을 것이라고 생각했기 때문이다.

여기서 '일'과 '돈'에 대한 나의 기본적인 마인드 중에 두 가지는 짚고 넘어가야 하겠다.

내가 '일'로써 성공하려는 이유는 첫째 단순히 돈을 많이 벌기 위함이 아니라 내가 능력을 키우면 돈은 자연히 따라오게 되는 것이라고 생각하고, 둘째 내가 '돈'을 많이 벌려고 하는 이유는 물론 우리 부부의 노후 준비 목적도 있지만 단순히 나 혼자 잘 되기 위함이 아니라 금전적으로 힘들어하는 내 주위에 어려운 많은 분들로부터 더 나아가 전 세계적으로 힘들어하는 많은 이들에게 조금이나마 도움이 되어 주고 싶은 마음이 있기 때문이다.

이밖에도 여러 가지 목표들이 있지만 끝으로 우리 부부의 최종 목표에 대한 이야기로 마무리를 해 보도록 하겠다.

요즘 CF광고에서도 나오듯이 지금 태어나는 아이들은 130세까지도 살 수 있을 것이라고 하는데 나는 여기서 한술 더 떠서 우리 부부의 최종 목표는 150세까지 건강하고 행복하게 잘 살다가 한 날, 한 시에 같이 눈을 감는 것과 만약 천국이 있다면 천국에서, 다음 생이 있다면 다음 생에서도 함께 하고픈 마음이다.

갈수록 의술과 과학이 발달하고 있고 이로 인해 앞으로는 지금보다 수명이 늘어날 수 있음도 생각을 해 두는 것이다.

그러기 위해서 우리 부부는 미리미리 건강관리와 노후 준비에 신경을 더 써야 하는 것이다.

어찌 보면 아무것도 아닐 수도 있는 나의 목표에 대한 이야기를 하고 있는 것은 아직 목표를 제대로 세우지 못한 사람들에게 스스로 무엇이 되었든지 목표를 세우는 것은 중요한 일인 만큼 조금이나마 참고가 되기를 바라는 마음에서 쓴 글이니 나보다 더욱 멋진 목표와 계획을 세워 둔 분들께는 널리 양해를 구하는 바이다.

　목표를 정했다면 그것이 하루아침에 이루어지지는 않을 것이니 그 목표를 이루기 위한 계획을 세운 후 강한 '의지'를 가지고 어떠한 노력을 얼마만큼 해야 할지 본인들 스스로 잘 생각해 보길 바란다.
　이에 대해 인터넷에서 '발레리나 강수지의 발'과 '바이올리니스트 박지혜의 손'을 검색해 보면 좋은 참고가 될 듯하다.

　목표를 이루기 위해서는 그 분야에 대한 '롤모델'을 세워 보는 것도 추천한다. 나로서도 롤모델이 여러 분 계시고 그분들을 따라가기 위해 지금도 나는 열심히 노력을 하고 있는 중이다.
　지금 이 글을 보고 있는 이들이 저마다의 계획을 모두 이룰 수 있기를 진심으로 바란다.

행복한 가정을 이루기 위해
최선을 다하고 있는가?

　10여 년 전 회사의 큰 계약 건을 따내기 위한 미팅 자리에서 "저희 회사와 계약만 해 주신다면 최선을 다하겠다."라는 나의 말에 어떤 분께서 해 주

신 말씀이 오랜 시간이 지난 지금까지도 내 기억에 많이 남아 있다.

"나는 최선을 다하겠다는 말을 믿지 않네. 최선을 다하는 것과
잘 해내는 것은 전혀 다른 성질의 것이라고 생각하네. 최선을 다
했는데도 불구하고 제대로 된 결과가 나오지 않는다면 그때 자
네는 어떻게 하겠는가?"

나는 그분의 말씀을 듣고 난 이후로 다시는 어디에서도 단순히 최선을
다하겠다는 말은 잘 하지 않고 있다. 그 대신 "다른 어떤 말보다 결과물로
써 말씀을 드리겠다."라고 돌려서 이야기를 하고 있다.

실제로 이렇게 말씀을 드리니 오히려 더욱 계약 성사율도 좋아졌을 뿐
더러 더욱 믿음이 생긴다는 얘기를 많이 듣고 있다. 단순히 최선을 다하
겠다는 것과 상대방이 원하는 대로 멋진 결과를 만들어 내는 것 중 어느
쪽이 더 바람직한 일이겠는가?

이는 단순히 일적으로만 해당되는 말이 아니라 가정 안에서도 해당될
수 있는 말이라고 생각한다. 나로 인해 부부 사이에 문제가 발생되었다면
와이프에게 막연하게 '최선을 다할게~'라는 이야기를 하는 것보다 목표를
이루기 위해서나 문제를 해결하기 위해 제대로 된 방법을 찾아내어 어떠
한 결과를, 어떻게 노력해서 만들어낼 것인지에 대해서 이야기하는 것이
중요하다.

TV 프로그램인 「사랑과 전쟁」에서 보면 가끔 이혼을 앞두고 있는 남자

가 와이프와 함께 법원에서 자기 딴에는 나름대로 최선을 다했는데도 불구하고 이렇게 파경을 맞게 되었다고 얘기를 하는 것을 볼 때마다 '그가 정말 죽을 만큼 최선을 다했다면 지금 이 자리에 서 있으면 안 되는 것이 아닌가?'라는 생각이 들곤 한다.

이를 결과론적으로 이야기를 해 보자면 이 남자는 최선은 다했을지는 몰라도 좋은 결과는 만들어내지 못한 것이다. 그러면 이 남자는 그동안 좋은 결과를 만들어내지도 못하고 대체 무엇을, 어떻게, 얼마만큼 노력을 했다는 것인지 궁금해지곤 한다.

방법이 잘못된 노력은 하지 않으니만 못한 일이 될 수도 있다. 무작정 최선을 다하려는 자세보다는 먼저 '원하는 결과'를 얻기 위한 '정확한 방법'을 찾아서 그에 맞는 '최선의 노력'을 '서로가 함께' 해야지만 가능한 일일 것이다.

이 문제를 좀 더 쉽게 얘기를 해 보자면 전구에 불이 들어오게 하려면(원하는 결과) '+전선(남자)'과 '-전선(여자)'을 전구의 적합한 위치에 잘 이어 줘야지만 하는데(정확한 방법) 그 둘을 거꾸로 이어 준다든지, 적합한 위치를 못 찾고 이래저래 계속 엉뚱한 곳에 갔다가 댄다면 '노력은 했지만 원하는 결과는 얻을 수가 없는 것'이며, 나는 이를 '최선을 다했다고 인정할 수 없다.'라는 것이다.

또한 남자를 '+전선'으로, 여자를 '-전선'으로 가정하고 남자인 '+전선'은 노력하여 이제 올바른 방법으로 연결을 잘 했음에도 불구하고 여자인 '-전선'이 아직 제대로 연결이 안 되어 있다면 여자인 '-전선' 또한 제대로 연결이 되어 전구의 불이 켜질 수 있도록 남자가 최선을 다해 여자를 도와줘야만 한다.

부부 사이에 문제가 있다면 어느 한쪽만의 노력만으로는 해결이 될 수 없고 둘이서 같이 노력을 해야지만 해결이 가능한 일들이 많을 것이다.

이렇게 남자가 먼저 정확한 방법으로 죽을 만큼 열심히 최선의 노력을 다했고 여자를 정확한 방법으로 노력할 수 있게 죽을 만큼 열심히 도와줬음에도 불구하고 여자의 문제나 그 밖의 다른 사유로 인하여 도저히 원했던 좋은 결과를 얻지 못한다면 그때쯤 가서 나는 최선을 다했다는 이야기를 해야 맞는 것이라고 생각한다.

지금 와이프가 어떤 일로 힘들어 하고 있다면 그 정확한 원인은 무엇인지, 그것을 해결할 수 있는 정확한 방법이 무엇인지를 먼저 알아야 하고 그 해결 방안을 찾았다면 이제 그것에만 집중을 하여 서로가 노력을 기울이면 되는 것이다.

단순히 '내가 좀 더 와이프에게 잘 대해 주면 되겠지…', '시간이 지나면 자연스레 해결이 되겠지…'라고만 생각하는 것은 문제에 대해 방관하는 것이고 제대로 된 해결책이 아님을 명심해야 할 것이다.

*

지금까지 남편과 아내를 위한 몇 가지 기본적인 처세술에 대해 이야기를 하였지만 내가 자식이 없기에 다루지 못하는 '임신', '출산', '육아' 등 더욱 고난이도의 영역을 거치게 되는 과정에서도 많은 학습을 통해 부디 슬기롭고 현명하게 잘 처세할 수 있는 멋진 남편과 아버지가 될 수 있기를 진심으로 바라는 마음이다.

6부

결혼은
서로가 맞춰 가는 과정

다름을 인정하고
받아들이자

이제 스무 살이 된 남자와 여자가 연애나 결혼생활을 시작했다고 하자.

이 둘은 성별도 물론 다르거니와 스무 해 동안 살아온 환경과 성격, 성향, 취미, 가치관, 말투, 기질 등 모든 조건이 다른 상황에서 살아왔을 것이고 이러한 차이는 결코 작은 차이가 아닐 것이다.

스물이 아닌 서른, 또는 마흔에 만났다고 한다면 그 차이는 스무 살에 만난 것보다 두 배, 그 이상으로 더 클 수 있을 것이다.

가끔 상대방에게 '왜 내 마음을 이해 못 해 줄까?'라는 생각이 들 때가 있을 것이다. 그러한 생각이 든다면 나는 얼마나 상대방을 이해해 주고 있는지를 먼저 한번 생각해 보자.

아무리 서로가 사랑을 하고 있다 해도 생각과 관점의 차이는 있을 수 있고 이러한 '다름'을 서로 인정하지 못한다면 결국에는 서로가 부딪힐 수밖에 없게 되는 것이다.

부부가 함께 오랜 세월을 거친 후에는 '서로의 뒷모습만 봐도 무슨 생각을 하고 있는지 알 수 있다.'라는 말이 있다.

서로가 그렇게 되기 전까지는 상대방이 나와는 다르게 생각할 수 있음

남자들을 위한 부부생활 참고서

을 인정하고 받아들일수만 있다면 부부간에 서로가 편하고 불필요한 다툼을 줄여 나갈 수 있을 것이다.

'틀린 것이 아니라 다른 것이다.'라는 점을 항상 잊지 않도록 당부한다.
　→ 나와는 성격이 틀려서, 취향이 틀려서, 가치관이 틀려서, 생각이 틀려시… 등은 올바른 표기법이 아니다.
　→ 나와는 성격이 달라서, 취향이 달라서, 가치관이 달라서, 생각이 달라서…라고 고쳐서 말해 보면 어때 보이는가?

이 책의 마지막 장에 있을 결혼 관련 명언 중 이 주제에 잘 맞는 명언을 인용해 보면 아래와 같다.

행복한 결혼생활에서 중요한 것은 '서로 얼마나 잘 맞는가 보다
다른 점을 어떻게 극복해 나가는가.'이다.
- 레프 톨스토이

비교하지 말고
현실에 만족하자

"다른 여자들은…", "다른 남자들은…"이라는 이야기는 서로 절대로 하지 말자.

우리는 현실 속에서 '나'를 만난 것이고 '너'를 만난 것이지 다른 여자나 다른 남자를 만난 것이 아니다.

우리가 어렸을 적에 한 번씩들 겪어봤음직한 일로 부모님께서 다른 친구들과 성적 등으로 비교를 하며 꾸짖었을 때 기분이 어떠했는지를 한번 떠올려 보자.

와이프에게 내가 마음에 들지 않고 다른 남자가 그렇게 마음에 든다면 나를 떠나 그 사람을 만날 수밖에 없을 것이다.

예를 들자면 나는 죽었다 깨어나도 '장동건'이 될 수는 없다.

나 또한 와이프가 마음에 들지 않고 다른 여자가 그렇게 마음에 든다면 지금의 와이프를 떠나 그 사람을 만날 수밖에 없을 것이다.

예를 들자면 와이프 또한 죽었다 깨어나도 '고소영'이 될 수는 없다.

현실에서 내가 '장동건'이 아닌 이상 '고소영'을 와이프로 둘 수는 없는 일인 것이다.

내가 와이프에게 '다른 집 와이프는 얼굴도 예쁘고 몸매도 쭉쭉빵빵하고 내조도 잘 해 주고 맛있는 음식도 잘 해 주고…'라고 하는 이야기는 결국 내가 와이프에게 '다른 집 남편은 월소득도 높고, 투자로 성공하고, 명품선물도 잘 사 주고…'라는 이야기를 듣는 것과 마찬가지인 것이다.

서로가 이러한 말을 내뱉는 순간이야말로 사랑과 신뢰에 금이 가게 되어 결국 좋은 관계를 다시 유지시키기가 어려워질 수도 있다.

지금 나의 와이프는 내 스스로가 결혼 배우자로 택한 '내 여자'이다.

비록 나의 와이프가 천사 같은 심성에 아름다운 미녀가 아닐지라도 서로가 상대방에게 '만족'을 할 수 있어야지만 '비교'하지 않게 되고 행복한 부부관계를 유지해 나갈 수가 있는 '첫걸음'이 될 수 있을 것이다.

지금 내 와이프를 다른 여자와 비교를 하며 '왜 더 예쁘지 않고 날씬하지 않을까?', '왜 더 착하지 않고 상냥하지 않을까?', '왜 더 나를 사랑해 주지 않고 잘 대해 주지 않을까?' 등을 생각하고 있지는 않은지 체크해 보자.

아니라면 다행이겠지만 혹시라도 이런 생각을 조금이라도 하고 있었다면 행복한 결혼생활, 행복한 부부관계를 위해 어떤 식으로든 오늘부터라도 발상의 전환을 해 보길 권장한다.

상대방을 바꾸는 건 쉽지 않지만 자기 자신을 바꾸는 것은 마음을 먹고 의지만 있으면 쉬운 일일 테니 말이다.

평소 와이프에게 다정하고 따뜻한 말 한마디를 제대로 전해 주지 못했다는 생각이 든다면 오늘이라도 당장 와이프에게 "당신이 늘 내 옆에 있어 줘서 고맙고 나는 지금의 결혼생활에 만족스럽고 행복해~"라는 진심 어린 말 한마디라도 건네어 보면 어떨까?

대우 받고 싶은 대로
먼저 대우해 주자

우리 부부는 동갑내기로 내가 와이프보다 생일이 정확히 16일이 빠르다.

처음 연애 때부터 나는 반말을, 와이프는 존댓말로 나를 대해 주었다. 심지어는 내가 '오빠' 소리 듣는 것을 좋아해서 내 생일부터 16일 동안만큼은 매년 잊지 않고 꼬박꼬박 "오빠~" 하며 불러 주고 있고 그럴 때마다 나는 "그래, 기간제 오빠다~" 하며 답을 해 주고 있다.

나의 와이프에게 왜 처음부터 내게 존대를 해 줬느냐고 물어봤더니 어릴 적에 어른들로부터 '결혼하게 되면 동갑 사이에도 여자가 남자를 존대해 줘야 한다고 배웠고 그렇게 함으로써 동갑 사이일지라도 여자가 남자에게 함부로 대하지 않고 조금 더 조심할 수 있는 것'이라고 들었다고 답을 해 줬는데 나로서는 여간 고마운 일이 아닐 수가 없다.

와이프 자랑을 하려고 하는 것은 아니지만 그렇게 되어 버렸다 해도 어쩔 수 없는 사실이다.

사실 더 자랑할 만한 것은 그렇게 대우 받을 만큼 평소에 내가 와이프에게 대우를 해 주고 있다는 것일 테다.

우리의 결혼 초반에 와이프의 친언니가 와이프에게 "둘이 동갑인데 왜 너만 남편에게 존댓말을 해 주고 남편은 존댓말을 안 해 주는 것이냐?"라고 물었던 적이 있었는데 시간이 지나 내가 와이프에게 대해 주는 것을 오랫동안 지켜보신 후에 그 물음에 대해 "왜 그랬는지 이제서야 그 답을 알겠다."라고 말씀을 해 주신 적이 있었다.

물론 우리 부부도 사람인지라 가끔은 서로 다투고 싸울 때도 있지만 아직도 이런 관계가 유지되고 있다는 것은 '내가 그만큼 대우 받을 자격이 있다.'라는 반증이 될 수도 있는 것이다.

젊은 시절 남자들은 한번쯤 호기도 부려 보고 싶어 하고 자신의 여자에게 왕 대접도 받아 보고 싶어 할 수 있다.

여자는 남자에게 왕 대접을 해 주는데 남자는 여자를 홀대하는 커플, 또는 그 반대의 경우 오래도록 유지되는 커플을 아직 본 적이 없다.

'가는 말이 고와야 오는 말도 곱다.'라는 누구나가 다 아는 이야기처럼 내가 상대방에게 대우해 주는 만큼 나도 대우받을 자격이 생기는 것이 기본적인 이치라고 생각한다.

또한 이와 비슷한 이야기로 내가 처가댁에 잘 해 드리는 만큼 와이프도 나의 부모님께 잘 할 수 있는 것이라 생각한다. 앞에서도 이야기를 했듯이 와이프가 나의 부모님께 아무 것도 잘 해 주지 않고 있는데 나라고 처가댁 부모님께 잘 해 드릴 마음이 생기겠는가?

이는 다 인지상정의 이치인 것이다.

* 인지상정(人之常情): 사람이면 누구나 가지는 보통의 정서나 감정. 누구나
  느끼는 감정을 가리키는 말

자, 지금 나는 와이프에게 어떻게 대우를 받고 있는지, 와이프는 나에게
어떻게 대우 받고 있는지 한번 생각해 보자.

그리고 내가 와이프에게 지금보다 더 대우를 받고 싶은 만큼 먼저 내가
와이프에게 먼저 대우를 해 줘 보면 어떨까?

칭찬은
고래도 춤추게 한다

결혼 후에 와이프에게 예쁘다는 칭찬을 한 번도
하지 않는 남자들도 있다는데 자신은 와이프에게
예쁘다는 칭찬을 얼마나 해 주고 있는지 체크해
보자.

"당신, 오늘따라 더 예뻐 보여~"라고 한마디 해 준다면 와이프 입장에서
겉으로는 "무슨 헛소리냐~"라고 할 수도 있겠지만 속으로는 좋아하지 않
을 여자가 없을 것이다.

"예뻐~", "귀여워~", "사랑스러워~", "고마워~", "어려 보여~", "날씬해 보
여~", "잘하고 있어~" 등 와이프에게 칭찬을 해 주려고 마음을 먹는다면

각 상황들에 맞는 많은 칭찬의 말들이 있을 것이다.

이러한 칭찬들도 좋지만 와이프에게 "당신, 참 현명한 여자야~"라는 칭찬도 한번 해 보면 좋을 듯하다.

내가 처음 와이프를 만났을 때 꿈이 뭐냐고 물어봤더니 '현모양처'라고 했다.

＊ 현모양처: 어진 어머니이면서 또한 착한 아내

이후 많은 시간이 지나서 와이프가 한번은 우리에겐 자식이 없으니 '현모'는 틀렸다고 했다. 그때 나는 남편은 큰아들이라고도 하는 말이 있으니 나를 큰아들로 여기고 잘 키워 보라고 했다. 그리고 당신은 이미 충분히 현명한 여자라고 이야기해 주니 정말로 그렇게 생각하느냐면서 좋아했다.

그 뒤로 잊지 않고 와이프가 현명하게 처신을 할 때마다 잊지 않고 "역시 당신은 참 현명한 여자야~"라고 이야기를 해 주곤 한다. 사람마다 다르겠지만 '굼벵이도 구르는 재주가 있다.'라고 하듯이 찾아보면 칭찬할 부분들이 분명히 있을 것이다.

그때를 놓치지 않고 캐치를 하여 센스 있는 칭찬 한마디를 해 준다면 그날 하루는 좀 더 행복하게 보낼 수도 있고 이런 일들이 반복해서 쌓이다 보면 하루가 아닌 더욱 긴 시간을 둘이서 함께 행복하게 지낼 수 있을 것이다.

출근하면서 운전하는 길에 「김영철의 파워FM」을 거의 매일 듣고 있는

데 하루는 오은영 선생님께서 출연하여 상대방에게 "넌 괜찮은 사람이야
~"라고 한마디 이야기를 해 주는 것만으로도 충분한 칭찬이 될 수 있다고
하셨다.

가끔이라도 내 부모님, 처가댁 부모님과 이야기를 나누는 중에도 기회
가 된다면 "와이프가 저에게 이러이러하게 잘 해 주고 있으니 걱정하지
마세요~"라고 와이프 칭찬을 해 주자.
그러면 그 복이 내게로 다 돌아오는 것이다.

한 번 더 웃어 주자

 통계에 따르면 남자는 잘 웃어 주는 사람을 더
좋아하고 여자는 잘 웃겨 주는 사람을 더 좋아하
는 경향이 있다고 한다.
내 이야기를 잘 들어주고 잘 웃어 주는 와이프
를 보면 기분이 좋지 않은가? 그러기 위해서는 포석이 필요하다. 와이프
이야기에 내가 먼저 한 번 더 웃어 주는 것이다.
와이프의 입장에서도 자신의 이야기에 잘 웃어 주는 남편에게 자신이
받은 웃음을 돌려주려 할 것이다.

이렇듯 서로가 서로의 말에 많이 웃을 수 있는 부부라면 얼마나 좋은 일

이겠는가? 처음에는 웃음이 서툴고 다소 어색할 수 있지만 그래도 괜찮다. 노력하다 보면 차츰 익숙해질 수 있을 테니 말이다.

주말에 와이프와 함께 시간을 보내고 있다가도 그냥 아무 이유 없이 한 번 "하하하~" 소리 내어 웃어도 보자. 왜 웃느냐고 묻거든 "그냥 이렇게 당신과 함께 있는 것이 좋아서…"라고 이야기를 해 준다면 대개의 여자들이라면 좋아할 것이다.

자, 당신은 오늘 하루 와이프의 이야기에 몇 번이나 웃어 주었는지, 내 이야기에 와이프는 몇 번이나 웃었는지 한번 생각해 보자.

> **박마담 Tip**
>
> 남의 이야기를 재미있게 들어주는 사람이 자기 이야기에도 귀 기울여 주는 법이다. 이야기를 재미있게 하고 와이프를 웃게 만들어주기 위해서는 '화술'이 필요할 수도 있다. 지금 당장은 화술이 부족하더라도 노력해서 되지 않는 일은 없다고 생각한다.

잘 들어주고 공감해 주기

여자 입장에서 본인이 이야기를 나누고 싶어 하는 사람은 어떤 사람일까?

바로 자신의 이야기에 공감을 잘 해 주는 사람

일 것이다.

그런데 남자들은 여자들의 말을 듣고 공감을 해 주는 것보다 무엇인가 해결을 해 주려는 성향이 크다고 한다.

쉽게 예를 들자면 와이프가 몸이 아프거나 우울할 때 남편이 단순히 "병원에 가봐."라고 이야기를 해 준다면 와이프는 어떤 기분을 느낄 것인지 한번 생각해 보자.

어디가 어떻게 얼마나 아픈 것인지, 무슨 문제가 있고 왜 우울한 것인지 그 마음을 먼저 다독여주는 것이 우선일 것이다.

어차피 남자는 이성적, 여자는 감성적인 성향이 크다.

감성적인 여자에게 이성적으로만 이야기를 하는 것은 바람직한 일이 아닐 것이다.

예를 들어 여자가 직장에서 본인 잘못으로 상사에게 심한 꾸지람이나 욕설을 듣고 와서 남자에게 오늘 힘들었던 이야기를 하고 있다고 하자. 나는 와이프에게 어떻게 이야기를 해 주겠는가?

그건 네가 잘못한 일이라고 말을 하는 것은 차라리 아무 말 없이 들어주는 것만 못한 일이다.

여자는 남자에게 진심으로 나의 편이 되어 주고 지금의 내 감정에 공감해 주기를 원하고 있을 것이다. 이럴 때 와이프에게 위로가 되는 말에는 어떤 것들이 있을까?

물론 정답은 없는 것이고 여자마다 성향이 다를 것이니 서로의 스타일과 상황에 맞는 공감의 말과 방법을 연구해 보도록 하자.

나는 언젠가 무한도전에서 상대방의 이야기에 "그랬구나~"라고 하는 게임을 보면서 '여자들은 공감 받는 것을 좋아한다고 하던데 바로 이거구나~'라는 생각을 하고 나서부터 항상 와이프와의 대화에서 항상 "그랬구나~"를 시전하고 있다.

지금도 집에서 같이 있든지, 퇴근길에 한 시간 동안 와이프와 전화 통화를 하든지 말 습관처럼 항상 하고 있는 말이다. 몇 년 뒤 어느 날 와이프에게 물어보니 내가 이렇게 말을 해 주는 것도 좋았다고 하더라. 인터넷으로 검색해 보니 이와 비슷한 이야기로 여자의 끝말을 반복해 주는 것도 효과적이라 하니 참고해 보기 바란다.

여자: 일이 많아서 밥도 못 먹었어~ ㅜㅜ

남자: 못 먹었어?

여자: 응~ ㅜㅜ 배고프고 속상해~

남자: 배 많이 고프구나, 뭐 먹고 싶은 것 있어?

여자: 피... 피자?

남자: 피자? ^^ 알겠어, 일 끝나고 먹으러 가자~ ^^

* 출처: 미상

이 밖에도 와이프와 대화 시 "그래~", "그랬어?", "저런~", "에구~" 등 다양한 추임새를 적절히 사용하면 더욱 좋겠다.

반대로 와이프에게 걸려온 전화를 받고 남편이 "왜?", "왜 전화했어?", "뭐?", "어쩌라고?", "짜증나.", "네가 알아서 해." 등 와이프에게 하면 좋지 않을 만한 이야기들은 뭐가 있을지도 한번 생각해 보자.

유머코드 맞추기

 연애든 결혼이든 시작되는 입장에서 무엇보다 먼저 해야 할 것은 둘만의 코드들을 맞추어 나가는 것이다.

상대방의 유머코드를 찾아내고 서로 맞추는 것이 중요하다. 회사에서 부장님이 직원들에게 썰렁한 아재개그를 하는 것처럼 상대방을 즐겁게 해 주려고 한 농담이 듣는 입장에서 즐겁지 못하다면 오히려 말을 한 이도, 듣는 이에게도 곤혹스러운 일이 될 수 있듯이 아무리 재미있는 말을 와이프에게 해 주더라도 유머코드가 서로 다르다면 소용이 없을 것이다.

'남자는 눈에 약하고 여자는 귀에 약하다.'라는 이야기가 있듯이 사랑하는 여자를 얻기 위해서도, 사랑을 오래도록 유지하기 위해서도 남자가 여자의 귀를 만족시켜 주지 못한다면 어려운 일일 수 있을 것이다.

둘이 서로 유머코드가 맞아서 내 이야기에 잘 웃어 준다면 다행이겠지만 맞지 않는다면 인터넷에서 찾아보든, 나를 바꿔서라도 유머코드를 맞춰 보도록 노력을 해 보자.

여자들도 사랑하는 남자의 눈을 위해 머리도 하고 화장도 하고 다이어

트도 하며 한껏 예쁘게 보이려 애쓰고 있지 않는가?

음식취향 맞추기

유머코드만큼이나 중요한 것이 음식취향이다. '자장면'이냐 '짬뽕'이냐를 따지는 것처럼 탕수육을 하나 먹더라도 '찍먹'이냐, '부먹'이냐를 따지는 요즘이 아닌가?

물론 서로 음식취향이 비슷하다면 다행스런 일이겠으나 다르더라도 서로 맞춰 가면 될 뿐이니 그렇게 크게 걱정할 일은 아닐 것이다.

우리 부부의 경우 음식취향과 식성이 정반대이지만 서로 잘 맞춰 가며 잘 살고 있으니 말이다.

처음에 나는 전형적인 초딩(초등학생) 입맛으로 건강에 좋지 않다고 하는 인스턴트 음식을 선호하고 어릴 적부터 생선, 닭, 오리, 과일, 야채를 먹지 않았으며 오로지 소, 돼지만 먹는 반면 와이프는 내가 좋아하는 것은 먹지 않고 내가 먹지 않는 것만 좋아한다.

심지어 중국집 가서도 나는 오직 자장면을, 와이프는 항상 짬뽕을 먹고 김치를 먹어도 나는 갓 담근 겉절이를, 와이프는 신김치만 찾아 먹는다.

이렇듯 정반대인 입맛에서도 그나마 다행인 것은 찾아보니 해산물 요리처럼 둘 다 함께 좋아하는 음식들이 있다는 것이다.

오히려 식성이 반대인 사람을 만나도 이를 장점으로 승화시킬 수도 있는 일이다. 야채 없이 오로지 고기만 먹던 내가 와이프 덕분에 이제는 쌈용 채소를 찾고 있으니 말이다.

나와 와이프가 같이 좋아하는 음식은 무엇인지, 같이 싫어하는 음식은 무엇인지를 알아 두는 것은 중요한 일이다.

서로 간에 음식취향을 맞추기 위해서는 상대방에 대한 배려와 탐구 정신이 필요한 일이다.

기념일, 혹은 갑자기 외식이나 배달로 음식을 시킬 때 와이프에게 물어보지 않고 와이프가 지금 당장 먹고 싶어 하고 좋아할 만한 음식을 척척 찾아내어 추천해 주는 것도 남자의 능력이라고 생각한다.

남자들을 위한 부부생활 참고서

우리 부부처럼 와이프가 남편 입맛에 따라가는 경향이 있더라도 기념일이나 평소 와이프가 먹고 싶은 것이 있다면 무조건 콜을 외쳐 주는 센스를 발휘해 보자.

집에 딱히 먹을 것이 없을 때면 와이프에게 전화해서 퇴근길에 둘이서 같이 좋아하는 무언가를 사갈 테니 오늘 저녁에는 아무것도 준비하지 말고 내가 사가는 것을 같이 먹자고 한 번씩 제안해 보는 것도 좋겠다.

기억코드 맞추기

 TV 프로그램 「연애의 참견」을 보다가 한 커플을 보면서 나의 생각을 정리해 보았다.

7주년 기념일에 숙소 예약을 깜빡한 남자와 오랜만에 로맨틱한 여행에 한껏 기대했다가 실망한 여자 사이에 다툼이 생겼고 그때 남자가 여자에게 했던 말은 아래와 같다.

"7년이나 됐는데 아직도 심쿵하고 설레길 바란다면 그거 병원에 가 봐야 되는 것 아니야?"

시간이 지나도 설레고 싶은 여자와 오랜 연애 후 설레임은 없더라도 자연스럽고 편안한 것도 사랑이라는 남자 사이에서 이후 남자가 더 노력을 해 보지만 남자는 이내 곧 "네가 원하니까 맞춰 주고 있는데 솔직히 왜 그래야 되는지 잘 모르겠다."라고 했다.

이후 여자는 생각할 시간을 갖자고 하고 남자도 이제는 더 이상 지쳐서 못하겠다고 말을 했다.

이 커플을 보며 곽정은 칼럼니스트는 "사람과의 관계에도 피질화현상이 똑같이 적용된다."라고 했는데 맞는 말인 것 같다.

> * 피질화현상: 오류와 시행착오를 반복하면서 어수선하던 신경세포들이 정리되면서 에너지를 적게 소모하게 되는 현상

서로가 '기억코드', 즉 각자의 뇌 속에 상대방을 어떤 모습으로 기억을 유지시켜 두느냐는 아주 중요한 일이다.

위 커플의 경우에 남자는 자신의 뇌에다가 여자를 '편한 사람'이라고만 입력해 놓았고 여자는 자신의 뇌에다가 남자를 '설레고 싶은 사람'이라고만 입력해 놓았던 것이 문제의 출발점이 아니었을까?

만약 그 둘이 7년간의 시간 동안 남자는 자신의 뇌에다가 여자를 '편하지만 설렘을 충족시켜 주어야 할 사람'이라고 입력해 놓았고 여자는 자신의 뇌에다가 남자를 '설레지만 편안함을 유지시켜 주어야 할 사람'이라고 입력해 놓았더라면 어땠을까… 두 사람의 관계 속에서 항상 일방통행은 없는 것이기에 말이다.

학자들은 사랑의 유효기간이 3개월에서 3년 정도라고들 하지만 모든 것에는 예외가 있듯이 거의 20년이 된 우리 부부는 아직도 서로를 사랑하고 있고 이 때문에 본의 아니게 주위에 민폐를 끼치는 경우도 있다. 물론 처음과 지금의 사랑이 똑같은 것이라고는 이야기할 수 없겠지만 말이다.

남자들을 위한 부부생활 참고서

나의 와이프도 예전에 비해 나이도 들고 살도 좀 쪘긴 하지만 내 눈에는 이런 모습들도 마냥 귀여울 따름이다. 이왕 이렇게 된 것을 두고 내 뇌에다가 '와이프 이제 잔뜩 나이 들었음, 살 쪘음, 못생겨졌음' 따위를 입력해 놓으면 와이프가 내 눈에 보일 때마다 나의 뇌는 '와이프 이제 잔뜩 나이 들었음, 살 쪘음, 못생겨졌음' 따위를 끊임없이 반복적으로 출력해 낼 것이다.

내가 예쁜 여자와 같이 살기를 원한다면 남들이 어떻게 보고 뭐라고 할지라도 내 뇌에다가 와이프를 '내게는 너무 예쁘고 귀엽고 사랑스러운 그녀'라고 입력해 놓으면 효과가 있지 않을까? 사람은 고쳐 쓰는 것이 아니라는 말이 있지만 그 사람을 보는 나의 시각은 충분히 변화를 줄 수 있다고 하니 말이다.

서로 간의 기억코드를 잘 설정하여 맞춰 놓으면 내가 원하는 것과 상대방이 원하는 것 모두를 충족시킬 수 있지 않을까 싶다.

지금 당신은 와이프를 어떻게, 또한 와이프는 당신을 어떻게 기억을 유지시켜 두고 있는지 살펴보면 좋겠다.

말과 생각코드 맞추기
(죽을 잘 맞추어 보자)

지금도 가끔 나는 와이프에게 "우리는 죽이 참 잘 맞는 것 같아~"라고 이야기를 한다.

사전적인 의미로 죽이 잘 맞는다고 하는 이야기

는 '어떤 장면에서, 두 사람이 서로의 뜻을 잘 알아 썩 어울리는 말이나 행동을 주고받다.'이다.

나는 처음 와이프를 만나 사귀게 되었을 당시에도 와이프에게 여러 번 들려준 이야기가 있다.

"당신은 참 나와 생각이 통하고 말이 통해서 좋다."라는 이야기였다.

그리고 예전에 내가 어리고 예쁜 여자들도 만나 봤지만 생각과 말이 잘 통하지 않아 힘들어 했었던 이야기도 해 주었다.

부부간에 일평생 살아감에 있어서 사랑은 기본이니 제외하고 나는 가장 중요하게 생각해야 할 덕목은 서로 생각과 말과 마음이 잘 통해야 한다는 것이라고 생각한다.

전문가들도 부부간에 "소통이 안 되면 고통이 시작된다."라고 이야기를 한다.

통계 데이터를 살펴보더라도 실제로 수많은 부부 사이에 하루 평균 대화 시간이 30분에서 1시간 이내의 경우가 많다고 한다.

둘 사이에 이처럼 대화가 부족하다고 느껴진다면 나의 와이프는 내게 어떤 말들을 하고 싶어 하고, 내게 어떤 말들을 듣고 싶어 하는지에 대해 경각심을 가지고 신중하게 생각해 보도록 하자.

'소통'과 '고통' 중에 어느 쪽을 선택할지는 본인의 몫일 테니 말이다.

'기억코드'와 마찬가지로 서로 간의 '말과 생각코드'를 맞추는 것도 중요한 일이다.

남자들을 위한 부부생활 참고서

우리 부부는 동갑내기다 보니 확실히 세대차이도 없고 좋지만 나이차가 있거든 무슨 수를 내서라도 이러한 코드들을 서로 비슷하게 맞춰 놓는 것이 중요할 것이다.

당신은 와이프와 서로 생각과 말과 마음이 잘 통하는 아름다운 부부가 되기를 진심으로 바라겠다.

서로의 기질을
알아 두자

 같은 혈액형이라도 성격은 천차만별이고 혈액형만으로 사람을 특정할 수는 없다고 생각한다.

하지만 모든 물질 안에는 분자와 원자로 이루어져 있듯이 개인적으로는 같은 혈액형의 경우 그 혈액형을 대표하는 '기질'이라는 것은 있는 것 같다.

단적인 예를 들자면 나는 O형으로 호기심이 많고 다툼이 있을 때 그날 안으로 풀고 넘어가려 하는 기질이 있는 반면 나의 와이프는 B형으로 다툼이 있을 때 스스로 생각이 정리될 때까지 하루나 이틀, 또는 그 이상으로 시간이 필요할 때가 있다.

그래서 우리 부부는 연애 초반에 다툼이 발생할 경우 나는 어떻게든 와이프와 그 자리에서 곧바로 풀고 넘어가려 했고 와이프는 스스로 정리할 시간이 필요했기 때문에 서로를 도무지 이해할 수가 없었지만 둘이서 같이 혈액형별 기질에 관한 책을 본 후로 '아, 나와는 기질이 달라서 그럴 수도 있겠구나…'라는 것을 알게 되었고 서로 다른 상대방의 기질에 대해 조금씩 이해를 더 할 수 있게 되었다.

그 뒤로 네이버 웹툰을 통해 '혈액형에 관한 간단한 고찰' 등 이것저것 와이프와 함께 재미있게 보면서 추가적인 학습도 병행하였다.

또한 나의 와이프처럼 B형 여자의 경우 '땡겨'와 '안 땡겨'로 의사 결정을 하는 경향이 있는데 O형인 나는 그것을 잘 풀어나가는 재미가 참 쏠쏠하다.

이런 것들도 참고용으로 알아 두면 도움이 될 것이라 생각하고 서로 다른 혈액형간의 이해의 폭을 넓혀 보자는 차원에서의 이야기이지 맹목적으로 믿으라는 것은 아니니 참고하길 바란다.

자, 지금 당신 와이프의 기질은 어떤지 생각해 보고 이러한 와이프의 기질에 내가 어떻게 대응하여 잘 맞춰줄 수 있겠는지도 한번 고민해 볼 수 있기를 바란다.

남자들을 위한 부부생활 참고서

가급적이면
술 먹고 싸우지 않기

이것이 젊은 시절 나에겐 참으로 어려운 일 중 하나였다.

참 이상한 것이 술에 취해서 싸우고 있을 당시에는 내가 다 맞고 와이프가 잘못한 것이라고 생각했던 일들이 자고 일어나서 돌이켜 생각해 보면 내 잘못이 되어 있는 것이다.

'다음부터는 잘 참고 절대로 그러지 말아야지…'라고 늘 다짐을 해 보았지만 술에 취하기만 했다 하면 "내가 다 맞아!"라는 논리가 무한 반복, 재생되는 것이었다.

이제는 나도 나이가 들어서인지 가끔 술에 취해 와이프와 부딪힐 것 같다는 생각이 들면 잠시 자리를 피하거나 그 문제는 둘 다 여유 있게 좀 더 생각을 해 보고 내일 다시 이야기를 하자고 제안을 하고자 노력을 하고 있다.

어차피 지금 이 자리에서 더 이야기를 한다면 서로가 계속 부딪히게 것임을 잘 알고 있기 때문이다.

술을 마셨다면 지금의 그 문제에 대해 일단 '스킵(Skip)'을 하고 맑은 정신으로 서로의 생각과 대화를 나누어 보도록 해 보는 것도 도움이 될 것 같다.

욱을 다스리자

혜민 스님께서는 '화를 못 참겠는 상황이 오면
그 자리를 피하라.'라고 했다.

오은영 선생님께서도 '욱은 내 것이니 내가 다스
려야 하고 필요한 때에는 타임아웃을 가져야 한다.'
라고 했다.

두 분 모두 지금 자신이 너무 화가 나 있거나, 욱할 것 같으면 일단 말을
그만하고 상황을 피하려고 노력하는 것이 중요하다는 말씀일 것이다.

하지만 이것은 사람에 따라서 굉장히 어려운 일일 수 있다. 나 또한 그
러하였으니 말이다. 사람마다 성향에 따라 다르겠지만 욱하는 사람들에
게 이와 같은 다스림은 40대에는 가능할지 몰라도 30대까지는 정말 어려
운 일이라고 생각한다.

내가 욱을 다스릴 수 있게 된 계기가 있었는데 참으로 부끄러운 일이긴 하나 여기에서 솔직하게 이야기를 해 보고자 한다.

내가 결혼을 하고 그 해였던가, 그 다음 해 정도의 일이었으니 내가 대략 34~35살에 있었던 이야기다.

앞서 주제가 '가급적이면 술 먹고 싸우지 않기'이지만 부끄럽게도 나는 결혼하고 대략 1년 동안 술에 취해 와이프와 참 많이도 싸웠던 시기였다.

나 또한 욱하는 성격이 심한 편이어서 그 당시 참다 못하여 크게 폭발을 하게 되면 밥상을 뒤엎고 물건을 던지는 등 진상 짓을 하였던 때가 있었다.

하지만 어떠한 상황에서도 내 스스로와 약속을 했듯이 와이프에게 손찌검만은 절대로 하지 않았다.

한번은 와이프와의 싸움이 극에 다다랐던 적이 있었는데 나도 그때는 눈이 뒤집혀져서 그만 집에 있는 온갖 것들을 뒤집어엎어 부서지고 깨져서 온통 바닥에 나뒹굴 때 와이프가 스스로는 나를 컨트롤할 수가 없다고 생각하여 당시 걸어서 15분 거리에 계신 처가댁 부모님들을 호출하게 되었다.

잠시 후 처가댁 부모님들께서 우리 집에 들어오셨고 나는 장인어른으로부터 호되게 야단을 맞게 되었다.

다시는 이런 일이 없도록 처가댁 부모님들과 와이프에게 약속을 한 후 나는 그 날의 사건을 계기로 더 이상 이런 험악한 짓거리를 하지 않게 되었다.

만약 내게 그 날의 사건이 없었다면 과연 내 스스로의 의지로 욱하면 사고를 치는 성격이 지금과 같이 좋아질 수 있었을지 되물었을 때 나는 확신할 수가 없다. 아니, 좀 더 솔직하게 이야기를 한다면 '담배를 끊는 것이 아닌 참는 것'이라는 이야기와 마찬가지로 '욱하는 성격이 고쳐진 것이 아니라 참아내는 것'이라는 표현이 더 맞는 이야기일 것 같다.

지금도 나의 욱하는 성격에는 변함이 없지만 한 걸음 발전을 하여 욱했을 때 스스로 참아내고 다스리는 법을 배우게 된 것이다.

지금도 가끔 와이프에게 농담 삼아 "나 참 부드러운 남자야~"라고 말을 할 때면 와이프는 내게 "웃기시네~"라고 화답(?)을 해 준다.

그래도 예전에 칼날같이 날카롭기만 했던 나의 모습과 지금 나의 모습을 비교를 해 보면 스스로 참 많이 부드러워졌다고 생각을 한다. 이런 것이 나이를 먹어 가는 것인가 싶다.

나의 경우처럼 강한 충격을 통해서라도 보다 나아진 모습으로 발전할 수 있다면 그나마도 다행스런 일이겠지만 더욱 좋은 것은 이런 큰일을 겪기 전에 스스로가 '욱'을 다스릴 수 있게 된다면 가장 'Best'한 일이라고 할 수 있겠다.

지금 당장은 어려운 일이더라도 언젠가는 내 자신이 반드시 되어야 할 모습이라는 것을 염두해 두고 자신에게 맞는 방법을 스스로, 또는 인터넷 검색을 통해서라도 찾아보는 것 좋겠다.

TV 프로그램인 「사랑과 전쟁」에 나온 말이 있다.

"남자의 말 한마디에 여자의 마음은 봄볕이 되기도 하고, 북풍 찬바람이 불기도 한다."

이 말의 의미를 스스로 다시 곱씹어 생각해 본다.

박마담 Tip

'참을 수 없으면 피하라.'라는 말은 진리일 것이다.

지금도 나는 와이프와 부부싸움 발생 시 차로 가서 쉬었다 오지만 차가 없던 시절에는 아무리 추운 날씨에도 동네 한 바퀴 돌고 오면서 문이 열린 꽃집이 있다면 꽃 한 송이 사들고 집에 들어오면 웬만한 일에는 잘 풀렸던 것 같다.

주차장에 세워 둔 차에서 대략 30분쯤 쉬면서 기다리다 보면 와이프도 전화를 해서 본인의 감정도 조금 가라앉았으니 내게 올라오라고 하고 집에 들어가서 다시 같은 이야기를 하게 되더라도 아까처럼 격해진 감정이 아닌 서로가 누그러진 마음으로 좀 더 차분하게 이야기를 나눌 수 있게 되는 것 같다.

싸움의 법칙

함께 여행을 통해서도 서로를 보다 더 알아갈 수 있듯이 부부 싸움을 통해서도 서로를 더 잘 알아갈 수 있게 된다. 싸우고 또 싸우다 보면 어느 시점에서는 서로 알게 되는 것들이 있다.

'이 사람은 여기까지는 참고 이해를 해 주지만, 여기부터는 못 참고 화를 내는구나.'라는 것들을 말이다. 이렇게 상대방에 대한 이해의 범위가 넓어지게 되다 보면 나중에는 분명 싸움의 횟수가 줄어들게 된다.

서로의 기가 적당히 맞아야 잘 산다는 이야기가 있다. 남자가 상대 여자보다 너무 강하거나 약하면 그건 또 다른 문제가 된다.

연애 초기든, 결혼 초기든 싸울 때는 싸워야 하고 서로 어느 정도는 기의 밸런스를 맞춰 나가야 한다고 생각한다.

주위에 어떤 남자들은 애인 또는 와이프와 단 한 번도 싸운 적이 없다며 자랑스레 이야기하는 것을 보게 될 때면 나는 오히려 불안감을 느끼곤 한다.

물론 서로가 다툼없이 평생 행복하게 잘 살면 다행이겠지만 말이다.

하지만 옛말에 '호미로 막을 것을 가래로 막는다.'라는 말이 있듯이 서로 기분이 상한 채로 앙금을 쌓아 두며 참다 참다 만약 폭발이라도 하게 된다면 일은 겉잡을 수 없을 지경에 이를 수도 있을 테니 걱정이 되어 하는 말이다.

나의 장인어른께서도 "왜 싸웠는지가 중요한 것이 아니라 서로 어떻게 잘 푸느냐가 더욱 중요한 것"이라 하셨다.

내가 왜 못 참고 화를 내는지 상대방에게 어필을 해 줘야 한다. 그렇지 않고 한쪽에서 일방적으로 계속 참게 되면 스스로에게는 병이 되고, 상대방은 그 이유를 모르기 때문에 같은 문제로 계속 부딪히게 된다.

가만히 있으면 가마니가 된다는 이야기도 있지 않은가?

싸우더라도 어떠한 상황에서도 손을 치켜세우는 등 나의 과격한 말과 행동으로 와이프가 겁을 먹게 해서는 안 된다.

또한 싸울 때에는 그 주제와 지금 상황에 대해서만 싸우도록 하자. 이는 물론 나도 더욱 노력해야 할 부분이지만 아무리 화가 났어도 "당신도 전에 이랬잖아!", "나도 앞으로 이렇게(삐뚤어지게) 할 거야!"라고 이야기 하는 것은 참으로 어리석은 일일 것이다.

부부간에 흔히들 싸우다 보면 1~2년 전, 심지어는 10~20년 전까지 묵은 이야기가 나오는 경우도 있는데 산삼처럼 오래 묵혀 둘수록 좋은 것들도 있고 아닌 것들도 있는 것이다.

싸울 때 싸우더라도 지금 싸우고 있는 주제에만 집중해서 싸우고 화해를 했으면 또한 뒤끝을 남기지 않도록 노력하자.

성격상 노력해도 잘 되지 않는 사람도 있겠지만 최소한 조금씩이라도 계속 노력은 해 나갈 수 있을 것이다.

너무 오래 되어서 어디서 봤는지도 기억이 나지 않는 이야기인데 남자의 현명한 처사가 돋보이는 글이 있어 공유한다.

> 어느 신혼부부가 다투다 와이프가 홧김에 남편을 집에서 내쫓
> 으려고 "이 집에서 네 물건 다 들고 나가!"라고 했더니 남편이
> 와이프를 번쩍 들어 안고 집밖으로 나가더란다.
>
> * 출처: 미상

이런 센스를 발휘할 정도의 남자라면 별 문제가 없을 테지만 역시 싸우고 화해하는 일은 지금의 나로서도 참 힘든 일 중 하나이다.

나는 가끔 와이프에게 "귀여우니까 봐준다~"라는 말을 하고 있지만 나

보다 더욱 현명한 다른 남자는 와이프와의 소소한 다툼 상황에서 "아우, 진짜 예쁘니까 참는다!"며 버럭 한마디를 하고 사태를 수습한다고 하니 참고가 되었으면 한다.

싸우기 전 한 번씩만 더 내가 지금 왜 화가 나는지를 알려주거나 이런 것은 좀 하지 않아 줬으면 좋겠다고 이야기를 해 보든지 싸움을 피하기 위해 서로에게 맞는 규칙을 미리 정해 두는 것도 좋겠다.

화해의 법칙

자, 이제 싸웠으면 화해를 잘 해야 한다.

사실 누구에게나, 어떤 상황에서나 한방에 해결해 줄 수 있는 화해의 법칙은 없을 것이다.

사람마다 다르고, 상황마다 다르겠지만 잘 생각하고 찾아보면 좋은 화해의 방법을 찾아낼 수도 있을 것이다.

나 또한 지난밤에 와이프와 싸울 때는 몰랐었는데 자고 일어나서 곰곰이 생각해 보니 내가 잘못했다는 사실을 깨닫게 될 때가 종종 있다.

가장 좋은 사과의 방법은 직접 얼굴을 마주보며 진심으로 사과를 하는 것이겠지만 상대가 자고 있다면 문자나 편지로, 깨어 있지만 떨어져 있을 경우 전화로라도 나의 어리석음에 대해, 그리고 이로 인해 상대가 받았을 고통에 대해 진심을 담아서 미안한 마음을 전달해 보자.

상대가 곧바로 받아주면 'Best'이겠지만 잘못의 강도에 따라 두 번, 세 번… 그 이상의 노력을 해야만 겨우 풀릴 때도 있을 것이다.

그리고 내가 몰라서 실수한 것은 몰랐다고 솔직하게 인정하자.

젊은 남자들이 실수하는 것 중 하나가 자신의 실수에 대해 쓸데없이 둘러대고 핑계를 대는 일이다.

"뭘 잘못했는데?", "왜 그랬는데?"라는 여자의 질문에 갑자기 머릿속이 하얗게 되는 기이한 현상을 경험한 적이 있을 것이다.

여자들은 남자들에게 흔히 자신이 왜 화가 났는지, 지금 남자가 뭘 잘못 한지도 모르냐고 물어보는 경향이 있는데 남자들은 지금 그것을 모르고 있으니까 싸우고 있는 때도 있다.

모르는 것은 "미안한데 내가 무엇을 잘못했는지 정말로 모르겠으니 좀 알려주면 좋겠다."라고 물어나 보자. 섣부른 지레짐작으로 여자가 화난 이유에 대해 횡설수설하거나 잘못 끼워 맞추기라도 할 경우에 일은 걷잡을 수 없이 더 커질 수도 있을 테니 말이다.

이제 여자가 화난 이유를 듣고 깨닫지 못했던 자신의 잘못을 알게 되었다면 "정말 미안해, 내가 몰라서 그랬고 이런 일로 당신이 그렇게까지 화가 날 줄은 몰랐으니 그만 화 풀어~"라고 진심이 담긴 사과를 해 보자.

알고 있는데도 실수를 한 것과 몰라서 저지른 실수는 차원이 다른 것이다. 전자의 경우 "그걸 아는 사람이 왜 그랬어?"라고 되묻는다면 딱히 변명할 말도 없을 것이다.

하지만 몰라서 그랬다는데 거기다 대고 "그걸 왜 몰랐는데?"라고 묻기에는 무언가 명분이 잘 서지 않을 것이다.

여자들도 그럴 때는 "그러면 내 기분이 상하니 다음부터는 그러지 않았으면 좋겠어."라는 정도로 넘겨 줄 수 있을 것이다. 몰라서 저지른 실수는 부끄러운 일이 아니라 배움의 기회로 삼으면 되는 것이다.

간혹 여자에게 미안하다고 이야기를 잘 못하는 남자가 있는데 다른 사람이 내게 실수를 해놓고 미안하다는 이야기마저 하지 않을 경우 내 기분은 어떨지 생각해 보면 내가 잘못을 했을 때 상대방에게 어떻게 해야 할지도 알 수 있을 것이다.

설령 상대방의 잘못으로 인해 싸우게 된 경우일지라도 본인이 화를 내고 말을 심하게 한 부분이 있었다면 그런 부분에 대해서 먼저 "그때 내가 말을 너무 심하게 해서 미안하다."라고 해 보자. 상대방의 마음을 먼저 풀어놔야 이야기가 술술 잘 풀리는 경우가 많다.

그런 이후에 상대방의 이러이러한 부분으로 내가 기분이 안 좋았다고 설명을 해 보자.

역순일 때와 비교해 보면 이해가 빠를 것이다.

화해란 '싸움하던 것을 멈추고 서로 가지고 있던 안 좋은 감정을 풀어 없앰'을 뜻하는데 이 말뜻을 가만히 살펴보고 각자의 상황과 사정에 맞는 화해의 방법을 찾아보면 좋겠다.

가끔 생각 없이 튀어 나온 말 한마디가 치명적인 실수를 자초할 수 있다. 말이란 것은 한번 내뱉으면 주워 담을 수 없다는 것은 누구나가 알고 있는 것이니만큼 한 번 더 생각해 보고 말을 하는 습관을 들이는 일은 굉장히 중요한 일이다.

싸움에서도 그렇듯이 화해를 청할 때에도 서로에게 맞는 규칙을 미리 정해두는 것도 좋다. 예를 들어 남자가 여자에게 화해의 뜻으로 특정한 애교를 부리면 웬만한 작은 다툼에는 풀어주기로 약속을 해 보자. 상대방에게도 마찬가지~

남자라는 이름의
불편한 진실

여자들 사이에서 남자들은 '애' 아니면 '개'라는 이야기가 있다. 왜 그렇게들 이야기하는지 나도 잘 몰라서 인터넷에서 검색해 보니 '애'라는 것은 남자들이 애처럼 말을 잘 안 듣는 것을 비유한 말이고, '개'라는 것은 남자들도 잘만 훈련시키면 개처럼 말을 잘 듣는다는 것을 비유하는 것이라고 한다. 또한 남편은 '큰아들'이라는 이야기도, '남의 편'이란 이야기들도 있다.

여자들 사이에서 남자들을 향해 왜 이런 불편한 이야기가 나오게 된 것일까?

여자들이 남자들을 이렇게 바라보는 시선이 있다는 것은 많은 남자들이 여자들 눈에는 그렇게 보인다는 것을 반증하는 것이 아닐런지 모르겠다.

나도 남자지만 여자들의 입에서 남자들에게 이런 이야기들이 나오게 된 배경을 한번 생각해 보면 남자들도 반성해야 할 부분도 있으리라 여긴다.

물론 다른 남자들이야 그런 소리를 듣고 살든 말든 상관없이 여자들의 이런 말들에 일일이 나서서 왈가왈부할 필요는 없는 일이고 나만 내 와이프에게 그런 소리를 듣지 않고 잘 살면 되는 일일 것이다.

지금의 나는 와이프에게 그런 소리를 듣고 살지는 않지만 앞서 이야기를 했듯이 나도 젊은 시절 한때에는 술을 마시고 와이프에게 '개'처럼 행동을 했던 적이 있었으니 뭐 딱히 잘났다고 여길 만한 일도 못 되겠다 싶기도 하다.

여하튼 여자들에게, 특히 나의 와이프에게 내가 이런 불편한 소리를 듣기 싫다면 이런 소리를 듣지 않도록 내가 더 노력을 하면 되는 것이다.

특히 '남의 편'이 되지 말고 오롯이 '와이프의 편'이 되어 줘야 하는 것은 정말 중요한 일이 아닐까 싶다.

이는 남자, 여자를 가를 일이 아니라 서로가 서로에게 같은 편이 되어 주고 힘이 되어 줘야 할 상대인 것임을 잊지 않도록 당부한다.

자, 당신의 와이프는 지금 당신을 어떤 남자라고 생각하고 있을지 한번 생각해 보자.

살다가 서로가 맞지 않으면 이혼하면 된다?

결혼은 그 어떤 것보다 신중, 또 신중해야 할 '백년지대사'라고 한다.

우리 부부는 8년 동안 거의 같이 살다시피 함께 보내며 열렬히 사랑하고 결혼을 했어도 결혼 초반에 많은 갈등과 부딪힘이 있었다.

간혹 몇 달간의 짧은 연애를 하다가 결혼을 하는 커플을 보면 '과연 저 둘은 서로에 대해 얼마나 잘 알고 결혼을 했을까?'라는 생각도 들고 '과연 저 둘이서 앞으로 펼쳐 나갈 부부생활이 행복하게 잘 살 수 있을까?'라는 걱정이 들기도 한다.

물론 서로 도저히 맞지 않는 사람끼리 같이 살 수는 없는 일이겠지만 왜 굳이 그렇게 잘 맞지도 않는 사람끼리 결혼을 해서 이혼을 하는 것일까?

이혼을 쉽게 생각하고 있는 남자들이 있을지도 모르겠지만 누구나 다 아는 것처럼 둘 사이에 자식이 하나라도 있다 보면 이혼은 당사자 둘만의 문제가 아닌 자식들 문제까지 겹치게 되어 더욱 더 힘든 일이 될 것이다.

집에서 애완동물을 기르는 일에도 책임이 따르는 일이다.

한때의 불장난이었든, 사랑의 결실이었든 둘 사이에 자식이 태어난 일은 대단히 축복할 만한 일이며, 둘은 그에 대한 책임을 져야 할 의무가 있는 것인데 그럼에도 불구하고 이혼을 하게 된다면 이 아이의 운명은 앞으로 어떻게 될 것인가?

차라리 '엄마 없는 아이', '아빠 없는 아이'가 된다면 그나마도 나을 수 있겠지만 둘 사이의 아이를 고아원에 보내거나 입양이라도 시켜 버리게 된다면? 이는 아이에게 씻을 수 없는 죄를 짓게 되는 일이라고 생각한다.

결국 나로 인해 한 여자와 한 아이의 인생이 망가지는 것은 내가 평생 떠안고 살아가야 할 마음의 짐이 될 것이다.

나는 개인적으로 아직까지는 우리나라에서 부부간에 이혼을 하게 되면 '이혼남'보다 '이혼녀'가 더 살기 힘든 세상이라고 생각한다.

어느 쪽에서 누가 더 큰 잘못을 해서 이혼을 하게 되었든지 간에 이혼한 남자는 한때 서로 사랑하고 평생을 함께 하겠다는 서약을 했던 한 여자를 이 거친 세상에 '이혼녀'로 낙인을 찍어 내쫓아 버리는 것이다.

결혼은 애들 소꿉장난이 아니다.

이혼한 부부들도 과거의 결혼식 당시 불과 한 시간여의 짧은 결혼식이었겠지만 가족, 친지, 어르신들, 주변의 모든 사람들 앞에서 "나는 이 여자를 (그리고 자식들을) 평생 책임지며 함께 잘 살 것이다."라고 엄숙히 선언을 했던 자신이었다.

회사에서 직원을 한 명 채용할 때에도 한번 채용한 직원은 회사의 책임 하에 놓이기 때문에 신중에 신중을 기한다.

"어쩌다 정신을 차리고 보니 내가 결혼을 하게 되었다."라는 무책임한 말을 할 것이 아니라 '앞으로 내가 어떻게 이(들)을 책임질 것인가?'만을 생각해도 모자랄 일이다.

나의 와이프를 통해 내가 배웠던 것 중 하나가 '어떤 일이든 일방통행은 없다.'라는 것이었다.

이혼도 단순히 어느 한쪽만의 일방적인 문제라기보다는 쌍방과실인 경우가 대부분의 경우로 많을 것이라고 나는 생각한다.

어느 한쪽에서 불륜을 저지르는 등 유책 배우자가 아닌 이상 이혼은 단순히 어느 한쪽만의 일방적인 문제라기보다는 나는 쌍방과실인 경우가 대부분의 경우로 많을 것이라고 생각한다.

손뼉도 마주쳐야 소리가 나는 것인 만큼 우리 부부가 앞으로 어떤 소리를 만들어내며 살아나갈지 둘이서 잘 협력해 보도록 하면 좋을 듯하다.

박마담 Tip

부부간에 처음에는 "너 없이는 못 살아!" 해도 나중에는 "너 때문에 못 살아!" 하게 된다는 이야기가 있다.
남자가 최소한 "너 때문에 못 살아!"라는 이야기를 듣고 살지는 말아야 할 일이 아니겠는가?

와이프가
바람이 났다면?

내 와이프가 다른 남자와 바람을 피운 사실을 알게 된다면 나는 어떻게 할 것인가?

그러한 사실을 남자가 알게 되었다면 남자는 아무 일도 없었던 것처럼 여자를 무조건적으로 용서하고 이해를 해 줄 수 있을 것인가?

아마도 쉽지가 않은 일일 것이라 생각한다.

그렇다면 역으로도 한번 생각을 해 보자. 나에게도 어려운 일이라면 상대방에게도 똑같이 어려운 일일 것이다.

결혼식을 진행할 때 우리는 이미 상호간의 정조에 대한 서약과 맹세를 한다.

남자들은 간혹 이 점을 간과하고 와이프 몰래 바람 피우는 것을 마치 자랑인 양 떠들고 다니는 남자들도 있는데 절대로 그렇게 해서는 안 될 일이다.

'현장에서 걸리더라도 무조건 잡아떼면 그만이다.', '재수가 없어서 걸렸다.', '자식이 있으니 별 다른 수가 없을 것이다.'라고 가볍게 생각한다면 커다란 오산이다.

'손바닥으로 하늘을 가린다.'라는 옛말이 있는데 딱 그 짝인 것이다.

지금은 잠잠해져 가고 있지만 있어서는 안 될 'N번방' 사건이 사회적 이

슈로 터지고 나서 그 방 안에 있었던 수많은 남자들은 설령 잡히지는 않았더라도 아마도 좌불안석마냥 불안에 떨고 있었을 것이다.

비단 이러한 사건이 아니더라도 돈으로 여자를 산다든가, 특히나 어린 여자에게 몹쓸 짓을 하는 남자들은 과연 자신의 딸이 그와 같은 일을 당하게 된다면 어떻게 할 것인가를 먼저 분명하게 생각해 봐야 할 일일 것이다.

우리 부부가 즐겨 보는 「사랑과 전쟁」에서 어떤 남자가 자신의 경제적인 부를 이용해 스폰서를 가장하여 여대생을 성적으로 착취해 왔는데 나중에 이 여자가 자신의 처남과 사귀고 있다가 결국 모든 사실이 탄로가 난 것처럼 세상은 생각보다 좁은 것이고 비밀이란 것도 언젠가는 탄로가 날 수 있는 것이다.

예로부터 '꼬리가 길면 밝힌다.'라는 이야기도 있지 않은가?

꼬리를 기르면서도 항상 걸리지 않도록 주의를 기울일 것인지, 처음부터 꼬리를 기르지 않을 것인지는 본인이 스스로 결정하고 행하는 일이겠지만 처음부터 아예 생각과 시도를 하지 않기를 당부하는 바이다.

며칠 전에 와이프가 내게 "바람을 피우고 싶었던 적이 없었느냐?"라고 뜬금없는 질문을 던져온 적이 있었는데 "나는 한 여자 건사하기도 힘들어하는 남자다." 하며 웃고 말았지만 사실 그대로이다.

만약에 '내게 만약 두 명의 와이프가 있었더라면?' 하고 생각만 해 보더라도 나는 그 둘을 감당할 자신이 없다. 그래서 아예 그런 쪽으로는 생각을 하지 않고 있다.

물론 남자들 중에서 그런 쪽으로 능력자(?)들이 존재할 수도 있겠지만 그 사람들은 그렇게 살더라도 나는 그렇게 살고 싶지는 않다는 뜻이다.

결혼 전에도 남들에게, 누구보다 자신의 여자에게 부끄럽지 않도록 행동하고 살아야 하겠지만 결혼 후에는 더욱 더 주의를 기울일 필요가 있고 자식이 생기게 되면 더더욱 조심해야 할 일이라고 생각한다.

바람을 피우는 남자들처럼 나의 와이프가 지금 내가 아닌 다른 남자와 바람을 피우고 있다고 한번쯤 생각해 본다면 내가 바람을 피우면 안 될 일이라는 것임을 보다 더 쉽게 이해를 할 수 있을 것이다.

'남자는 마음속에 방이 여러 개 있고 여자의 마음속에 방은 오직 하나'라는 이이기가 있다.

그 이야기는 남자는 마음속에 방이 많아서 이 여자도 담을 수 있고 저 여자도 담을 수 있는 반면에 여자는 마음속에 방이 하나라서 지금 그 방에 들어와 있는 그 남자를 비워내지 않으면 다른 남자로 채우기가 어렵다는 이야기다.

플레이보이가 있듯이 여자들 중에서도 그러한 여자들이 있을 수도 있겠지만 그동안 내가 살아오면서 보아왔던 대개의 일반적인 여자들에게는 얼추 맞는 이야기가 아닐까 싶다.

지금 내 마음속의 방에는 어떤 여자들이 살고 있는지 한번 들여다보자.

뭐, 지금의 와이프와 첫사랑 그녀 정도만 있다면 특별히 문제가 될 것은 없어 보이지만 그 이상의 방을 가지고 있어서 정신이 없을 지경이라면 한바탕 대청소가 필요하지 않을까?

가정의 평화를 위하여

 와이프와 평화로운 가정을 꾸려 가려면 어떻게 해야 할까? 가장 단순하게 이야기를 하자면… 와이프가 좋아하는 일이면 해 주고, 싫어하는 일은 안 하면 그만일 것이다.

처음부터 와이프가 좋아하고 싫어하는 것들이 무엇인지를 다 알아내기란 어려운 일이겠지만 하나씩 새롭게 알게 되는 일들은 메모를 해 두거나 잘 기억을 해 둔다면 도움이 될 것이다.

물론 정당한 것을 요구하는 일이라면 큰 문제는 없겠지만 정당하지 않은 일을 내게 요구하거나 내가 먹고 싶거나 하고 싶어 하는 것을 못하게 하는 일이라면 받아들이기 어려운 일일수도 있을 것이다.

그런 일들은 가령 한 달에 한번 먹을 수 있거나 할 수 있는 일로 적당히 타협을 해 볼 수도 있을 것이다.

나도 과거에는 건강에 좋지 않은 곱창, 막창, 햄버거 등을 좋아해서 자주 사 먹었지만 미치도록 먹고 싶을 때 한 달에 한번만 먹도록 정해 두고 먹었더니 건강에도 좋고 와이프 눈치 보지 않아서 좋고 돈까지 절약할 수 있으니 일석삼조였다.

나를 아끼고 사랑해서 이야기를 해 주는 와이프의 말을 마냥 잔소리로

만 여기지 말고 와이프의 말을 들어서 손해를 볼 것 없이 오히려 득이 되는 일일 수도 있는 것이다.

우리 부부는 자식이 없어서 잘 모르겠지만 특히 와이프가 임신 중일 때에나 출산 후 육아의 과정을 거치고 있는 중이라면 둘만 있었던 때보다 내가 하고 싶은 것들을 더욱 더 내려놔야 할 것이라 생각한다.

서로가 부딪힐 만한 일들을 줄여 나가는 것, 한 발자국씩 양보하는 것… 우리 부부가 비록 자식은 없더라도 생활 속에서 이런 일들을 한 20년쯤 반복하며 살다 보니 지금은 싸울 일이 거의 없어진 것 같다.

자, 지금 여러분의 가정은 평화로운지, 생각만큼 평화롭지 않다면 어떻게 해야 지금보다 더욱 평화를 얻을 수 있는지 생각해 보면 좋을 듯하다.

박마담 Tip

역으로 와이프의 말이나 행동, 습관 중에 내가 정말 싫어하는 것들이 있다면 나도 와이프처럼 당당하게 "이건 이래서 내가 정말 너무나도 싫어하는 것이니 당신도 조심을 해 줬으면 좋겠어!"라고 이야기를 할 수 있어야 한다.
항상 일방통행은 없는 것이기에…

---

*

'결혼은 서로가 맞춰 가는 과정'임을 항상 잊지 말고 서로가 합심으로 노력하여 행복한 결혼생활을 잘 유지해 나갈 수 있기를 진심으로 바란다.

　　　　　　　　　　　　　南자들을 위한 부부생활 참고서

7부

이벤트 및 여행편

가끔 뜬금없는
꽃 한 송이를 선물해 보자

남자들이 흔히 착각을 하는 것 중 하나가 '꽃은 기념일에만 사 주면 된다.'라는 것이다.

퇴근하고 들어갈 때나 주말에 자고 있는 와이프의 머리맡에 몰래 꽃을 놓아 두고 와이프가 꽃을 받았을 때의 모습을 관찰해 보라.

"당신과 함께하는 매일 매일이 내겐 다 기념일이야~"라는 정도의 달달한 멘트를 함께 전달해 준다면 더욱 좋겠다.

열에 한둘쯤은 꽃을 싫어하는 여자가 있을지도 모르겠지만 웬만한 여자라면 사랑하는 남자가 선물해 주는 꽃을 마다하지는 않을 것이다.

흔한 붉은 장미보다는 '리시안셔스'와 같이 독특한 흰 장미를 건네주며 "꽃말이 변치 않는 사랑이래~"라고 해 보자.

요즘에는 드라이 플라워, 비누꽃, 종이꽃, LED 홀로그램 장미꽃 등 다양한 이벤트용 꽃들이 많이 있으니 상황별로 골라서 사 주면 된다.

나는 와이프에게 위에서 언급한 꽃들을 다 사 줘 봤지만 그중에 최고로 치는 꽃은 LED 홀로그램 장미꽃이다.

얼마 전에는 와이프에게 흰 장미꽃 조화로 된 미니 부케도 하나 샀더니 집 안의 장식용으로도 훌륭했다.

코로나19로 인하여 요즘에는 비대면 모임이 많아지고 있다. 그로 인해 'Zoom'을 통한 모임이 잦아지고 있는데 그중 한 모임에서 어떤 남편이 와이프에게 '돈꽃다발'을 선물해 준 것을 본 적이 있었다.

나도 아직까지 와이프에게 '돈꽃다발'은 선물해 준 적은 없었는데 그 모습을 보며 '아, 나도 나중에 한번은 거쳐 가야 할 과정이겠구나~'라는 생각을 해 보았다.

최근에 와이프에게 꽃을 사 준 적이 없었다고 생각이 든다면 당장 오늘 저녁에 한 송이의 장미꽃이라도 일단 사 줘 보자.

여자들이 갑자기 꽃을 받게 되면 무슨 꿍꿍인지, 또 무슨 사고를 친 것은 아닌지 걱정을 할지도 모르겠지만 상관없다.

때로는 내가 꼭 사고 싶은 것이 있지만 와이프에게 재가를 받아야 할 일이 있을 경우에도 꽃을 사주면서 "당신, 오늘따라 더 예뻐 보여~ 내가 이러려고 꽃을 사준 것은 아니지만, 사실 내가 ○○이 좀 필요한데 말이야, 근데 내가 와이프의 재가를 받아낼 수 있을까?"라고 너스레를 떨며 이야기를 한다면 와이프도 한결 몽글몽글해진 마음으로 훨씬 더 긍정적인 검토가 이루어질 수도 있을지도 모른다.

부부싸움을 했더라도, 가끔 내가 와이프에게 작은 실수나 잘못을 했더라도 나가서 꽃 한 송이라도 사 들고 들어가 보면 한결 와이프의 기분과 분위기가 좋아질 수도 있을 것이다.

와이프가 우울하거나 힘들어할 때라든지, 무언가 축하해 줄 일이 있을 때라든지, 아니면 주말이나 퇴근길에 꽃가게가 눈에 띄었을 때라든지…
그 어느 상황이 되었든 가끔은 와이프에게 작은 꽃 한 송이라도 건네어 준
다면 평범한 일상생활 속에서 활력을 불어넣어 줄 수 있을 만큼 여자에게
꽃 선물은 당신의 생각보다 더욱 큰 값어치를 하게 될 수도 있을 것이다.

자, 당신은 와이프에게 (기념일을 제외하고) 마지막으로 꽃을 사 준 적
이 언제였을지 한번 생각해 보면 좋겠다.

가끔 둘만의
이벤트를 가져 보자

와이프에게 특별한 선물을 사 주는 것도 좋겠
지만 새벽에 일찍 나가 김밥 맛집에 줄을 서서
평소 와이프가 좋아하는 김밥 한 줄 사다 주거나
둘이서 함께하는 집 근처 드라이브도 좋은 이벤
트가 될 수 있다.

앞서 이야기를 했듯이 와이프의 노고에 감사한 마음을 담아 꽃 한 송이
와 함께 직접 글을 쓴 손 편지를 하나 건네어 보는 것도 좋은 이벤트가 될
수도 있겠다.

나는 지난 몇 년간 아침에 일찍 출근을 하면서 잠들어 있는 와이프를 위해 매일매일 머리맡에 손편지를 써주고 집을 나선 적도 있었는데 지금은 세상이 많이 좋아진 덕분에 카카오톡으로 대신하고 있는 중이다.

꼭 기념일에만 이벤트를 해 줘야 하는 것은 아닐 것이다.

진심으로 부부가 서로 사랑하며 함께 살고 있는 것이라면 하루하루가 기념일이 아니겠는가?

몇 년이라도 부부생활을 해 오고 있는 남자의 경우 연애할 당시와 지금의 당신이 와이프에게 해 주고 있는 모습을 비교해 보면 차이가 있음을 알 수가 있을 것이다.

부부가 둘이서 같이 살고 있는 지금 사랑으로 살고 있는지, 의리로 살고 있는 것은 아닌지를 한번 생각해 보자.

보통 남자들은 의리를 좋아하고 중요시하는 경향이 있지만 서로 사랑을 하고 결혼한 자신의 와이프는 '의리의 대상'이 아닌 '사랑의 대상'이 되어야 맞는 것이라고 생각한다.

나는 19년이 지난 지금도 와이프에게 거의 매일 사랑한다는 말을 잊지 않고 건네어주고 있다.

'집 안에서 화초를 하나 키우더라도 사랑으로 키워야 잘 자란다.'라는 말도 있듯이 사랑의 표현은 자주 해 줄수록 좋을 일일 것이다.

'처음처럼' 초심을 잃지 않는 것은 무척이나 중요한 일이다.

가끔은 저녁에 불을 다 끄고 식탁 위에 촛불만 하나 켜 두고 둘이서 같이 와인도 한잔 마셔 보는 것도 멋진 이벤트이고 좋은 추억이 될 수 있을 것이다.

무엇이 됐든 이번 주말에 와이프를 위해 이벤트를 한번 기획해 보면 어떨까?

그리고 갑자기 생각지도 못했던 이벤트를 받은 와이프의 표정과 말과 행동들도 한번 눈여겨 살펴보면 좋겠다.

가끔 뜬금없는 말이나 행동들이 생활에 소소한 즐거움을 준다

매일 같이 TV에서 지루하게 같은 것을 보고 또 보는 상황이라면 뜬금없더라도 핸드폰으로 와이프가 정말 좋아하는 노래지만 꽤 오랫동안 듣지 못한 노래를 틀어 놓고 살며시 TV를 끄면서 "이거 당신이 좋아하는 곡인데 갑자기 생각이 나서 함께 듣고 싶네~"라고 해 보자.

항상 모든 일에는 타이밍이 중요한 것이고 와이프가 지금 꼭 봐야지만 하는 드라마를 끈다는 것은 목숨을 걸어야 할 일일지도 모를 것이다.

어제 저녁에도 나는 TV를 끄고 와이프가 애정하는 Mariah Carey, Boyz

남자들을 위한 부부생활 참고서

Ⅱ Men의 「One Sweet Day」 곡을 필두로 N Sync의 「It's gonna be me」, 그리고 이제는 안타깝게 고인이 된 신해철의 「그런 슬픈 표정 하지 말아요」와 김장훈의 「세상이 그대를 속일지 몰라도」 등 대략 열 곡 가까이 음악을 들으며 그 음악에 대한 우리의 추억과 감정에 대한 대화를 나누었다.

각자 와이프가 최애곡(가장 아끼는 인생 노래) 리스트를 폰에 저장해서 가끔 들려줘 보면 꽤나 좋아할 수도 있을 것이다. 이러한 리스트를 저장해 두고 있다면 함께 노래방을 갔을 때에도 미리 예약을 해 두고 "지금 이 노래가 듣고 싶은데 불러 줄 수 있겠어?"라고 물어보는 것도 좋다.

이전에도 한번 이야기를 했지만 집에서 함께 TV를 보다가도, 식사를 하다가도 갑자기 지긋이 바라보며 "(진지하게) 사랑해~" 또는 "(거만하게 손가락으로 와이프를 가리키며) 내가 오늘 사랑한다고 말을 해 주었던가~"라고 한마디 해 보면 "뭐야 뜬금없이~" 하면서도 어느 여자가 싫다고 하겠는가 싶다.

그렇게 사랑한다는 말을 건네주고 "갑자기 진심이야~", "지금 내 마음이 그렇게 말을 하네~"라는 정도 곁들여 주면 더욱 좋겠다.

위의 이야기에서처럼 로맨틱한 분위기를 연출해 보는 것도 좋지만 아래의 일화처럼 코믹한 분위기를 연출해 보는 것도 서로가 즐거운 일이 될 수 있다.

예전에 와이프와 함께 친한 사장님이 운영하시는 집 앞 가게에서 계산을 하려고 보니 계산대 앞에 마침 엿이 있기에 와이프에게 저음의 진지한 목소리로 엿을 가리키며 "엿 먹을래?"라고 물었더니 와이프는 물론 사장님까지 빵 터졌던 일이 있었다.

한번은 엄청나게 더웠던 여름철 낮에 내 차로 출장을 마치고 복귀하는 중에 와이프에게 전화가 와서 핸즈프리로 연결이 되어 통화를 하던 중 옆자리에 같이 타고 있던 개발 팀장이 우리의 대화를 듣고 있었는데 와이프가 무언가를 착각하고 잘못된 말을 하고 있기에 내가 장난스레 "오늘 날씨가 많이 덥지?(당신, 오늘 더위 먹었어?)"라고 했더니 옆에서 듣고 있던 개발 팀장까지 빵 터졌던 일도 있었다.

이밖에도 나는 단 한마디로 와이프의 웃음을 유발시킬 수 있는 나만의 무기들이 있다. 이렇듯 아무것도 아닐 수도 있는 생활 속에 작은 일들에서도 찾아보면 소소한 즐거움을 발견할 수 있을 것이다.

나라고 열 번 말을 해서 열 번을 다 웃길 수야 있겠는가. 하지만 열에 한두 번 성공을 하더라도 나는 이러한 사소한 작은 노력이 아무것도 안 하는 것보다는 훨씬 더 나은 일이라고 생각한다.

와이프의 즐거움을 위한 자신만의 뜬금없는 말이나 행동들은 무엇이 있는지 한번 살펴보고 없거나 적을 시에는 지금부터라도 하나씩 개발해 보면 어떨까?

함께 연말에
버킷리스트를 작성해 보자

연말에 내년 한 해 동안 내가 하고 싶은 것 열 가지와 와이프가 하고 싶은 것 열 가지를 핸드폰에 적어 두고 각자 5개 이상만 이룬다면 그 정도면 충분히 성공한 한 해가 될 수도 있을 것이라고 생각한다.

그렇다고 버킷리스트로 뭔가 대단한 것을 적어 두자는 것이 아니라 집 근처 맛집을 가 본다든지, 놀이공원을 다녀온다든지… 사소한 그 무엇이라도 좋다.

우리 부부가 계획하고 공개 가능한 버킷리스트는 아래처럼 사실 별거 아니다.

- 파주 중국집, 불광동 중〇원 짬뽕 맛보기
- 맛〇는 녀석들에 나온 '슈〇스코'나 이연복 쉐프가 운영하는 '〇란' 찾아가서 동파육 맛보기
- 코스〇스 방문, 속초여행이나 강릉 아리〇(금강〇) 횟집 방문
- 부부동반 모임 갖기
- 근교 가 볼 만한 축제 한두 곳 찾아다니기
- 함께 쭈꾸미 낚시하러 가기

- 롯○타워 레스토랑 가기
- 가다실○인 접종하기
- 물걸레 청소기/공기청정기 구매하기
- 처가댁 컴퓨터 교체, 복합기, 로봇청소기 구매하기
- 집에 태양광 설치하기

꼭 연말이 아니어도 좋다. 남아 있는 올해 안에 와이프와 같이 꼭 해 보고 싶은 일들에 대해 이야기를 나누며 기록을 해 두었다가 하나씩 실행해 나가 보면 어떨까?

박마담 Tip

핸드폰 어플 중에 투두리스트를 적어 놓고 하나씩 완료한 것은 체크해 나가는 어플을 활용해 봐도 좋다. 어딘가에 적어 두고 자꾸 들여다보지 않으면 쉽게 잊어버릴 수 있을 테니 말이다.

함께
축제나 행사를 즐겨 보자

　　잘 찾아보면 국내에서도 가 볼 만한 좋은 곳들이 널려 있고 굳이 멀리 지방까지 가지 않더라도 근처에서 그다지 멀지 않은 곳에 분명히

뭔가 진행 중인 행사가 있을 것이다.

인터넷에서 검색하면 각 지방별로 일 년 동안 월별로 개최하는 축제, 행사들을 쉽게 확인할 수 있다. 그중에는 미리 표를 예매해 둬야지만 참석이 가능한 것들도 있으니 참고하길 바란다.

서울 근교에 거주하고 있다면 '경복궁 야간개장', '여의도 불꽃축제', '광명동굴 탐험', '이태원 할로윈축제', '밤도깨비 야시장' 등 당장 이달에 가서 볼 수 있는 좋은 곳들을 찾아보자.

와이프가 꽃을 좋아한다면 '부천 장미축제', 코스모스가 한창일 때는 '파주 율곡습지공원', 국화꽃이 한창일 때는 '파주 벽초지수목원' 등 우리 부부만의 장소를 정해 두고 연중행사로 다녀와 보는 것도 추천한다.

'고양 국제꽃박람회'에도 몇 번인가를 가 보려 했지만 행사기간에는 도저히 주차를 할 수가 없어서 매번 낭패를 본 적도 있으니 주변에 먼저 다녀온 사람들에게 물어보고 사전에 인터넷에서도 정보를 검색하여 거창하게 준비한 계획이 실패하지 않도록 주의하자.

또한 전시회나 박람회도 찾아보고 여자들이 관심을 가질 만한 '가구&건축 박람회', '커피&카페 박람회' 등에도 주말에 시간을 내어 같이 다녀와 보는 것도 좋을 일이다.

나중에 사랑스러운 자식(들)이 태어날 경우 찾아보면 또 그에 맞는 코스들도 많이 있을 것이다.

깜짝 선물을 한다고 와이프와 상의 없이 나 홀로 준비했다가 낭패를 볼 수도 있다. 다른 일정과 겹치는 일은 없는지, 해당 일에 와이프의 컨디션이 괜찮을지, 혹시 나만 좋기 위해 가는 것은 아닌지 등을 미리 확인해 보도록 하자.

모든 것이 잘 맞아 떨어지고 와이프도 좋아할 만한 일이라면 가기 전부터 매일매일 기대에 차 있게 되고 일상생활 속에서 작은 활력소를 가져다 줄 수도 있을 것이다.

함께
여행 겸 시장 투어를 해 보자

우리 부부는 여행을 가게 되면 항상 그 지역의 유명한 시장을 찾아가곤 하는데 때로는 5일장 등 시장이 크게 열리는 날짜에 맞춰서 여행 계획을 세우기도 한다.

그렇게 여행에서 돌아오는 길에는 항상 그 지역 시장에 들러 우리가 사 와야 할 것들과 부모님 댁에 드릴 이것저것을 사 가지고 돌아오는 것이 우리 부부에게는 불문율 같은 것처럼 되어 버렸다.

바닷가로 여행을 가게 된다면 근처에 재래시장이나 수산시장들이 있을 것이다. 그 지방에서만 맛볼 수 있는 특산품들도 좋고 젓갈 한 통도 훌륭

남자들을 위한 부부생활 참고서

한 선물이 될 수도 있다.

　양가 아버님들께서 약주를 좋아하신다면 여행지마다 특산품으로 판매하는 수제 맥주나 소주, 막걸리, 각종 담금주 등 찾아보면 얼마든지 좋은 선물을 준비할 수도 있을 것이다.
　선물은 가격이 중요한 것이 아니라 선물을 받을 대상의 취향을 잘 알고 그 취향에 맞는 선물을 고민하며 준비하는, 그 사람을 생각해 주는 마음이 중요한 것이라고 생각한다.

　시장마다 특색이 다르고 그 시장에서만 맛볼 수 있는 각종 음식들도 다양하기 때문에 사전에 인터넷에서 정보를 검색하여 가서 무엇을 먹고, 무엇을 사올지 미리 계획과 함께 예산편성을 세우고 나서 방문하는 것이 좋다. 그리고 시장마다 휴무일이 다르니 휴무일과 영업시간을 반드시 확인하길 바란다.

　비단 여행 때만이 아니라 우리가 살고 있는 서울 안에서만 해도 유명한 시장들 중 우리 부부가 아직 못 가 본 시장도 많이 있는데 와이프와 함께 한번씩은 방문해 보는 것 또한 나의 목표 중의 하나이다.

　서울관광재단 웹사이트(https://korean.visitseoul.net/map-guide-book)에서는 '전통시장 관광안내서'를 무료로 다운로드 받을 수 있으니 참고하고 아래는 인터넷에서 발췌한 서울 내 시장별 명물 정보를 맛보기로 간략히 기재한 것이니 관심있는 시장에 대한 자세한 내용은 각자 확인해 보도록 하자.

- 망원시장 : 닭강정, 오튀김밥, 손칼국수, 홍어무침, 수제고로케, 찹쌀꽈배기, 시베리아호떡, 맥주슬러시
- 남대문시장 : 잡채호떡, 손만두, 갈치조림, 칼국수, 닭곰탕, 이북식 냉면, 수박식빵, 왕핫바, 뽀뽀치킨
- 통인시장 : 효자동닭꼬치, 엽전도시락, 기름떡볶이, 콘브레드, 에그타르트, 삼색슬러시
- 광장시장 : 마약김밥, 누드잡채김밥, 참치김밥, 빈대떡, 닭한마리, 육회, 모둠회, 매운탕
- 서울풍물시장 : 호떡과 어묵, 떡볶이, 수제버거
- 뚝도청춘시장 : 서울맛집, 국말이떡
- 대림중앙시장 : 서울 속 중국, 중국식 만두/소시지/연변순대, 각종 향신료와 중국 재료를 사용한 훠궈, 마라탕, 양꼬치, 요우빙 등 판매, 매년 가을에는 서커스, 중국 사자춤, 소원 달기 등 중국의 문화를 체험할 수 있는 축제도 열린다.
- 남성사계시장 : 꼬치거리, 앙버떡, 사색 인절미, 꽈배기
- 방산시장 : 홈데코, 셀프인테리어 소품들로 가득한 시장으로 장판, 벽지, 쇼핑백 등 인쇄와 포장 관련 전문시장임
- 서울약령시장 : 국내 최대 한약재 유통 시장으로 한의약에서 쓰이는 거의 모든 약재들을 판매함,
- 회 먹으러 갈 때는 노량진 수산 시장
- 고기 사러 갈 때는 마장동 축산물 시장, 독산동 우시장

차가 있다면 우리 부부만의
드라이브 코스를 만들어 보자

아무리 좋고 아름다운 드라이브 코스라도 매번 같은 곳만 반복해서 다닌다면 식상해질 수도 있을 것이다.

장거리 코스와 단거리 코스를 나누어 만들고 단거리 코스로는 한 바퀴 돌고 오는 데 한 시간 이내의 코스면 적당하다고 생각한다.

내가 가장 좋아하는 코스는 '북악 스카이웨이 팔각정' 코스인데 정상에 올라가면 사방으로 서울 시내가 한눈에 들어오는데 특히 밤에 올라가서 보는 야경은 기가 막히게 훌륭하다. 어쩌다 가끔 스트레스를 많이 받거나 가슴이 답답할 때면 혼자 찾아가서 지친 머리와 가슴을 식히고 오기도 하는데 나만의 '힐링 장소'라고도 할 수 있겠다.

우리 부부가 자주 가는 단거리 드라이브 코스들도 여러 곳이 있는데 돌아오는 길에 그 근처 값이 저렴한 주유소에 들러서 기름을 넣고 세차를 하고 오기도 한다.

장거리 코스로는 행주산성과 남한산성, 양평 두물머리, 인천 차이나타운과 월미도, 을왕리, 오이도 등이 있는데 이런 코스들이 좋은 이유는 걸어서 몇 킬로미터 정도 걷기 운동도 할 수 있고 근처 맛집에 가서 맛있게 먹고 올 수도 있다는 것이다.

이렇게 좋은 드라이브 코스들을 하나씩 찾아내서 한 군데씩 늘려가며 같이 가 보는 것도 재미가 쏠쏠하다.

지금 살고 있는 지역이 어디든지 찾아보면 근처에도 좋은 드라이브 코스들이 많이 있을 것이라고 생각한다.

박마담 Tip

부부가 같이 술을 좋아한다면 운전을 해야 하니 직접 가서 먹고 오지 말고 포장을 해와 집에서 와이프와 함께 술을 한잔 하는 것도 좋을 것이다. 부모님 댁과 가까운 곳에 살고 있다면 한두 개 더 포장해서 집에 돌아오기 전에 잠시 들러서 전해 드리고 오는 것도 추천한다.

집 주변 지인들에게도 한 번씩 베풀어 보면 그것이 부메랑이 되어 다시 우리에게 돌아올 수 있을지도 모를 일이다.

함께 버스를 타고 종점 여행을 해 보자

자신의 차가 있거나 설령 없을지라도 둘이서 가끔 한 번씩 버스를 타고 종점 여행을 해 보는 것도 추천한다.

지하철을 타고 가면 바깥 풍경을 잘 볼 수가 없어서 나는 개인적으로 지하철보다 버스를 선호한다.

남자들을 위한 부부생활 참고서

버스 종점이 대학가 주변이면 맛집과 술집들이 즐비할 것이니 더욱 좋다.

예를 들어 ○○대를 찾아가서 양꼬치를 먹은 후 포켓볼도 치고 마약치킨을 포장해서 돌아오는 것처럼 목적을 가지고 가는 것이라면 꼭 종점까지 가지 않아도 상관은 없다.

특히 벚꽃이 한창 흐드러지게 필 무렵에 나간다면 꽃구경도 할 수 있고 겸사겸사 더욱 좋겠다. 둘이서 종점 여행을 한번이라도 해 본 적이 있다면 알겠지만 나름대로 낭만도 있고 새로운 추억거리도 생길 수도 있으니 참 좋은 일일 것 같다.

아직 둘이서 같이 종점 여행을 경험해 보지 못했다면 이번 주말에라도 생수 한 통만 준비해서 와이프와 함께 어디로든 떠나 보면 좋을 것 같다.

부부동반으로
모임이나 여행도 해 보자

나의 와이프의 경우 집에서 자식을 낳아 기르고 있는 것도 아니고, 애완동물을 기르고 있는 것도 아니고, 주위에 딱히 만날 수 있는 사람들도 없이 일 년 365일 내내 집 안에서 나만을 기다리고 있는 사람이다 보니 외로움을 탈 수도 있고 심할 경우 우울증에 걸릴 수도 있는데 이럴수록 사람들을 만나고 어울릴 수 있는 환경을 만

들어 주어야 한다.

와이프를 혼자서 외롭게 방치하는 것은 분명 나중에 크게 후회할 일을 만드는 것임을 인지해야 한다.

애들이 있는 부부와는 함께 만나는 일이 힘들 수도 있겠지만 애들이 있는 부부 중에서도 잘 찾아보면 부부동반 모임이나 여행을 좋아하는 부부들도 있을 수도 있다.

한번은 우리 집에서, 한번은 상대 부부 집에서 번갈아가며 모임을 갖는 것도 좋다. 보통 남자들끼리 친한 부부들이 모이게 되는 것 같은데 와이프 친구들 간의 모임 등 점차 다방면으로 모임을 늘려 보는 것도 좋을 것 같다.

이들 중에는 지방에 멀리 떨어져 있어서 자주 왕래할 기회가 없는 사람들도 있는데 이렇게 한두 번 만나 와이프와도 서로 잘 어울려 지낼 즈음 되면 나는 이들을 묶어 단톡방을 만들어서 서로 가끔씩이라도 안부를 전할 수 있는 환경을 만들어주고 각 단톡방마다 활발하게 대화를 이어나갈 수 있도록 관리를 하고 있다.

나의 와이프는 원래 핸드폰도 사용하지 않으려던 사람이었지만 이제는 내가 없더라도 알아서 단톡방 사람들과 대화를 잘 이어 나가고 있다.

가급적이면 기회가 주어질 때마다 함께 부부동반 모임을 갖다 보면 좋

남자들을 위한 부부생활 참고서

은 추억거리가 하나둘씩 늘어갈 수도 있을 것이다.

사촌들 간의 모임과 단톡방 개설도 추천할 만하다. 나의 외사촌들 하고의 모임에서 와이프와 함께 다녀온 제주도 여행도 인상적이었다.

우리 부부는 그다지 활동적이지 않고 와이프가 고소공포증이 있어서 패러글라이딩 등 격한 활동은 엄두를 내지 못하니 선택의 폭이 좁은 편이지만 내가 앞서 제시한 몇 가지 외에도 와이프를 위해 함께 즐거운 이벤트가 될 수 있을 만한 멋진 일들이 무엇이 있겠는지 고민을 해 보면 좋을 듯하다.

8부

집에서 와이프와
같이 해 보면 좋을 것들

담금주 만들기

 나는 평소에 술을 즐기는 편이고 가끔씩 우리 집에서 지인들을 초청하여 식사, 혹은 술자리 갖는 것을 좋아한다. 소주나 맥주, 와인, 양주 등도 물론 좋지만 집에 온 손님들에게 직접 담근 술을 내어주는 것도 좋은 일일 것이다.

요즘은 인터넷에서 '담금주 키트'로만 검색을 해 봐도 다양한 종류의 상품들이 잘 나와 있어서 그다지 비싸지 않은 가격으로 손쉽게 해봄직 할 만한 일일 수도 있다.

술을 즐기지 않는 부부일지라도 부부가 함께 손님 접대용으로 같이 담금주를 만들어보면 어떨까?

서울 근교에 거주하고 있다면 주말에 와이프와 함께 드라이브 겸 한약 전문 상가들이 많이 모여 있는 '경동시장'에 들러서 인삼이나 야관문 등 원하는 담금주 재료를 구입하고 난 후 우리 부부는 둘 다 냉면을 좋아해서 근처 '청량리 할○니 냉면'집에 들려 한 그릇씩 먹고 나서 집으로 돌아오는데 겸사겸사 각자 입맛에 맞는 음식점을 찾아서 들렀다가 돌아오는 것도 좋겠다.

마트에서 담금주용 소주를 적당한 양으로 구입하고 생활용품을 싸게 판매하는 곳에 가면 담금주 담을 병을 살 수 있는데 개인적으로 병 하단에 수도꼭지처럼 밸브형으로 되어 있어서 쉽게 따라 마실 수 있는 제품을 추천한다.

재료가 다 준비되었다면 이제 담아 두고 담아 둔 날짜와 이름, 용도 등을 라벨에 적어서 병에 붙여 두기만 하면 끝이다.

자, 여기까지 했다면 이제 당신은 담금주 오너가 되었고 적당히 시간이 지나게 되면 그 맛을 볼 수도 있을 것이다.

> **박마담 Tip**
>
> 이왕 담금주를 한다면 좀 넉넉히 구입해서 내가 먹을 것과 손님 접대용으로 준비해 두고 양가 부모님 댁에, 평소 고마운 마음을 가지고 있던 지인들에게도 한 통씩 선물로 건네어준다면 좋겠다.
> 물론 받게 될 사람이 술을 즐기는 사람이라면 더욱 좋을 것이다.

집에서 키우기 쉬운 공기정화 식물을 길러 보자

2021년인 지금 코로나로 인해 미세먼지 이슈가 다소 줄어든 것 같아서 한편으로는 안타까운 마음도 든다.

물론 모든 사람들이 코로나에 관심을 갖고 주의

해서 빨리 이 어려운 시기를 극복하는 일은 그 무엇보다 중요하고 시급한 일이겠지만 말이다.

하지만 눈에 보이지도 않는 미세먼지, 초미세먼지는 우리가 알지도 못하는 사이에 우리의 몸에 서서히 축적되어 나중에는 우리의 건강에 어떠한 악영향을 끼치게 될지는 아무도 모를 일이다.

그리고 이 미세먼지, 초미세먼지는 특별한 대책이 없는 한 우리 세대를 지나 우리 자식들 세대까지 우리의 삶을 괴롭힐 것으로 예상되어 안타까운 마음이다.

이에 얼마나 많은 효과가 있을지는 모르겠지만 아무것도 안 하는 것보다는 나을 것이란 심정으로 나는 실내 공기정화 식물을 키워 보는 것도 좋은 일이리라 여긴다.

공기정화 식물이란 실내 공기 속에 있는 각종 오염물질이나 유해물질 등을 정화해 실내 환경을 쾌적하게 하는 식물을 뜻한다.

집 안에서 식물을 키우면 오염물질과 전자파가 줄어들고 실내 습도를 알맞게 유지하는 데 도움을 주며, 인테리어로도 훌륭한 효과를 줄 수 있다.

또한 신혼집으로 이사 후 '새 집 증후군'을 겪을 수도 있고 식물 정화 요법 등 인터넷에서 보다 자세한 내용을 손쉽게 찾아볼 수 있으니 관심 있는 식물이 있다면 한번 직접 길러 보기를 권한다.

주방에서 음식을 많이 하는 와이프를 위해 '스킨답서스'를 선물로 주방에 살며시 놓아 주자. 스킨답서스는 인터넷으로도 쉽게 구입할 수 있고 어두운 곳에서도 잘 자라며 요리할 때 많이 발생하는 이산화탄소 제거량이 가장 우수한 식물이라고 한다.

미세먼지 때문에 구매한 공기청정기를 주방과 거실 사이에 설치한 후 알게 된 사실인데 주방에서 고기를 굽거나 요리를 할 때면 공기청정기의 '나쁨' 수치가 급격히 올라가는 것을 볼 수가 있다.

전문가가 아니니 잘은 모르겠지만 이는 무엇인가 좋지 않은 것들이 우리 집 안을 떠돌고 있다는 반증일 것이다.

식용작물 재배하기

집에서 화초를 기르는 것도 좋지만 직접 길러서 식용으로 먹을 수 있다면 '일석이조'로 더욱 좋지 않을까?

가장 손쉬운 것 중 하나가 나는 '대파'라고 생각한다.

마트나 시장에서 대파를 사왔거나 집에 여분의 대파가 있다면 다 마신 음료수 페트병 윗부분 1/3을 잘라서 깨끗하게 씻어 물을 채워 두고 대파의 푸른색 윗부분을 잘라낸 후 흰색 뿌리 부분만 씻어서 페트병에 꽂아 두고 매일 깨끗한 물로 잘 갈아 주면 끝이다.

직접 파를 길러 본다면 알겠지만 생각보다 빨리 잘 자란다. 많이 자랐다면 이제 가위로 윗부분을 잘라내어 먹고 페트병에 다시 꽂아 두고 지내다 보면 어느새 또 자라 있다.

물병에서 키우면 나중에는 파가 흐물거리기 때문에 흙을 담은 화분에서 키우는 것이 훨씬 좋은 것 같다.

이밖에도 쑥갓, 상추, 허브, 콩나물 등도 집에서 쉽게 기를 수 있는 화분 세트(배양토, 각종 씨앗 포함) 또는 이미 다 자라있는 화분들도 인터넷에서 구매할 수 있는 상품들이 다양하게 많이 나와 있다.

집에서 내가 직접 기른 쑥갓을 한번 먹어 보니 향도 강하고 맛도 너무 좋아 마트에서 못 사 먹을 지경이었다.

서울시에서는 2020년부터 2~3월경에 상자텃밭을 분양 신청 접수를 받고 있는데 이를 이용하여 8,000원 정도로 구매해 보는 것도 좋겠다.

상자텃밭 분양이란 개인 및 단체에게 주택 내 유휴공간인 베란다 및 옥상에서 작물재배가 손쉽게 가능한 소규모 상자텃밭을 저렴하게 보급하여 간편하게 식용작물을 재배할 수 있도록 하여, 도시농업을 활성화하고자 서울시가 지원하고 각 지자체에서 진행하고 있는 사업을 말한다.

* 출처: 서울도시농업 (https://cityfarmer.seoul.go.kr/)

집에서 같이 운동하기

이전에는 주말에 드라이브 겸, 꽃구경 겸 와이프와 함께 남한산성이나 한강공원 등에 가서 주차장에 주차를 하고 한 시간씩 걷기 운동을 하고 왔었지만 요즘은 미세먼지, 코로나 때문에 집 밖에 나가서 걷기 운동도 마음대로 못하고 있는 실정이다.

이럴 때는 스태퍼를 하나 구매해서 그냥 집에서 운동을 하는 것이 좋은 일인 듯하다. 집 공간이 넓고 여유가 있다면 커플 세트로, 또는 런닝/워킹머신을 구매하는 것도 좋은 방법일 것이다.

나는 와이프가 게을러질 것을 방지하기 위해 스태퍼를 놓아둔 곳 벽에다가 눈에 잘 띄도록 '스태퍼니(스탭하니)? 오늘 해야 할 스탭을 내일로 미루지 말라!'라고 크게 써서 붙여 놓고 평일에 회사에서 일을 하고 있는 중간중간에 전화를 해서 스태퍼로 운동을 했는지, 언제 할 것인지를 체크하고 있다.

꼭 스태퍼가 아니더라도 요즘 같은 시대에서는 집에서 각자에게 잘 맞는 운동 방법을 찾아보는 일도 중요하겠다 싶다.

박마담 Tip

달력을 출력해서 벽면에 붙여 두고 운동을 한 날에 각자 체크를 해서 매달 달성률을 체크하고 매달 90% 이상 달성하면 서로에게 작은 선물을 하나 해 주는 것도 좋은 방법일 수 있겠다.

함께 세차하기

차가 있다면, 혹은 구매 예정이거나, 앞으로 구매를 하게 되면 꼭 해야 할 것 중에 하나가 '세차'다. 세차 전문점에 맡기면 기본 2~3만원이 들고 주유소에서 세차를 하더라도 기본 몇 천원은 들게 마련이다.

나는 세차비용이 아까운 것도 있고 직접 해 볼 겸 세차 키트를 구매해 보았다. 매주는 못하더라도 가끔 주말에 와이프와 함께 주차장에 내려가 세차를 하곤 한다.

와이프가 분무기로 차의 한 부분씩 세차액을 뿌려 주면 나는 그 주위를 잽싸게 걸레질하는 방식이다. 이것도 은근히 힘들고 운동도 되는 것 같다.

와이프를 만나기 전, 꽤 오래 전에 혼자 TV를 보다가 신혼부부가 함께 세차를 하는 모습을 본 적이 있었는데 당시에는 그 모습이 그렇게 부럽고 예쁘게 보일수가 없었다.

그것이 나에게 하나의 로망이 되었던 모양이다.

와이프가 같이 세차하는 것을 싫어할 수도 있다.

중요한 것은 강제성을 띄고 하는 것이 아니라 평소에는 내가 혼자서 하고 있었던 것인데 오늘은 내가 힘들어서 같이 좀 도와주기를 부탁하면 웬

남자들을 위한 부부생활 참고서

만해서는 거절하지 않을 것이다.

10~20분만 시간을 내어 주고 내 차 주위를 한바퀴 돌아가며 분무기로 차에 물을 뿌려 주면 되는 것이니 그렇게까지 어려운 일은 아닐 테니 말이다.

그렇게 세차를 마친 후에는 도와줘서 너무 고맙다고 칭찬을 해 주면 다음번에도, 그 다음번에도 이 일은 둘이서 함께 할 수 있는 일이 될 수 있을 것이다.

조금만 핀잔을 줘도 다음부터 두 번 다시 그 일은 와이프와 함께 할 수 없는 일이 될 것이니 제대로 못한다고 절대로 구박하지 않도록 주의하자.

크리스마스 트리 만들기

나는 어릴 적에 넉넉하지 않았던 집안 형편으로 크리스마스에 트리 한번 제대로 가져 본 적이 없어서 크리스마스 트리가 나의 로망이 되었었다.

와이프와 처음 같이 살게 되었을 무렵 인터넷에서 검색해 보니 그 당시 가격으로 2만원 정도 주고 직접 간단하게 조립을 해서 만들 수 있는 트리를 구입해서 매년 크리스마스가 다가오면 같이 집에 트리를 만들어 세워 놓고 와이프와 함께 우리들만의 파티를 즐기고 있다.

크기도 제법 커서 족히 1.5m 정도 되고 깜빡거리는 조명등과 멜로디 캐롤도 여러 가지 버전으로 나와 제법 흥을 돋우어 준다.

트리를 조립할 때면 항상 유튜브 등에서 내가 좋아하는 라스트 크리스마스와 함께 캐롤 모음곡을 틀어 둔다.

한번 사 두면 최소한 몇 년 동안 계속 반복해서 사용할 수 있으니 이 정도면 가격 대비 괜찮지 않은가?

크리스마스가 지나가도 아쉬운 마음에 바로 치우지 않고 얼마간은 유지해 둔다. 크리스마스 전후로 최소 한달 정도는 유지하는 듯하다.

크리스마스 시즌이 지나고 나면 포장박스에 정리해 두는 것도 그리 어려운 일이 아니다.

우리처럼 애들이 없어도 좋고 애들이 있다면 가족 이벤트로 더욱 좋을 것이다. 가끔 옆집 아이나 어린 조카들이 놀러 와서 보면 "와~ 트리다~" 하며 애들은 다들 좋아하는 것 같다.

크리스마스 트리가 없다면 크리스마스 전에 미리 구입해서 이벤트로 준비해 보는 것도 좋을 것 같다.

박마담 Tip

크리스마스에 트리 하나 있고 없고가 커다란 차이를 만들어 주고 우리 집만의 연중행사를 만들어 줄 것이다.
술을 즐기는 부부라면 트리 옆에서 와인도 좋고 간단히 소주나 맥주를 함께 기울여 보는 것도 좋겠다.

남자들을 위한 부부생활 참고서

요즘처럼 코로나 시국이면 외식도 함부로 하기 힘든 일일 텐데 크리스마스에
집에서 분위기를 만들어 두고 둘이서 즐기는 크리스마스도 좋지 않겠는가?

함께 좋아하는 종영 드라마든
영화든 찾아서 다시 보기

우리 부부는 둘 다 일반 드라마나 퓨전 사극은
보지를 않고 정통 사극만을 즐겨 본다.

집에서 TV로 영화를 찾아서 보는 것도 좋지만
나는 역사 공부할 겸 과거에 종영한 정통 사극

을 한번 접해 보는 것도 추천한다.

내가 처음 사극에 빠졌던 것은 2001년에 방영한 「여인천하」를 보면서부
터였는데 같은 시기에 방영한 「상도」를 다시보기 하면서부터 제대로 빠져
들었다.

우리나라는 사극도 참 재밌게 잘 만드는 것 같다.

국내에서 방영한 사극 중에 우리 부부가 같이 재밌게 봤던 사극은 「상
도」와 「대조영」을 필두로 「불멸의 이순신」, 「광개토태왕」, 「선덕여왕」, 「육
룡이 나르샤」, 「태조왕건」, 「주몽」, 「장희빈」, 「징비록」, 「뿌리깊은 나무」,

「추노」, 「거상 김만덕」, 「여인천하」, 「무인시대」, 「서동요」, 「이산」, 「대장금」, 「마의」, 「동이」, 「무신」, 「옥중화」 등 웬만큼 유명한 사극들은 한번에서 여러 번 본 것 같다.

삼국지를 좋아한다면 중국의 「신삼국지」를 추천한다. 95편 분량이 다소 부담스러울 수도 있겠으나 삼국지 스토리의 방대한 분량을 제대로 풀어 내려면 95편도 많은 분량이 아닐 것이며, 삼국지를 좋아하는 사람들에게는 마약과도 같이 한번 보게 되면 눈을 떼지 못할 정도로 잘 만든 드라마라고 개인적으로 생각한다.

우리 부부가 요즘 즐겨 보고 있는 것은 「벌거벗은 세계사」인데 나는 TV에서 웬만한 드라마 한 편을 보는 것보다 훨씬 유익한 일이라 생각했으나 12회로 짧게 막을 내려 아쉽기만 하다.

종영 드라마든 오래된 영화든 이번 주말에 와이프와 함께 볼만한 리스트를 보여 주고 그중에 같이 볼 만한 것이 있는지 한번 이야기를 나눠 보면 어떨까?

TV 속에서
또 다른 재미 요소를 찾아보자

TV나 영화를 보면서 그 안에서 또 다른 작은 재미 요소를 같이 찾아내어 보자.

나의 와이프는 미술을 전공한 사람이라 눈썰미가 보통이 아니다. 가령 TV를 보다가 위에서 방송용 마이크가 아주 잠깐이라도 내려와 보이면 바로바로 콕 집어서 이야기를 해 준다. 개인적인 의견으로는 와이프의 틀린 그림 찾기나 숨은 그림 찾기 등 무엇인가 다른 점을 찾아내는 실력은 정말 뛰어난 것 같다.

나는 와이프와 같이 그런 눈썰미는 없지만 말을 갖다 붙이기는 좀 하는 편이라서 TV를 보다가 그럴싸한 말들을 가끔 만들어 들려주곤 한다.

예를 들어 한참 우리가 가장 좋아하는 「상도」를 보고 있다가 김현주가 이재룡에게 사모하고 있는 속내를 꺼내어 보이며 "사실 나는 그분의 여식이 아니라 며느리입니다."라고 말하는 가슴 절절한 장면에서 며느리라는 말이 나오기도 전에 "남식입니다."라고 말을 해 자칫 울음바다를 만들 장면에서 웃음바다로 만들어낸 적이 있다.

「대조영」을 보면서 "대조영이 부릅니다. 발해~ 발해~ 발해~(오래전 가요)"라고 노래를 불러준 적도 있었다.

또 '백제, 신라, 고구려…(어쩌고)'라는 대사를 들으면 곧바로 "배째실라

고 그려~"라고 이야기를 해 주면 막 재밌다고 웃는다. 그러면 난 "오늘도
한 건 했다!"라며 나만의 제스처를 선보인다.

TV를 보다가 예전에 빵 터졌던 것과 비슷한 대사와 발음이 나오면 리마
인드로 한 번씩 더 이야기를 해 주면 그때도 또 함께 웃을 수가 있다.

이 정도면 우리도 나름 재미있게 살고 있는 것이 아니겠는가?

TV 시청 대신
할 수 있는 일 찾아보기

 우리 부부가 처음 같이 살았던 집에서는 식탁
생활을 했었는데 그때는 가끔 집 안의 불을 다
끄고 식탁 위에 촛불을 켜 둔 채로 둘이서 같이
술을 마시며 많은 대화를 나눴었다.

같이 19년을 함께 살아온 지금은 식탁 생활을 하지 않고 거실 바닥에서
간이 테이블 위에 음식을 차려 놓고 함께 좋아하는 TV 채널을 보면서 많
은 시간을 보내고 있다.

요즘도 나는 가끔 와이프에게 TV를 끄고 대화를 나눌 것을 권할 때가
있는데 그럴 때면 와이프도 특별한 상황이 아니라면 흔쾌히 응해 준다.

평소에 서로에게 말 못했던 이야기도 나누고 그 어떤 이야기도 좋지만
조금이라도 서로가 감정이 상할 만한 이야기는 하지 않는다. 좋자고 나누

남자들을 위한 부부생활 참고서

는 대화 시간이지, 싸우자는 시간이 아니기 때문이다.

또 어떨 때는 양가 부모님 댁에 전화를 드려서 스피커 폰으로 함께 통화를 하고 프랑스에 살고 계신 와이프 친언니나 와이프도 좋아하는 나의 이모, 삼촌께도 전화 드려서 같이 안부 인사를 드린다.

어떨 때는 내가 와이프 친언니와 둘이서 한참 정겹게 통화를 하고 나면 와이프가 질투심이 들 때도 있다고 하지만 '뭐, 좋아서 그러는 것이 아니겠느냐.'라고 생각하면서 질투할 만한 일이 아니라고 말을 해 준다.

함께 자격증을 따기 위한 공부가 되었든, 보드게임이 되었든 집에 함께 있을 때 TV를 끄고 TV 대신 같이 할 수 있는 그 무언가를 하나씩 찾아나가 본다면 부부관계가 더욱 돈독해질 수 있을 것이다.

주말 아침에는
DJ가 되어 보자

주말 아침에는 DJ가 되어 음악을 틀어 놓고 내가 원하는 분위기를 만들어 보자. 단, 와이프도 함께 좋아할 만한 노래여야 한다.

가끔 나는 우리가 연애시절 때 함께 들었던 노래나 오래전에 와이프가 좋아했었지만 지금은 잊어버렸음직한 노래들을 찾아서 하나씩 들려주면 "잊고 있던 노래였는데 찾아서 들려주어 고맙다."라는 이야기도 듣게 된다.

때로는 빠른 비트의 신나는 노래로 활기찬 아침을, 때로는 감미로운 선율의 노래로 분위기 있는 아침을, 90년대 댄스곡으로 추억여행을, 벚꽃 시즌에는 벚꽃 관련 봄노래처럼 각각의 상황과 계절에 따라 선곡을 하면 좋다.

클래식도 좋고 둘이서 같이 좋아하는 악기의 음악이 있다면 피아노, 바이올린, 첼로 등의 솔로곡이나 협주곡도 좋다.

우리 부부가 좋아하는 곡들을 예로 들어 보자면 피아노곡은 마라시가 편곡한 「나이트 오브 나이츠」, 바이올린곡은 사라사데의 「찌고이네르 바이젤」, 협주곡은 레이어스 클래식의 「비탈리 샤콘느」 등을 자주 듣고 있다.

나중에, 또는 조만간 둘 사이에 아기가 태어나고 그 아기가 조금 더 자라게 된다면 음악 감상이나 TV 시청 등은 모두 자식을 위해 내주어야 할지도 모르는 일이다.

비록 음악 감상뿐만이 아니라 여행이든 그 무엇이 되었든 간에 아직 자식이 없이 오롯이 부부 둘만이 있을 때일수록 둘만의 시간을 더욱 값지게 보내려고 노력해야 할 것이다.

평소 음악을 즐겨듣지 않는 부부일지라도 우리 부부만의 플레이 리스트를 찾아서 이번 주말부터 한번 도전해 보고 와이프의 반응을 살펴보면 어떨까?

남자들을 위한 부부생활 참고서

함께 외워 보면
좋을 것들 찾아보기

'자축인묘진사오미신유술해'

이것은 학창시절 배움을 통해서 누구나가 다 알고 있을 것이다.

하지만 '자'가 쥐를 뜻하는 것이고 '자시'가 23시 ~1시이며 이를 기준으로 두 시간씩 띠별로 시간이 돌아간다는 것은 아직 잘 모르는 사람들도 있을 것이다.

가끔 다른 이에게 나이를 물었을 때 "나 뱀띠요~"라고만 말해 주는 사람이 있는데 이것을 다시 '쥐소호토용뱀말, 염(양)원닭개돼'로 변환해서 외워둔다면 띠를 통해 그 사람의 나이를 가늠할 수가 있다.

중간에 한 칸을 띄운 것은 한 번에 다 외우기 힘드니 두 번에 나눠서 외우면 도움이 된다는 뜻이다.

조금 더 나아가서 아래와 같이 외워 두면 조선시대 전체의 왕을 외울 수가 있다.

'태정태세문단세 예성연중 인명선광 인효현숙 경영정순 헌철고순'

이것을 다 외웠다면 조선시대 왕들이 어떻게 하여 이런 순으로 이어져 왔는지를 알아두면 더욱 좋겠다.

곱셈표든, 주기율표든, 세계수도 송이든, 지하철 빨리 갈아 타는 방법이

든 이런 것들을 하나씩 찾아서 같이 외워 보는 것도 나름의 재미가 있고 또한 유익한 일이 될 수 있을 것이라고 생각한다.

훗날을 생각하여 치매 예방 차원에서도 좋지 않겠는가?

서로가 당장 생각나지 않는 무언가가 있더라도 곧바로 인터넷에서 검색해서 찾아볼 것이 아니라 시간을 정해 두고 같이 좀 더 생각을 해 보고 정녕 기억나지 않는다면 다음 날까지라도 생각을 더 해 보는 것도 좋은 방법이 될 수 있을 것이다.

이외에도 주말에는 상호간에 안마를 해 준다든지, 서로 전달하거나 기억해야 할 내용이 있다면 집 안에 무언가를 써서 붙여놓고 메시지를 전달하는 것 등 찾아보면 집 안에서 와이프와 같이 해 보면 좋을 만한 것들이 많이 있을 것이다.

9부

에필로그

백 커플이 있으면
백 가지 이야기가 있다

나는 비록 결혼이란 분야의 전문가는 아니지만 어릴 적부터 주변 사람들이 나에게 연애 상담을 꽤 해왔었다.

그때마다 나는 지금 그 둘 사이의 문제를 해결해 줄 수 있을 법한 답을 찾아주는 것에만 너무 초점을 맞춰서 상담을 해왔던 것 같다.

몇 년 전에야 알게 된 것이지만, 실은 그들은 내게 답을 찾아달라고 상담을 요청하는 것이 아니라 '자신의 답답한 속내를 끝까지 다 잘 들어줄 수 있는 누군가가 필요한 것이었는지도 모르겠다.

'지금 자신의 감정이 화나고, 슬프고, 아프고, 괴로운 마음에 대해 공감과 위로를 받기 위함이 아니었을까?' 하는 생각도 든다.

그 둘 사이의 문제에 대해서는 누구보다 더 본인 스스로가 어떻게 해야 하는지를 잘 알고 있을 것이다.

"네 잘못이 아니야…", "이 문제로 네가 너무 많이 힘들어 하지 않았으면 좋겠어…"

오은영 선생님의 말씀처럼 나 또한 그들에게 이 정도의 말만을 따뜻하게 건네주었더라도 좋았을 듯하다.

20대 시절에 가끔 함께 술자리를 가졌던 지인 커플과의 만남에서 몇 번이고 반복적으로 남자 때문에 힘들어하는 여자에게 나는 그 여자의 편이라며 남자가 더 신경을 써서 잘 대해 주기를 바란다는 이야기를 하곤 했었는데 그

　　　　　　　　　　　　남자들을 위한 부부생활 참고서

때 그 남자가 내게 들려줬던 이야기를 아직도 잊지 못한다.

"둘만의 이야기는 둘만이 알 수 있는 것이고, 내가 모르는 일들도 있는 것도 있다."라는 이야기였다.

그 말이 정확히 맞는 말이라고 생각한다.

내가 그 커플간의 모든 일을 어찌 다 알 수가 있겠으며, 대강 안다고 해도 내가 그 커플간의 일에 감놔라, 배놔라 할 아무런 권리도 의무도 없는 것이다.

설령 내가 그들의 부모, 형제일지라도 중간에 끼어드는 것은 해서는 안 될 일이라고 생각한다. 거꾸로 우리 커플 사이의 일에 누군가가 끼어들었다고 생각해 보면 쉽게 이해가 될 것이다.

물론 부모님이나 훨씬 연륜이 많은 분들께 지금의 힘든 문제들에 대해 자문을 구하고 삶의 지혜와 도움을 받을 수는 있겠지만 기본적으로 어떤 커플이든 둘만의 문제는 해당 당사자인 그 둘이서 풀어야 할 일인 것이다.

이 쉬운 것 한 가지를 깨닫는데 나는 참 한심하게도 40년의 세월이 걸린 것 같다. 이래서 사람은 잘난 척을 해서는 안 되는 것 같다.

남의 일에 'Not My Buisness'라고 선을 긋는 것도 문제겠지만 '오지랖'이 넓은 것도 문제가 될 수 있다.

이 글을 쓰면서도 상당히 조심스러웠던 부분 중에 하나가 행복한 부부 생활을 위해서는 '이렇게 해야 한다.', '저렇게 해야 맞다.'라는 식으로 느껴지도록 쓰고 싶지는 않았다는 것이다.

백 커플이 다른데 무슨 정답과 해법이 있을 수 있겠는가?

다만 우리 부부가 함께 살아온 이야기들을 통해 누군가는 거의 다 알고 있는 이야기일 수도 있겠지만 이제 부부생활을 시작하거나 준비를 하고 있는 아직 잘 모르는 이들에게는 '아, 이런 것이 있을 수도 있겠구나~', '이럴 때 나 같으면 어떻게 하는 것이 좋을까?'라며 스스로 한 번씩 질문을 던져보고 그에 대한 답 또한 스스로 하나씩 찾아볼 수만 있다면 좋겠다는 생각으로 이 글을 쓴 것이다.

그래서 책의 제목도 '참고서'이지 '교과서'가 될 수는 없는 것이라고 개인적으로 생각하며, 누군가에게는 조금의 도움이라도 될 수 있기를 희망한다.

우리 부부가 서로 닮아 가는 모습

부부는 서로 닮아 간다는 말이 있다.

우리 부부도 같이 보낸 19년만큼 지금은 서로가 참 많이 닮아 있는 것을 느낀다.

서로가 무엇을 좋아하고 무엇을 싫어하는지, 어떤 문제와 상황을 놓고 생각의 관점과 말과 행동을 하는 것까지 닮아 있어서 웬만한 일에는 굳이 이야기를 나누지 않아도 서로가 '아, 이 사람은 이렇게 생각할 것이다.'라고 생각하면 얼추 맞아 떨어지는 것 같다.

여기서 나의 와이프의 과거에 대한 이야기를 해 보고자 한다.

나는 어릴 적부터 긍정적인 성향이 강했던 반면 나의 와이프는 성장하면서 부정적인 성향을 강하게 띄게 되었다. 와이프도 어릴 적에는 그렇게 애교도 많았었다지만 커서 나를 만났던 26살 당시에는 도무지 애교라고는 찾아볼 수가 없는 사람이 되어 있었다.

악처를 만나면 남편 또한 악하게 바뀔 수 있다는 이야기를 와이프에게서 들었던 적이 있었다. 그렇다고 당시 와이프가 악처였다는 이야기가 아니니 오해는 없기를 바란다.

우리 부부의 경우에도 내가 와이프를 닮아 부정적인 성향으로 바뀌어 가거나 와이프가 나를 닮아 긍정적인 성향으로 바뀌어 가거나 둘 중에 하나였을 것이었는데 다행히 후자의 경우로 바뀌게 되었다.

물론 하루아침에 사람이 달라지지는 않겠지만 내가 와이프를 위해 최소한 몇 년 동안 노력을 하다가 보니 어느 순간부터는 와이프의 마인드가 긍정적으로 바뀌게 되는 터닝 포인트를 맞이하게 된 것이다.

그 몇 년의 시간 동안 나는 와이프에게 항상 끊임없이 긍정적인 모습을 보여 줬고 와이프도 긍정적으로 바뀔 수 있도록 최선을 다해 유도를 해왔다. 와이프 본인에게도 쉬운 일은 아니었을 테지만 내심 많은 노력을 해왔을 것이다.

지금 나의 와이프는 완전히 긍정적인 성향으로 바뀌다 보니 예전에 자신이 왜 그렇게도 부정적이었는지 이해할 수 없다며 본인 스스로가 순한 양이 된 것처럼 너무나도 마음이 편안하다는 말을 나와 부모님들께 가끔 이야기를 하곤 한다.

과거에는 본인의 가족들에게도 까칠하고 날카롭게 칼날을 세웠던 와이프였지만 나를 만난 이후 와이프의 달라진 모습에 처가댁 가족들 모두가 정말 너무나도 좋아해 주셨다.

개인적으로 와이프가 과거에 부정적으로 바뀌고 까칠하고 날카로워졌던 근본적인 이유는 크게 두 가지가 원인이었다고 생각한다.

첫 번째는 집안 내력을 이어 받아서 예술가적인 기질을 타고 태어났고 본인도 음악적인 감각이 뛰어나며, 대학 시절 전공 또한 서양화였다.

많은 사람들이 잘 알고 있다시피 미술이나 특히 음악을 하는 사람들은 조금의 실수도 허용되지 않는 만큼 신경이 날카롭고 예민해질 수밖에 없다.

물론 예술을 하면서도 그렇지 않은 사람도 있을 수 있겠지만 나의 와이프는 그렇게 자기 자신 속에 내제된 예민함이 있었기 때문에 일상생활에서도 까칠하고 날카로웠던 것이 아니었나 싶은 생각이 든다.

와이프와 함께 생활을 하면서 평상시에는 순하디 순하였지만 한번 화가 나거나 어긋나 버리면 걷잡을 수 없을 정도로 심각한 상황에 이르게 되었는데 이렇게 극과 극을 넘나드는 와이프의 스타일을 깨달은 이후로는 와이프가 예민해져 있을 때면 부딪히지 않기 위해 내가 더 조심하고 와이

남자들을 위한 부부생활 참고서

프의 마음과 날카로운 신경이 가라앉을 수 있을 때까지 기다려 주었다.

두 번째는 나를 만나기 전에 한번 남자를 잘못 만나서 더욱 부정적인 성향으로 바뀌게 되었다고 생각하는데 이 부분은 와이프의 지나간 과거사이며, 또한 나를 만나기 이전의 일이므로 더 이상의 자세한 언급은 생략한다.

와이프를 처음 만났을 때부터 "나는 다른 남자와는 다를 테니 믿어봐 달라."라는 말 대신에 "나는 행동으로 보여 줄 테니 나를 지켜봐 달라."라고 말을 하였고 그 말을 지키기 위해 거의 20년이 지난 지금까지도 와이프에게 행동으로 보여 주고자 아직도 노력을 하고 있는 중인 것이다.

나는 아직까지도 결혼을 했든 안 했든 남자가 여자에게 쉽게 할 수 있는 말 한마디보다 반복되는 행동으로 보여 주는 믿음이 훨씬 강한 것이라고 믿는다.

여자의 입장에서도 남자들이라면 누구나가 쉽게 내뱉을 수 있는 믿어 달라는 말 한마디보다 행동으로 보여 주겠다는 남자의 말에 훨씬 더욱 큰 신뢰감을 느낄 수 있을 것이다.

여기서 중요한 것은 내가 와이프에게 한 그 말을 언제까지고 지켜 나갈 수 있느냐, 없느냐가 관건일 것이며, 이는 오롯이 본인의 의지에 달린 문제라고 생각한다.

나는 그동안 나의 와이프에게 내 자신이 지켜낼 수 없는 약속이라면 애시당초 하지 않고 오로지 지켜낼 수 있는 약속만을 하도록 해왔다고 생각한다.

지금까지도 그렇게 해오고 있고 앞으로도 더욱 더 많은 노력을 해 나갈 것이라고 생각하기에 나는 이 부분에서 만큼은 누구에게도 부끄럽지 않다고 생각한다.

그동안 나도 젊었었고 몰랐던 시절에는 와이프에게 잘못했던 일들도 많았고 그로 인해 상처를 주었던 적도 있었지만 그것도 내가 한 걸음, 또 한 걸음씩 더 성장할 수 있었던 밑거름이라 생각하고 처음으로 돌아가 19년이란 세월을 와이프와 다시 되돌려 산다고 하여도 지금보다 더 좋아질 수는 없다고 생각할 만큼 나는 지금 한 움큼의 미련도, 후회도 없다.

당신도 지금 결혼을 앞두고 있거나 결혼 초반의 남자라면 배우자와 앞으로 어떤 모습으로 서로가 닮아가게 될지 한번 그림을 그려 보자.

훗날 나이가 들어 둘이서 지금보다 더욱 좋은 모습으로 서로가 닮아 가기를 진심으로 소망한다.

내가 어릴 적에만 해도 초등학교에서 집안의 가풍이 무엇인지를 물었었는데 요즘은 집안에 이런 것들이 있는지 모르겠다.

당신의 부부가 살고 있는 집안의 가풍은 무엇인지도 한번 생각해 보자.

내 집안의 분위기와 문화를 남자인 내가 주도적으로 만들어 나갈 수 있다면 좋을 것이고 그렇게 만들기 위해서는 어떻게 노력을 하면 효과적일지 항상 생각하고 하나씩 실행에 옮겨 나갈 수만 있다면 행복한 부부생활에 도움이 될 것 같다.

오늘의 내가 노력을 더 한 만큼 내일의 우리 가정은 그만큼 더 행복해지는 것이라고 나는 분명하게 믿고 있다.

끝으로 '결혼'이란 분야의 전문가도 아닌 일반인의 긴 글을 읽어 준 분들께 진심으로 감사드리고 당신의 행복한 부부생활에 무언가 하나라도 도움이 될 만한 것이 있었기를 진심으로 소망하며 긴 글을 마친다.

부록

부록을 읽기 전에 참고사항으로 여기에 내가 적어 둔 남편/아내 체크리스트는 나의 주관적인 생각과 우리 부부만의 특수성에 인한 것일 수도 있으니 이를 토대로 각자에 맞는 남편/아내 체크리스트를 별도로 만들어 보면 좋을 듯하다.

남편 체크리스트

가끔 내 자신에게 습관적으로 물어봐야 할 것들

아래는 와이프를 위한 나의 기본적인 체크리스트들이다.

* 나는 와이프를 사랑하고 있는가? 사랑한다면 와이프에게 사랑의 말과 표현을 자주 해 주고 있는가?
* 나는 와이프를 예쁘다고 생각하고 있는가?
* 나는 와이프를 얼마만큼 믿고 있는가?
* 나는 와이프를 얼마만큼 잘 챙겨 주고 있는가?
* 나는 와이프가 어떤 것을 좋아하고 싫어하는지 알고 있는가?
* 나는 와이프에게 자신감과 매력이 있는 남자인가?
* 나는 와이프가 내게 기댈 수 있으며, 믿고 의지할 수 있는 존재라고 생각하고 있는가?

아래는 이 책의 내용들로 구성해 본 질문들이다.

* 나는 와이프의 과거에 집착하고 있지는 않는가?
* 나는 와이프를 보호하고 와이프의 편이 되어 주고 있는가?

* 나는 타인들과의 만남에서 내 와이프를 무시하거나 깔아내리는 험담을 하지 않는가?
* 나는 와이프에게 집안에 작은 일에는 져 주고 큰일은 잡아 주며 밸런스를 잘 맞춰서 살고 있는가?
* 나는 눈치와 센스가 있는 남자인가?
* 나는 생각을 하고 전략적으로 말을 하고 있는가?
* 나는 와이프에게 어떤 말이나 행동에 있어서 적절한 타이밍을 알고 잘 맞춰 가고 있는가?
* 나는 교통법규 위반 고지서 등 와이프가 알아서 좋지 않을 만한 것들을 사전에 확인하여 처리하고 있는가?
* 나는 일을 집으로 가져오는 남자인가?
* 나는 취미생활과 자기만의 시간을 가지고 있는 남자인가?
* 나는 평소 내가 와이프를 마음으로 사랑하고 있다는 것을 알게 해 주고 있는가?
* 나는 와이프와 스킨쉽을 얼마만큼 자주 하고 있는가?
* 나는 와이프와 가사분담을 나누고 그에 따라 잘 행하고 있는가? 내가 하기 싫다고 힘든 일을 와이프에게 전가하고 있지는 않은가?
* 나는 집에서 와이프가 하기 힘든 일이나 생활 속에서 크고 작은 각종 많은 일들을 척척 해결해 주고 있는가?
* 나는 지금 인맥이 어느 정도 되는가?
* 나는 양가 부모님 댁에서 필요한 것은 없는지 확인하고 있는가?
* 나는 처가댁 친인척 구성원을 꿰차고 처가댁 기념일들을 챙겨 주고 있는가?

* 나는 사기를 당하지 않기 위한 원칙이나 기준이 있는가?
* 나는 지금 하고 있는 일과 벌이에 만족하고 있는가? 월급 외 돈벌이 방법과 비자금 확보 및 노후 준비를 위한 방안을 마련해 두고 있는가?
* 나는 어떠한 목표와 계획을 세우고 의지를 불사르고 있는가?
* 나는 행복한 가정을 이루기 위해 최선을 다하고 있는가?
* 나는 지금보다 더 행복한 결혼생활을 위해 독서나 인터넷 검색 등 노력을 기울이고 있는가?
* 나는 와이프가 나와 다름을 인정하고 받아들이고 있는가?
* 나는 주위 다른 부부와 비교하지 않고 현실에 만족하고 있는가?
* 나는 내가 대우 받고 싶은 대로 먼저 와이프에게 대우해 주고 있는가?
* 나는 와이프에게 평소 얼마나 칭찬을 해 주고 있는가?
* 나는 와이프의 말에, 와이프는 나의 말에 얼마나 웃어 주며 살고 있는가?
* 나는 와이프의 말을 잘 들어주고 공감해 주고 있는가?
* 나는 와이프와 음식취향, 유머코드, 기억코드, 생각코드 등 모든 것들에 대해 죽을 잘 맞추어 가며 살고 있는가?
* 나는 와이프에게 평소에 성질이 난다고 욱하거나 술 먹고 싸우지 않으려 노력하고 있는가?
* 나는 와이프와 싸우게 되더라도 화해를 잘 하려고 노력하고 있는가? 나만의 화해 방법은 무엇인가?
* 나는 와이프와 살다가 서로가 맞지 않으면 이혼하면 된다고 생각하는가?
* 나는 와이프가 바람을 피운다던가, 오늘 갑자기 와이프가 죽거나 큰 병에 걸리게 된다면 어떻게 되겠는가? 거꾸로 내가 그렇게 된다면 와이프는 어떻게 되겠는가?

* 나는 가정의 평화를 위하여 기타 어떠한 노력들을 기울이고 있는가?
* 나는 와이프를 위한 이벤트와 여행을 1년에 몇 번 정도 계획하고 수행하고 있는가?
* 나는 집에서 와이프와 같이 해 보면 좋을 것들을 발굴하고 수행하고 있는가?

와이프 체크리스트
가끔 와이프에게 습관적으로 물어봐야 할 것들

* 나는 당신과 함께 있어 너무 행복한데 당신도 나와 함께 있어 행복한지?

* 요즘 어디 아프거나 안 좋은 곳은 없는지? 안 좋은 곳이 있다면 병원에 가야 할 일인지 약을 먹어야 할 일인지?

* 오늘 당신에게 무슨 일들이 있었는지? 요즘 당신을 괴롭히는 걱정이나 근심거리는 없는지? 와이프가 집에만 있는 사람이라면 오늘 하루 우울하진 않았는지, 무언가 재미있는 일은 없었는지 가끔씩이라도 반드시 체크해야 한다.

* TV를 끄고 나와 커피/차 또는 와인을 마시며 이야기를 나눠 보고 싶은지?

* 오늘 저녁 식사는 무엇을 준비할 예정인지? 이번 주말에는 어떤 맛있는 것을 함께 먹어야 할지?

* 오늘 또는 이번 주말에 특별한 약속이나 일이 있는지? 특별한 일이 없다면 나와 가 보고 싶거나, 해 보고 싶거나 먹고 싶은 것이 있는지?

* 내게 최근 서운했던 일이나 마음속에 담아 뒀던 따로 하고 싶은 말들은 없는지?

* 나와 상의해 볼 일들은 없는지?
* 부모님들과 가족, 친척, 형제들은 문제없이 잘 지내고 계신지?
* 이번 달에 챙겨야 하는 가족 행사나 기타 이벤트들은 무엇이 있는지? (달력이나 스케줄 관리 어플에 기재해 두고 잊어버리지 말자.)
* 아침에 일어나면 잠은 잘 잤는지? (나의 와이프는 불면증이 심해서 항상 체크를 해 줘야 한다.)
* 와이프가 계획하고 진행 중인 일이 있다면 계획대로 순조롭게 잘 진행되고 있는지? 없다면 와이프가 어떤 계획을 준비하면 좋겠는지?
* 최근에 새로 생긴 관심사나 취미는 없는지?
* 최근에 새로 생긴 친구나 지인, 모임들이 있는지? 그들은 어떤 사람인지, 나도 그들과 인사를 나눌 수 있는 자리를 만들어 줄 수 있겠는지? 그들과 만나고 왔다면 오늘 만남은 즐거웠는지?
* 꼭 사고 싶은 무엇이 있는지?
* 오늘 내가 퇴근길에 사 가야 할 것들이 있는지?
* 와이프가 일을 하고 있다면 오늘 하루 일은 어땠는지, 힘들었던 일들은 없었는지?
* 생일이나 기념일에 받고 싶은 선물이 따로 있는지?
* 같이 또는 내가 노력해야 할 일들이 지금보다 더 있는지?
* 내가 하는 말이나 행동에 불만은 없는지?
* 내가 더 챙겨 주거나 도와줄 일들은 없는지?
* 내가 지금 당신에게 잘 해 주고 있는지, 나는 좋은 남편이라고 생각하고 있는지?
* 다시 태어나도 나와 결혼하고 싶은지?

* 나와 약속한 일들은 잘 수행하고 있는지? (나는 요즘 집에만 있는 와이프에게 내가 아침마다 먹으라고 챙겨준 영양제를 먹었는지, 스태퍼 운동을 했는지, 성경책과 지금 와이프가 독서 중인 『목적이 이끄는 삶』을 읽었는지 등을 물어보고 체크한다.)
* 이밖에도 "당신 그때 생각나?" 과거에 즐거웠던 추억들도 한 번씩 다시 꺼내어 이야기를 나누어 보는 것도 좋겠다.

이외에도 찾아보면 각자가 처한 상황이나 환경에 따라 와이프를 더 챙겨 주거나 건네 줄 많은 말들이 있을 것이다.

결혼 관련 명언들

행복한 결혼생활에서 중요한 것은 서로 얼마나 잘 맞는가 보다 다른 점을 어떻게 극복하느냐이다.

- 톨스토이

여자는 남자의 활동에 있어 큰 걸림돌이다. 여자를 사랑하면서 무엇인가를 한다는 것은 어렵다. 그러나 사랑이 방해가 되지 않는 유일한 방법이 있다. 그것은 연애하는 여자와 결혼하는 일이다.

- 톨스토이

결혼을 신성하게 할 수 있는 것은 오직 사랑이며, 진정한 결혼은 사랑으로 신성해진 결혼뿐이다.

- 톨스토이

결혼의 성공은 적당한 짝을 찾는 데 있는 것이 아니라 적당한 짝이 되는

데에 있다.

- 텐드우드

결혼에서의 성공이란, 단순히 올바른 상대를 찾음으로써 오는 게 아니라 올바른 상대가 됨으로써 온다.

- 브리크너

훌륭한 결혼만큼 즐겁고 황홀하고 매력적인 인간관계 즉, 무언에 의한 마음의 교류는 없다.

- 마틴 루터

성공적인 결혼생활을 하려면 여러 번 사랑에 빠지는 것을 필요로 한다. 항상 똑같은 사람과 여러 번.

- 미농 맥롤린

행복한 결혼에선 보통 아내가 기후를 조절하고, 남편이 풍경을 제공한다.

- 제랄드 브레넌

결혼 그 자체는 좋다, 나쁘다고 할 수 없다. 결혼의 성공과 실패는 우리 자신에게 달려 있기 때문이다.

- 모루아

행복한 결혼이란, 결혼 때부터 죽을 때까지 결코 지루하지 않은 긴 대화를 하는 것과 같다.

- 모루아

가정은 사람이 '있는 그대로'의 자기를 표시할 수 있는 장소이다.

- 모루아

결혼이란 단순히 만들어 놓은 행복의 요리를 먹는 것이 아니라, 행복의 요리를 둘이 노력해서 만들어 먹는 것이다.

- 피카이로

부부란 서로 반씩 되는 것이 아니라 하나로써 전체가 되는 것이다.

- 반 고흐

결혼만큼 본질적으로 자기 자신의 행복이 걸려 있는 것은 없다. 결혼생활은 참다운 뜻에서 연애의 시작이다.

- 괴테

연애는 결혼의 새벽, 결혼은 연애의 황혼이다.

- 드 삐노

결혼은 성품의 연속적인 실험장이다.

- 서양 격언

결혼은 쉽고 가정은 어렵다.

- 독일 속담

결혼은 뚜껑을 덮어 놓은 음식과 같다.

- 스페인 격언

결혼이란 상대를 이해하는 극한점.

- 팔만대장경

3주일간 서로를 연구하고 3개월간 서로를 사랑하며 3년을 싸우고 30년간 참는다.

- 테누

모든 부부는 하루에 한번 이상 서로의 눈을 바라보면서 자신의 생각을 말하고 배우자의 말을 들어주는 시간이 필요하다.

-『부부학교』p. 66

결혼은 혼자 있었으면 있지도 않았을 문제들을 둘이서 함께 해결하려는 시도다.

- 에디 캔터

내가 존재하는 목적은 단 한 사람에게 필요한 사람이 되기 위해서이다.

- 비 파트낭

남자들을 위한 부부생활 참고서

결혼하고 싶으면 이렇게 자문해 보라.
나는 이 사람과 늙어서도 대화를 즐길 수 있는가.
이외에 다른 모든 건 일시적일 뿐이다.

- 프리드리히 니체

결혼. 그것은 하나의 것을 창조하겠다는 두 사람의 의지이다. 그러나 그 하나의 것은 그것을 만드는 2개의 것보다 나은 것이다. 이러한 의지를 의지하는 자로서 서로 돕는 외경의 염(念)을 나는 결혼이라고 부른다.

- 프리드리히 니체

결혼 전엔 눈을 크게 뜨고 결혼 후에는 반쯤 감아라.

- 토머스 플러

결혼해 보라, 당신은 후회할 것이다. 그러면 결혼하지 말라, 당신은 더욱 후회할 것이다.

- 소크라테스

어떤 수를 다해서도 결혼해라.
좋은 아내를 만나면 행복할 것이고
나쁜 아내를 만나면 철학자가 될 것이다.

- 소크라테스

함께 살 수 있겠다는 생각이 드는 사람과 결혼하지 마라.

없으면 살 수 없는 사람과 결혼해라.

- 제임스 돕슨

결혼에는 품질보증서가 없다.
당신이 그런 걸 찾는다면, 자동차 배터리랑 살아라.

- 어마 봄벡

결혼은 거친 바다 속을 항해하는 일보다 더 힘든 일이다.

- 서양 속담

결혼이란 조그만 보트를 타고 긴 여행을 가는 것과 같다.
한 사람이 요동하면 다른 이가 가만히 있어야 한다.
그렇지 않으면 전복되기 십상이다.

- 디어도어 루빈

싸움터에 나갈 때는 한 번,
바다에 나갈 때는 두 번,
결혼할 때는 세 번 기도하라.

- 러시아 속담

가정은 그대가 그곳에 가야만 할 때, 그들이 받아들여야 하는 곳이다.

- 프로스트

남자들을 위한 부부생활 참고서

가정이란 어떠한 형태의 것이든 인생의 커다란 목표이다.

- 홀랜드

결혼도 역시 일반 약속과 마찬가지로 성을 달리하는 두 사람 즉, 나와 그대 사이에만 아이를 낳자는 계약이다. 이 계약을 지키지 않는 것은 기만이며, 배신이요, 죄악이다.

- 톨스토이

결혼이란 경건하고 신성한 결합이다. 그러므로 거기에서 얻어지는 즐거움은 억제되고 진지하며 조심스럽고 양심적인 쾌락이어야 한다.

- 몽테뉴

결혼이란 하늘에서 맺어지고 땅에서 완성된다.

- 존 릴리

결혼이란, 독립은 동등하고 의존은 상호적이며, 의무는 상반되는 남녀간의 관계이다.

- 안스파

결혼하는 것은 나쁘지 않지만, 조심하는 것이 좋을 것이다.

- 토마스 가타커

결혼이란, 단 한 사람의 상대를 위해서, 남은 사람 모두를 단념해야 하는 행위이다.

- 무어

결혼에는 많은 고통이 있지만 독신에는 아무런 즐거움이 없다.

- 사무엘 존슨

불행한 결혼의 반은, 처음에 둘 중의 어느 하나가 가였다는 생각에서 한 결혼이다.

- 몽떼르랑

사랑으로 맺어진 결혼이라는 이름의 동맹을 평생 동안 유지하는 것이야 말로 인간 짝짓기 전략의 궁극적인 승리다.

- 데이비드 버스